최강 인체 백과

지은이 **존 리처드**

영국의 리즈대학교에서 영문학을 공부했고, 어린이 논픽션을 쓰고 있습니다. 그림이나 사진과 정보를 결합해 흥미로운 이야기로 들려 주는 책을 주로 씁니다. 그동안 우리나라에서 출간된 책으로는 《매일 똑똑해지는 1분》 시리즈 등이 있습니다.

옮긴이 **박성혜**

이화여자대학교에서 사회학과 미술사학을 전공한 뒤, 출판사 편집 기획자로 일했습니다. 현재는 바른번역 소속 번역가로 활동 중입니다. 번역한 책으로 《내 친구 다이노봇》 시리즈, 《곰돌이 푸 초판본 WINNIE-THE-POOH》, 《관계의 미술사》 등이 있습니다.

감수자 **이정모**

연세대학교 생화학과를 졸업하고, 같은 학교 대학원에서 석사 학위를 받았습니다. 서대문자연사박물관, 서울시립과학관, 국립과천과학관에서 관장을 맡아 일했습니다. 현재는 과학 교양서를 쓰며 대중에게 과학을 유쾌하게 소개하는 데 앞장서고 있습니다. 감수한 책으로 《이유가 있어서 멸종했습니다》, 《내일은 실험왕 시즌 2》 등이 있습니다.

최강 인체 백과

초판 1쇄 발행일 2024년 9월 30일

지은이 존 리처드 | **옮긴이** 박성혜 | **감수자** 이정모
펴낸곳 보랏빛소 | **펴낸이** 김철원 | **책임편집** 윤선주 | **편집** 홍지회 | **디자인** 진선미, 김영주 | **마케팅·홍보** 이운섭
출판신고 2014년 11월 26일 제2015-000327호 | **주소** 서울시 마포구 양화로1길 29 2층
대표전화·팩시밀리 070-8668-8802 (F)02-323-8803 | **이메일** boracow8800@gmail.com

Published in 2023 by Welbeck Children's Books
An imprint of Hachette Children's Group

Design and layout © Carlton Books Limited 2023
Text copyright © Carlton Books Limited 2023

All rights reserved. No part of this publication may be reproduced, stored in a
retrieval system, or transmitted in any form or by any means, electronically,
mechanical, photocopying, recording or otherwise, without the prior permission
of the copyright owners and the publishers.

KOREAN language edition © 2024 by Borabitso Publishing.
KOREAN language edition arranged with Hachette Children's Group through POP Agency, Korea.

- 이 책의 한국어판 저작권은 팝 에이전시(POP AGENCY)를 통한 저작권사와의 독점 계약으로 보랏빛소가 소유합니다.
- 신 저작권법에 의하여 한국 내에서 보호를 받는 저작물이므로 무단전재와 무단복제를 금합니다.

어린이제품 안전특별법에 의한 제품 표시사항
제조자명: 보랏빛소 | 제조국명: 대한민국 | 제조년월: 2024년 9월 | 사용연령: 8세 이상

차례

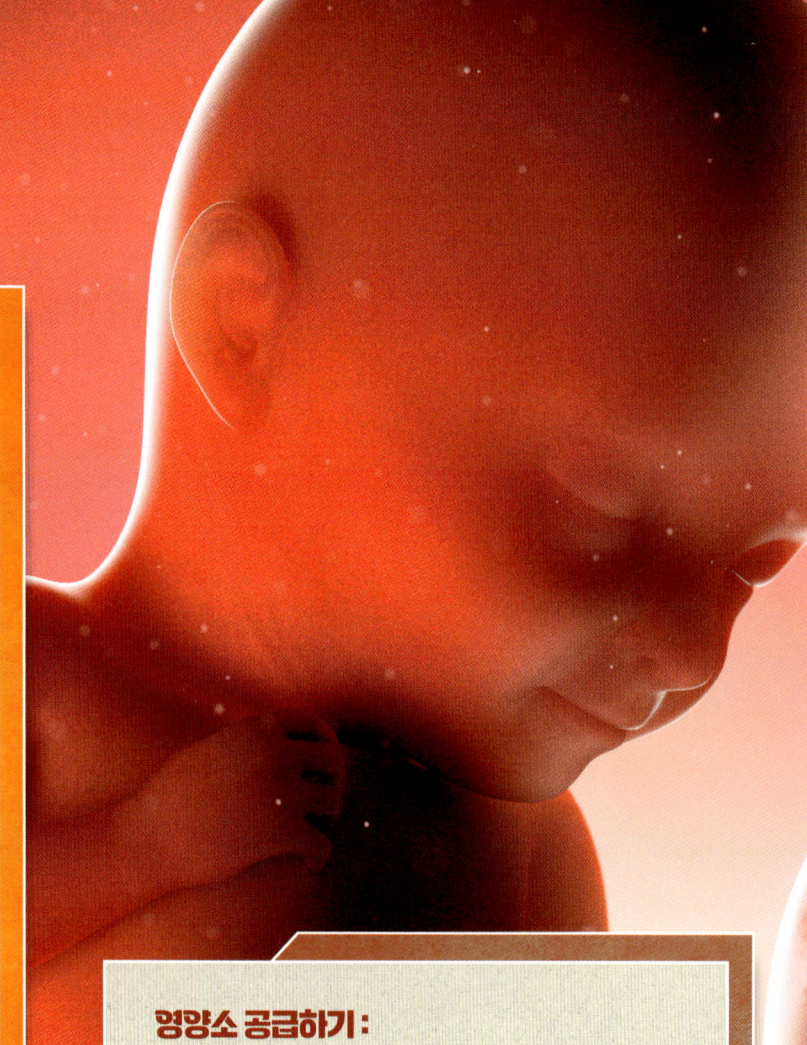

차례 ················· 4
들어가며 : 조직적인 몸 ············ 6

**신체를 만드는 구조 요소들 :
피부계, 골격계 및 뼈대근** ············ 8

피부와 손발톱 ················· 10
몸을 덮은 털 ·················· 12
몸의 모든 뼈, 뼈대 ············· 14
뼈의 여러 종류 ················ 16
뼈의 내부 구조 ················ 18
변화하는 뼈세포 ··············· 20
성장하는 뼈 ··················· 22
스스로 치유할 수 있는 뼈 ······ 24
뼈와 뼈가 만나는 부위, 관절 ··· 26
자유롭게 움직이는 관절 ········ 28
몸을 움직이는 근육 ············ 30
든든한 뼈대근 ················· 32
근육이 움직이는 원리 ·········· 34
섬세하게 움직이는 근육 ········ 36
힘줄과 인대 ··················· 38

**영양소 공급하기 :
소화계, 순환계 및 호흡계** ············ 40

건강한 식사 ··················· 42
소화계의 긴 여정 ·············· 44
입부터 목까지 ················· 46
위의 소화 과정 ················ 48
길디 긴 작은창자 ·············· 50
간, 쓸개, 이자 ················· 52
소화의 끝, 큰창자 ············· 54
숨가쁜 순환계 ················· 56
혈액 속으로 ··················· 58
피가 흐르는 혈관 ·············· 60
생명의 중심, 심장 ············· 62
신체의 필터, 콩팥 ············· 64
호흡을 돕는 허파 ·············· 66
들숨과 날숨 ··················· 68
꼭 필요한 세포호흡 ············ 70

제어와 감각 기능:
신경계, 감각계 및 내분비계 ········ 72

자극을 전하는 신경계 ················ 74
신경세포와 신호 ······················ 76
우리 몸을 이끄는 뇌 ·················· 78
빠른 연결망, 척수 ···················· 80
순간적인 반사 반응 ··················· 82
자극에 저절로 대응하는 자율신경계 ··· 84
수면이 이뤄지는 과정 ················ 86
기억은 어떻게 저장될까? ············· 88
다양한 지능과 성격 ··················· 90
빛을 받는 시각 기관 ·················· 92
알쏭달쏭 착시 현상 ··················· 94
늘 열려 있는 청각 기관 ··············· 96
맛의 감별사, 미각 기관 ··············· 98
냄새를 전하는 후각 기관 ············ 100
섬세한 촉각 기관 ···················· 102
균형을 느끼는 감각 ·················· 104
내분비계의 역할 ····················· 106
호르몬의 반응 속도 ·················· 108
혈당을 조절하는 원리 ··············· 110
평생 나오는 성장호르몬 ············· 112

탄생과 노화:
생애 주기와 관련된 기관들 ········· 134

아이를 만드는 생식계 ··············· 136
월경이 이루어지는 과정 ············· 138
생식세포의 만남, 수정 ·············· 140
임신과 탄생 ·························· 142
사람의 성장 과정 ···················· 144
나이드는 과정, 노화 ················· 146
유전암호의 비밀 ····················· 148
신비한 유전 ·························· 150

용어 풀이 ···························· 152
찾아보기 ····························· 156
이미지 출처 ·························· 159

신체 보호하기:
림프계 및 면역계 ················· 114

우리 몸의 일차 장벽 ················· 116
생명을 지키는 혈액응고 ············· 118
온몸을 도는 림프계 ·················· 120
세균을 해치우는 백혈구 ············· 122
우리 몸의 방어막, 면역계 ··········· 124
알레르기 반응 ······················· 126
의학이 바꾼 역사 ···················· 128
예방접종의 중요성 ·················· 130
또 다른 몸, 인공기관 ················ 132

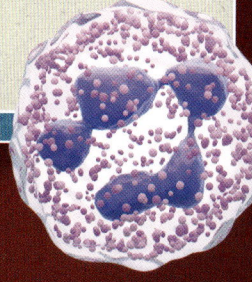

• 일러두기

본문에 나오는 신체 용어는 국립국어원 및 우리말샘의 표기법을 따랐으며, 복합 명사는 주로 가독성을 위해 띄어 쓰지 않고 붙여 썼습니다.

들어가며
조직적인 몸

인간은 몸이라는 놀라운 구조물 덕분에 조그만 아기에서 어엿한 성인으로 성장해요. 그리고 다양한 경험을 통해 세상을 이해하고 타인과 소통하는 방법을 자연스럽게 체득해요. 몸속에 매우 복잡하게 배열된 세포, 조직, 기관, 계통은 인체를 구성하며, 모두 힘을 합쳐서 우리가 살아가는 데 필요한 역할을 수행합니다.

세포
세포는 생물체를 이루는 아주 작은 기본 단위로 맡은 일에 따라 모양과 크기가 달라요.

신경세포(뉴런)
신경세포는 길고 가느다란 가닥으로 이루어져 있으며 몸속 곳곳에 신경 신호를 전달해요.

적혈구
적혈구는 가운데가 오목한 원반 모양으로 몸속의 세포에 산소를 전달하고 쓸모없는 이산화탄소를 제거해요.

근육세포
'근섬유'라고도 하며 근육세포를 이루는 특수한 섬유가 수축하면서 다른 부위를 끌어당겨요.

조직
비슷한 세포끼리 모여서 조직을 이루고 각 조직은 저마다의 기능을 수행해요. 예컨대 신경세포가 모여서 신경조직을 이루고, 근육세포가 모여서 근육조직을 이루죠. 또한 결합조직과 상피조직도 있답니다.

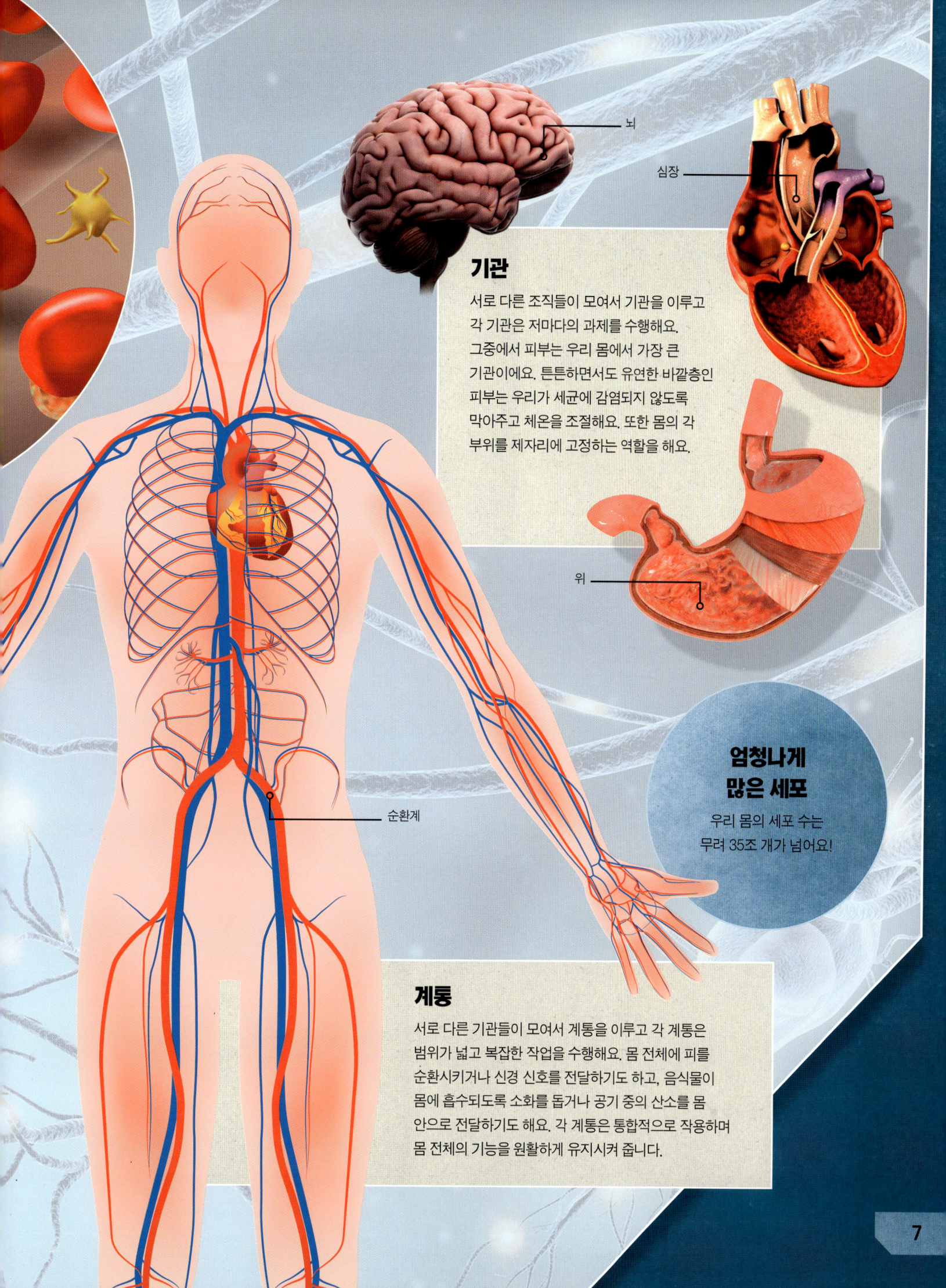

뇌

심장

기관

서로 다른 조직들이 모여서 기관을 이루고 각 기관은 저마다의 과제를 수행해요. 그중에서 피부는 우리 몸에서 가장 큰 기관이에요. 튼튼하면서도 유연한 바깥층인 피부는 우리가 세균에 감염되지 않도록 막아주고 체온을 조절해요. 또한 몸의 각 부위를 제자리에 고정하는 역할을 해요.

위

순환계

엄청나게 많은 세포

우리 몸의 세포 수는 무려 35조 개가 넘어요!

계통

서로 다른 기관들이 모여서 계통을 이루고 각 계통은 범위가 넓고 복잡한 작업을 수행해요. 몸 전체에 피를 순환시키거나 신경 신호를 전달하기도 하고, 음식물이 몸에 흡수되도록 소화를 돕거나 공기 중의 산소를 몸 안으로 전달하기도 해요. 각 계통은 통합적으로 작용하며 몸 전체의 기능을 원활하게 유지시켜 줍니다.

신체를 만드는 구조 요소들
피부계, 골격계 및 뼈대근

우리 몸의 바깥층은 피부, 털, 손발톱으로 이루어져 있어요. 다 합쳐서 '피부계(외피계)'라고 해요. 밖으로 보이는 땀, 먼지, 피지 등은 죽은 세포들이 뒤섞여 만들어진 것이에요. 피부 안쪽에서 새로운 세포가 생성되면서 서서히 밀려나와요. 이 죽은 세포들은 케라틴이라는 단단한 물질로 채워져 튼튼한 층을 형성하고 있어요. 그렇기 때문에 각종 손상과 감염으로부터 몸을 보호할 수 있어요.

피부 아래로는 단단한 뼈와 상대적으로 부드러운 연골이 '골격계'를 이루고 있어요. 귀 안쪽의 아주 작은 뼈, 팔다리를 구성하는 긴뼈, 단단한 머리덮개뼈, 손가락과 발가락의 작은 마디뼈 등 몸의 틀을 유지하는 골격계는 모양과 크기가 다양해요. 뼈와 연골은 함께 근육을 끌어당기는 지렛대 역할을 하며 다양한 움직임을 제공해요. 또한 몸 전체를 지탱하고 몸속 장기와 신체를 보호해요.

'뼈대근'은 수축하면서 각기 다른 부위를 서로 끌어당기는 특수한 조직으로 이루어져 있어요. 그 덕분에 우리는 팔다리를 움직이거나 고개를 좌우로 돌리는 등 다양한 범위의 동작을 해낼 수 있답니다.

근육은 뼈와 연결되어 잡아당기고 놓아주면서 우리 몸을 움직이고 지켜 주는 역할을 해요. 수축과 이완을 하지 않는다면 근육은 축 늘어진 조직에 불과했을 거예요. 함께 일하는 근육과 뼈 덕분에 우리는 체조도 하고, 폴짝 뛰어오르고, 자유롭게 구르는 동작 등 다채로운 움직임을 구현할 수 있답니다.

피부와 손발톱

피부는 우리 몸에서 가장 크고 넓은 기관이에요. 정기적으로 새롭게 교체되는 보호막이 신체를 감싸고 있어 외부 자극으로부터 몸과 피부를 보호해요. 체온 조절에 도움을 주고, 세균에 감염되지 않도록 예방하며, 유해 물질이 몸 안으로 침입하지 못하게 막아요.

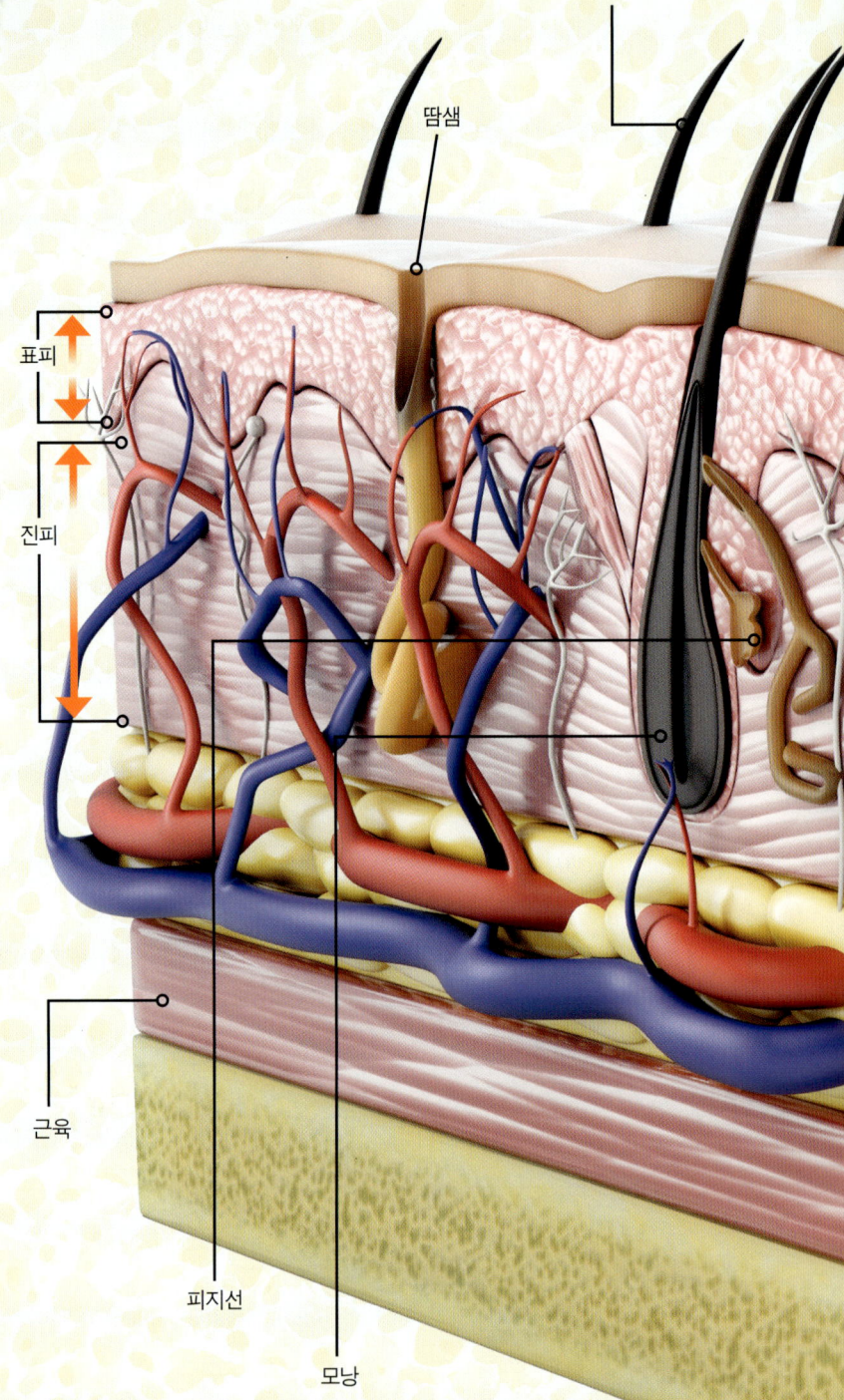

털
땀샘
표피
진피
근육
피지선
모낭

피부 속으로

피부는 두 개의 층으로 이루어져 있어요. 손으로 직접 만질 수 있는 가장 바깥층을 '표피'라 하고, 표피 아래를 '진피'라고 해요. 표피의 맨 아래에서 피부 세포가 분열하고 새롭게 생겨난 세포들이 피부 표면으로 밀려 올라가요.
세포들은 표면으로 올라갈수록 모양이 납작해지면서 단백질 성분인 케라틴으로 채워져요. 그러면서 더 단단해지고 방수 기능도 갖게 됩니다. 표면까지 올라오면 벗겨지고 닳아 없어져서 결국에는 새로운 세포로 교체됩니다.

피부 보호하기

태양광은 자외선처럼 해로운 에너지원을 포함하고 있어요. 피부 세포에 손상을 입혀 노화를 진행하고 피부 질환과 암을 일으킬 수 있어요. 우리 피부는 외부로부터의 자극에 보호하기 위해 '멜라닌'이라는 색소를 만들어요. 하지만 멜라닌이 많이 나온다고 무조건 좋은 건 아니에요. 그렇기 때문에 태양이 매우 강력하다면 자외선 차단제를 적절히 바르고, 자외선을 차단해 주는 소재의 모자와 옷을 착용하는 게 가장 좋답니다.

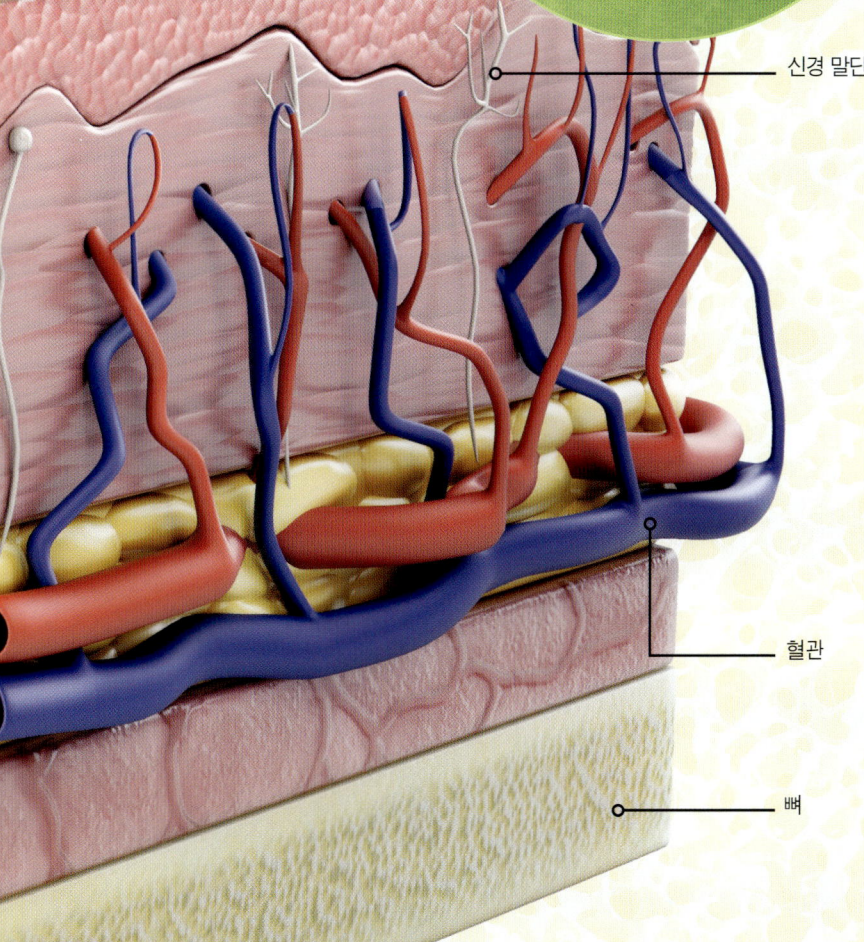

새로운 피부

바깥층의 피부 세포들은 약 28일을 주기로 생성과 소멸을 반복해요. 28일마다 새로운 세포가 형성되고, 각화 과정을 마친 세포들은 각질이 되어 피부 표면에서 떨어지는 것이죠. 평균적으로 본다면 사람은 평생 1000겹의 피부를 거치게 되는 셈이에요.

- 신경 말단
- 혈관
- 뼈

체온 조절

피부 온도가 높아지면 혈관 확장 반응으로 혈관이 넓어져요. 그렇게 되면 더 많은 혈액이 피부 표면으로 이동하면서 열을 잃어버려요. 이때 땀샘은 더 많은 땀을 만들고, 땀이 몸에서 증발하면서 열을 방출해 체온을 조절해요.

피부 온도가 낮아지면 혈관 수축 반응으로 혈관이 좁아져요. 그렇게 되면 피부 표면으로 가는 혈액의 흐름을 줄이고, 공기 중으로 빠져나가는 열을 최소화해요. 이때 피부의 털에 붙어 있는 작은 근육들이 수축하면서 털을 일으켜 세워 피부 표면의 열을 가둬요. 이때 좁쌀처럼 피부가 오돌토돌 돋는 것을 '소름'이라고 해요.

손발톱

손발톱의 세포분열과 각질화는 맨 아래의 바탕질에서 일어나요. 세포들은 매달 약 3밀리미터씩 밀려 올라가면서 단단한 형태의 케라틴 단백질로 채워져요. 외부 충격과 마찰로부터 손가락과 발가락의 끝을 지지하고 보호하는 역할을 해요.

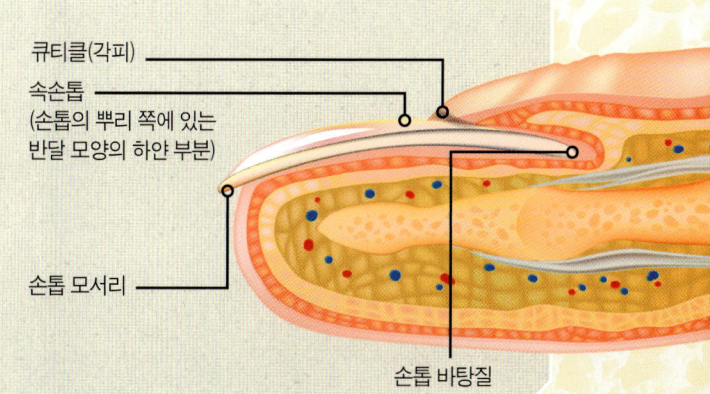

- 큐티클(각피)
- 속손톱 (손톱의 뿌리 쪽에 있는 반달 모양의 하얀 부분)
- 손톱 모서리
- 손톱 바탕질

몸을 덮은 털

포유류에 속하는 인간의 몸은 털로 뒤덮여 있어요.
머리 윗부분에서 자라는 굵은 머리카락부터
몸 전체에 난 털까지 다양해요.

머리카락
머리에서 나는 털인 머리카락은 멜라닌이라는 색소의 양과 종류에 따라 색깔이 달라져요. 멜라닌은 피부와 망막의 색을 결정하기도 해요. 검은색 머리카락은 멜라닌의 한 종류인 '유멜라닌'이 많고, 갈색 머리카락은 유멜라닌이 상대적으로 적으며, 옅은 금색 머리카락은 유멜라닌이 매우 적답니다. 붉은색 머리카락은 아예 다른 종류의 멜라닌인 '페오멜라닌'을 함유하고 있어요.

몸털

몸 전체를 덮고 있는 아주 가는 털이며 '솜털'이라고도 해요. 손바닥, 발바닥, 입술, 유두는 몸털이 없는 부위예요.

음모
사춘기가 되면 생식기 주변에 음모와 겨드랑이 털이 자라기 시작해요. 이 털들은 먼지와 세균을 잡아 가두어 민감한 신체 부위를 보호하는 역할을 해요. 또 털 아랫부분의 피지샘에서 분비되는 피지는 세균의 번식을 막아줍니다.

병균과의 싸움
고름은 몸이 병균 감염에 맞서 싸우는 과정에서 생기는 걸쭉한 액체입니다. 고름 안에는 죽은 세포와 세균이 들어 있어요. 일반적으로는 누런빛으로 고약한 냄새가 난답니다.

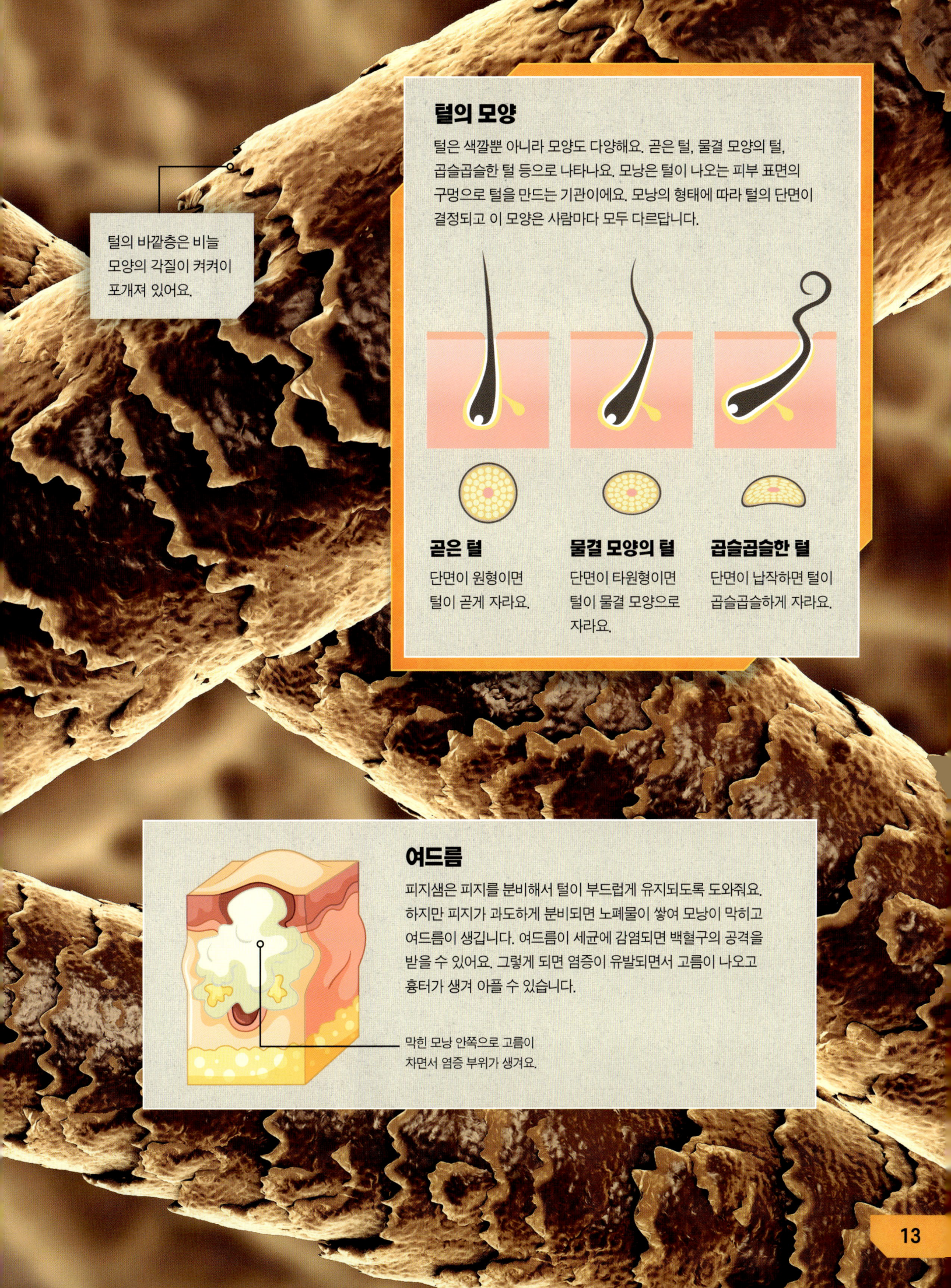

털의 모양

털은 색깔뿐 아니라 모양도 다양해요. 곧은 털, 물결 모양의 털, 곱슬곱슬한 털 등으로 나타나요. 모낭은 털이 나오는 피부 표면의 구멍으로 털을 만드는 기관이에요. 모낭의 형태에 따라 털의 단면이 결정되고 이 모양은 사람마다 모두 다르답니다.

털의 바깥층은 비늘 모양의 각질이 켜켜이 포개져 있어요.

곧은 털
단면이 원형이면 털이 곧게 자라요.

물결 모양의 털
단면이 타원형이면 털이 물결 모양으로 자라요.

곱슬곱슬한 털
단면이 납작하면 털이 곱슬곱슬하게 자라요.

여드름

피지샘은 피지를 분비해서 털이 부드럽게 유지되도록 도와줘요. 하지만 피지가 과도하게 분비되면 노폐물이 쌓여 모낭이 막히고 여드름이 생깁니다. 여드름이 세균에 감염되면 백혈구의 공격을 받을 수 있어요. 그렇게 되면 염증이 유발되면서 고름이 나오고 흉터가 생겨 아플 수 있습니다.

막힌 모낭 안쪽으로 고름이 차면서 염증 부위가 생겨요.

몸의 모든 뼈, 뼈대

피부 안에는 뼈들이 모여서 하나의 체계를 이루어요. 이를 '뼈대(골격)'라고 해요. 우리가 움직일 수 있도록 돕고, 몸을 똑바로 지탱하며, 연약한 신체 부위나 내장 기관을 보호하는 역할을 해요. 이 놀라운 구조물이 잘 발달한 덕분에 인간은 직립보행을 할 수 있어요. 뼈대는 성장기 동안 계속 자라요. 혹시 부러지는 일이 생기더라도 저절로 치유되는 재생 능력이 있답니다.

머리뼈
척추뼈
빗장뼈
어깨뼈
복장뼈
갈비뼈(늑골)
무릎뼈
종아리뼈
정강이뼈
발꿈치뼈
발뼈(발허리뼈)

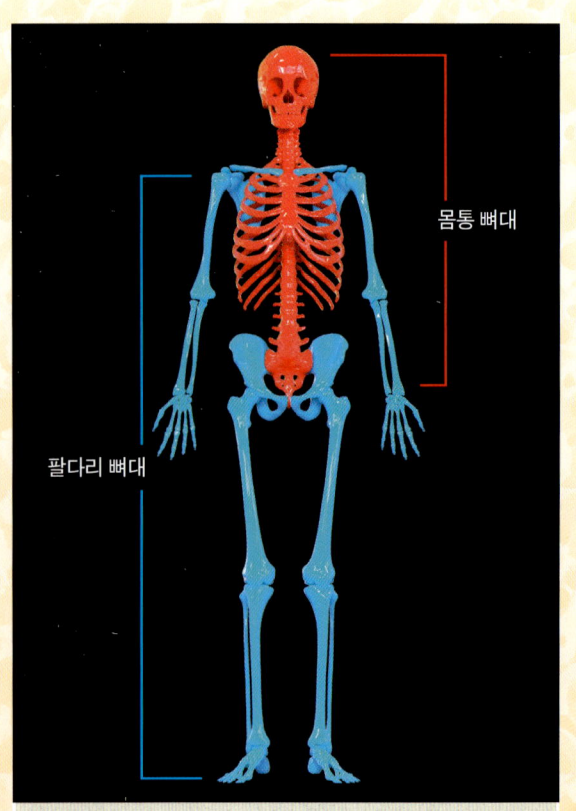

몸통 뼈대
팔다리 뼈대

몸통 뼈대와 팔다리 뼈대

인간의 뼈대는 두 부분으로 나뉘어요. 중앙 부분인 '몸통 뼈대'는 머리뼈, 척추뼈, 갈비뼈, 복장뼈 등으로 이뤄져요. 몸통 뼈대에 달린 부분인 '팔다리 뼈대'는 골반뼈, 어깨뼈, 팔뼈, 손뼈, 다리뼈, 발뼈 등으로 이뤄져요.

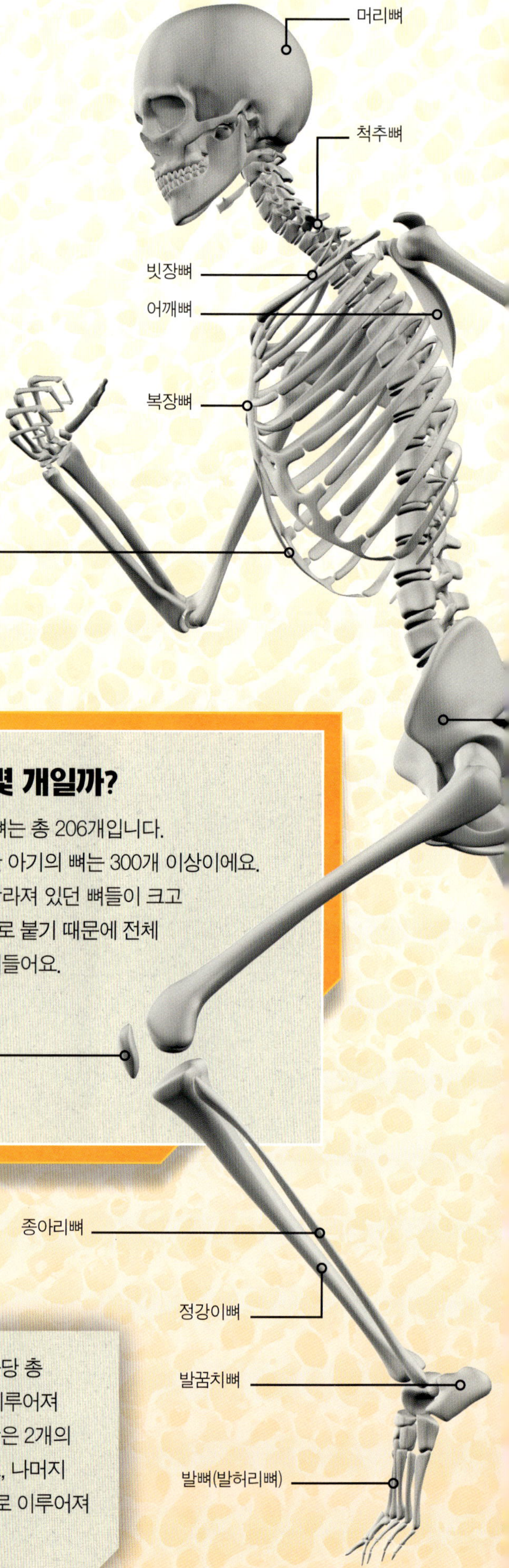

뼈는 모두 몇 개일까?

다 자란 성인의 뼈는 총 206개입니다. 그런데 갓 태어난 아기의 뼈는 300개 이상이에요. 성장 과정에서 갈라져 있던 뼈들이 크고 단단해지면서 서로 붙기 때문에 전체 뼈의 개수가 줄어들어요.

발가락뼈는 발 하나당 총 14개의 마디뼈로 이루어져 있어요. 엄지발가락은 2개의 뼈로 이루어져 있고, 나머지 발가락은 3개의 뼈로 이루어져 있습니다.

가장 작은 뼈

우리 몸에서 가장 작은 뼈는 귀 안쪽의 '귓속뼈'예요. 귓속뼈는 망치뼈, 등자뼈, 모루뼈, 이렇게 세 개의 작은 뼈로 이루어져 있으며 소리를 전달해요.

몸속의 뼈 들여다보기

의사들은 굳이 몸을 열어보지 않더라도 몸속의 뼈를 보고 진단할 수 있어요. 고에너지 방사선의 하나인 엑스레이는 뼈와 관절의 이상을 볼 수 있는 기본적인 검사예요. 피부와 근육 같은 부드러운 조직은 통과하지만, 밀도가 높은 뼈를 만나면 통과하지 못해 사진에서 하얗게 보입니다. 엑스레이로 촬영한 영상을 보면 뼈가 제대로 잘 자라고 있는지, 혹은 부러졌는지 진단할 수 있답니다.

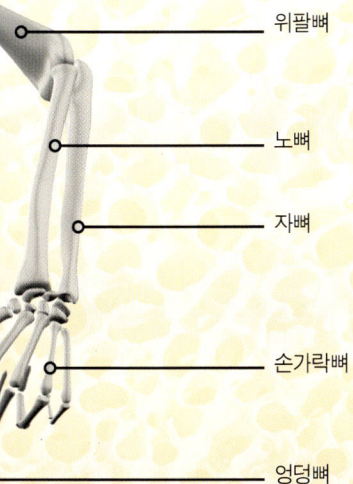
- 위팔뼈
- 노뼈
- 자뼈
- 손가락뼈
- 엉덩뼈

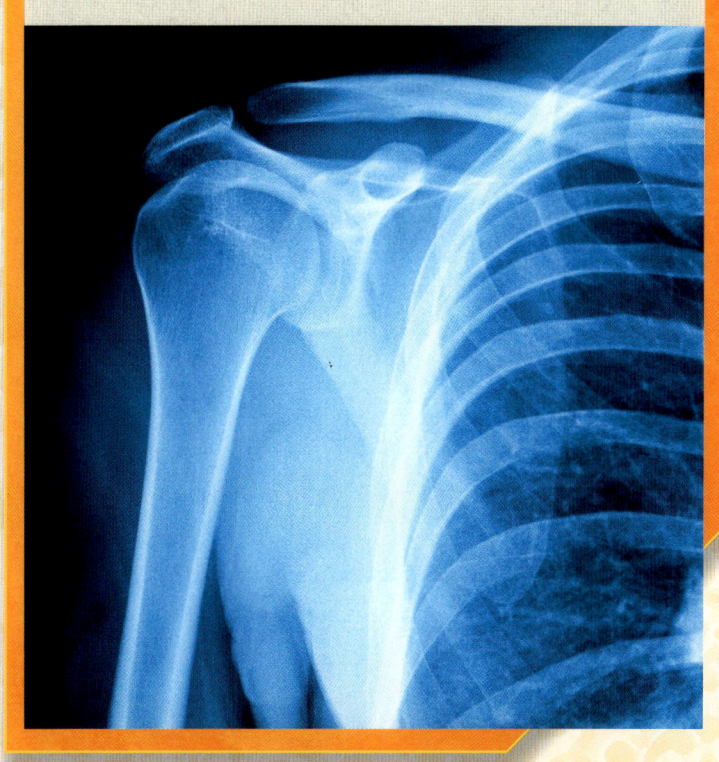

- 넙다리뼈

뼈 건강 지키기

우리 몸의 뼈들은 평생 스트레스를 많이 받아요. 그렇기 때문에 뼈의 건강을 잘 돌보는 일은 중요합니다. 규칙적인 운동은 뼈조직의 밀도와 강도를 높이는 데 도움이 됩니다. 칼슘과 비타민 D가 풍부한 식단 역시 뼈 건강에 좋아요. 칼슘이 풍부한 식품으로는 우유, 유제품, 생선, 두부 등이 있습니다. 칼슘은 뼈조직의 주요 구성 요소로 작용하고, 비타민 D는 음식 속 칼슘이 몸에 잘 흡수되도록 도와줍니다.

15

뼈의 여러 종류

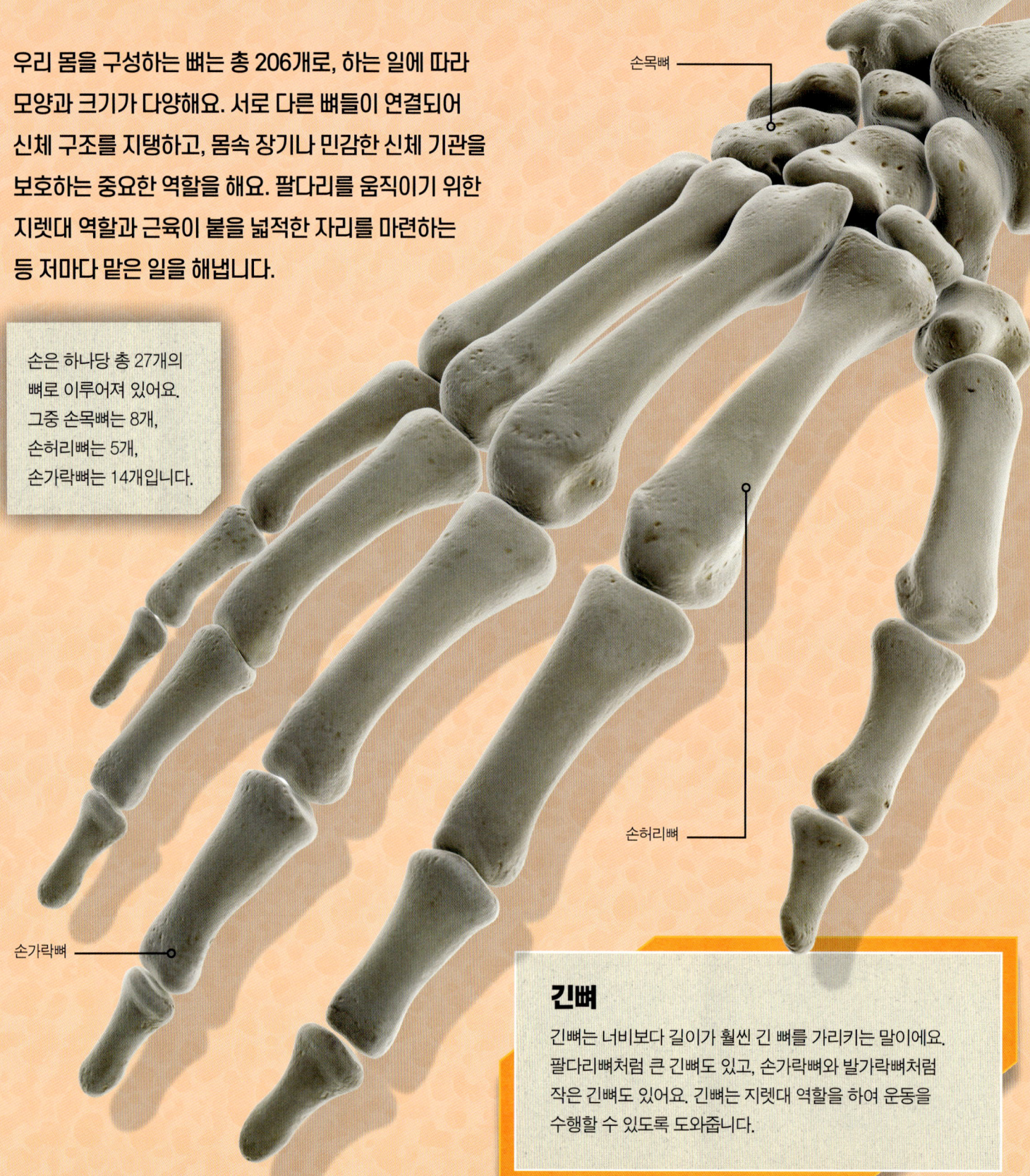

우리 몸을 구성하는 뼈는 총 206개로, 하는 일에 따라 모양과 크기가 다양해요. 서로 다른 뼈들이 연결되어 신체 구조를 지탱하고, 몸속 장기나 민감한 신체 기관을 보호하는 중요한 역할을 해요. 팔다리를 움직이기 위한 지렛대 역할과 근육이 붙을 넓적한 자리를 마련하는 등 저마다 맡은 일을 해냅니다.

손은 하나당 총 27개의 뼈로 이루어져 있어요. 그중 손목뼈는 8개, 손허리뼈는 5개, 손가락뼈는 14개입니다.

손목뼈

손허리뼈

손가락뼈

긴뼈

긴뼈는 너비보다 길이가 훨씬 긴 뼈를 가리키는 말이에요. 팔다리뼈처럼 큰 긴뼈도 있고, 손가락뼈와 발가락뼈처럼 작은 긴뼈도 있어요. 긴뼈는 지렛대 역할을 하여 운동을 수행할 수 있도록 도와줍니다.

짧은뼈

짧은뼈는 보통 길이와 너비가 비슷하며 육각형 모양이에요. 대표적으로 발목뼈와 손목뼈가 있으며 다른 뼈들의 튼튼한 밑바탕 역할을 해요. 움직임이 제한적이지만 비교적 넓은 관절면을 가지고 있어 충격을 흡수하고 몸을 보호해요.

납작뼈

납작뼈에는 이름처럼 납작한 모양도 있고 얇게 휘어진 모양도 있어요. 갈비뼈, 복장뼈, 머리뼈, 어깨뼈 등이 납작뼈에 속해요. 모양이 평평하고 비교적 얇은 편이라 어깨뼈처럼 근육이 붙기 좋게 널찍한 공간을 제공해요. 또한 머리뼈가 뇌를 보호하듯 민감한 신체 부위를 보호하는 역할을 합니다.

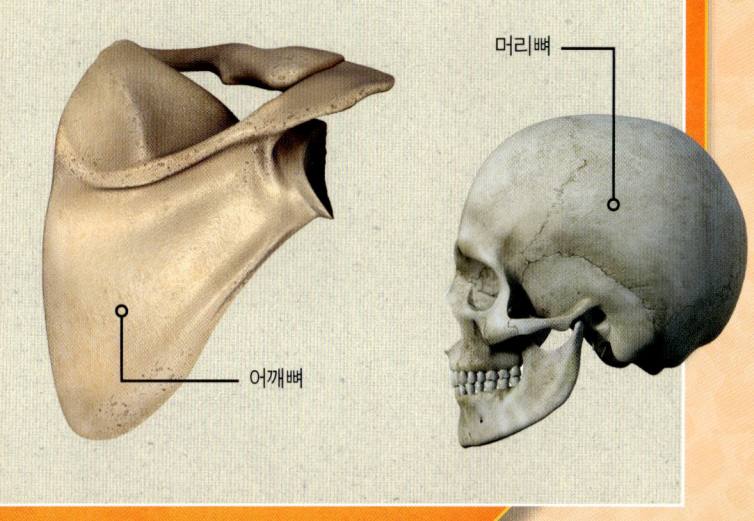

머리뼈

어깨뼈

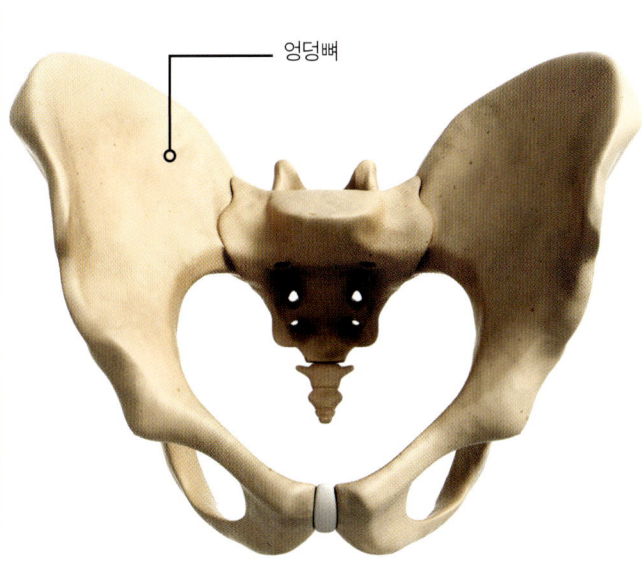

엉덩뼈

불규칙 뼈

불규칙 뼈는 모양이 규칙적이지 않고 다른 뼈들의 유형에 들어맞지 않는 뼈를 가리키는 말이에요. 나비뼈, 엉덩뼈, 광대뼈, 관자뼈, 척추뼈 등이 여기에 해당하며, 각자 다양한 역할을 해요.

척추뼈

종자뼈

종자뼈는 관절을 지나가는 힘줄에 들어 있는 뼈입니다. 힘줄은 뼈와 근육을 연결하는 띠 모양의 조직이에요. 무릎뼈뿐만 아니라 엄지손가락과 엄지발가락에도 작은 종자뼈가 있어요. 힘줄을 보호하고 관절이 더욱 원활하게 움직이게 도와요.

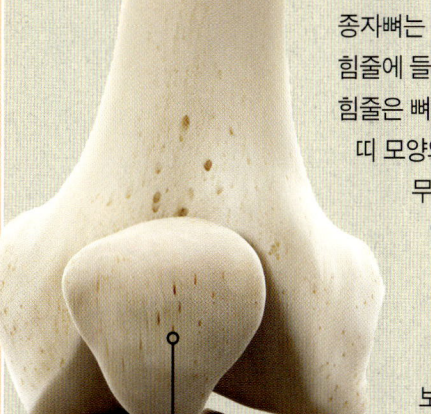

무릎뼈

뼈의 내부 구조

뼈는 모양과 크기가 다양하지만 내부 구조는 모두 비슷해요. 뼈의 맨 바깥쪽을 둘러싸고 있는 얇은 막을 '골막'이라고 불러요. 골막 안쪽은 두껍고 밀도 높은 '치밀뼈' 조직이 형성되어 있고, 치밀뼈 안쪽에는 작은 구멍을 가진 '해면뼈' 조직이 층을 이룹니다. 해면뼈의 잔기둥 사이에는 '골수'가 차 있어요.

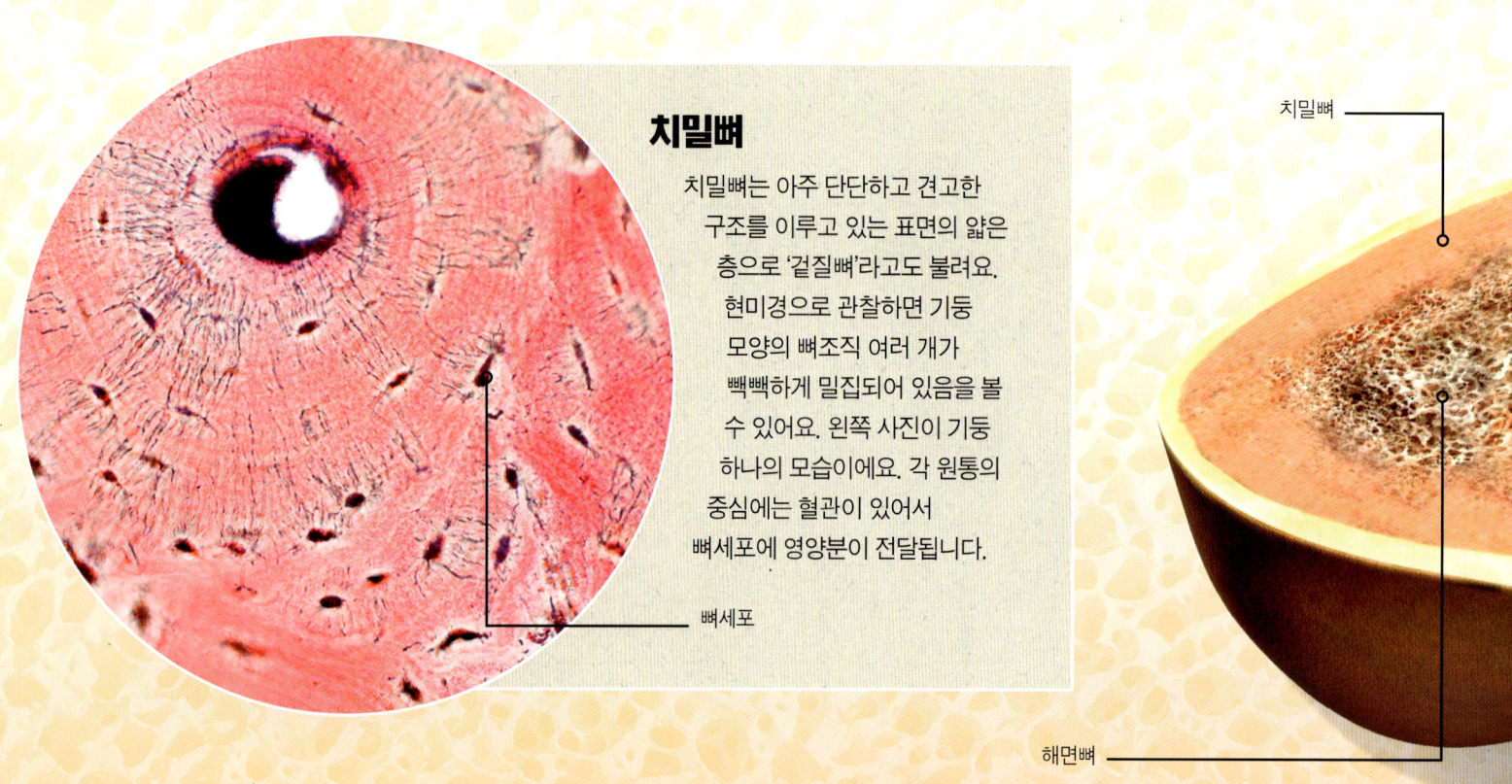

치밀뼈

치밀뼈는 아주 단단하고 견고한 구조를 이루고 있는 표면의 얇은 층으로 '겉질뼈'라고도 불러요. 현미경으로 관찰하면 기둥 모양의 뼈조직 여러 개가 빽빽하게 밀집되어 있음을 볼 수 있어요. 왼쪽 사진이 기둥 하나의 모습이에요. 각 원통의 중심에는 혈관이 있어서 뼈세포에 영양분이 전달됩니다.

— 뼈세포

치밀뼈 —
해면뼈 —

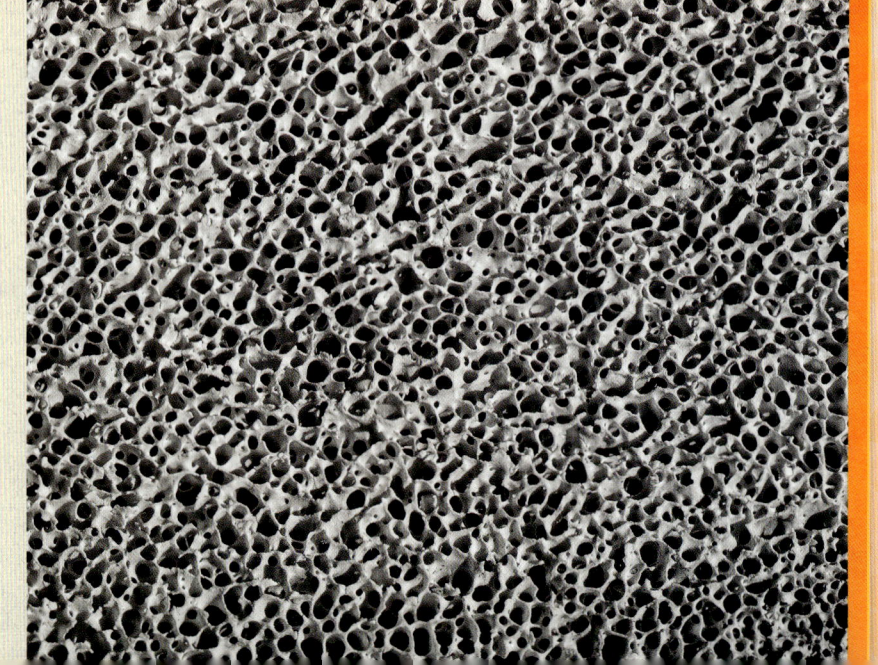

해면뼈

해면뼈에는 수많은 구멍이 숭숭 나 있어서 마치 해면처럼 보여요. 격자 형태의 구조와 스펀지처럼 생긴 구멍 덕분에 뼈가 매우 튼튼하면서도 가벼워요. 이 구멍에는 대부분 골수가 차 있어요.

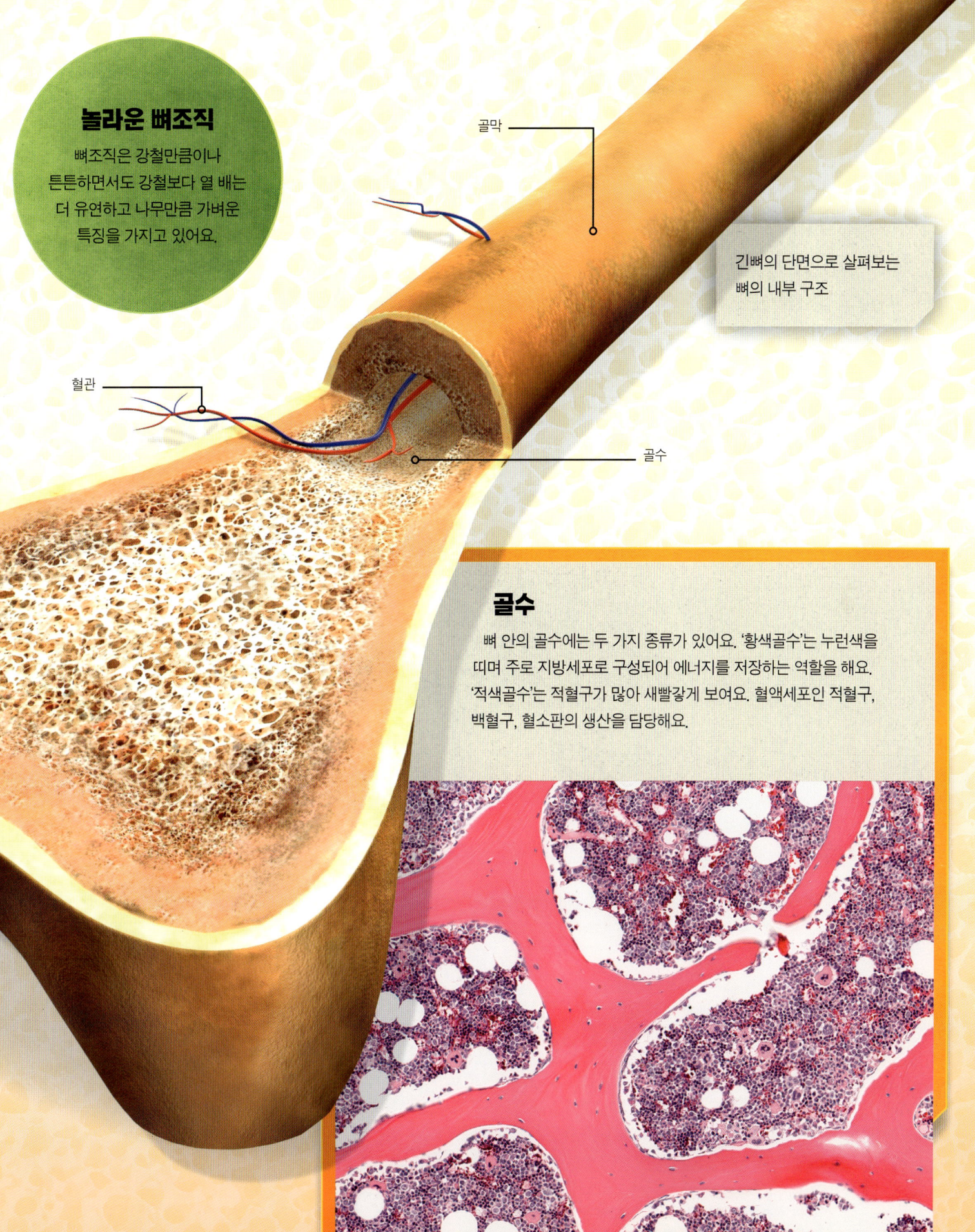

놀라운 뼈조직

뼈조직은 강철만큼이나 튼튼하면서도 강철보다 열 배는 더 유연하고 나무만큼 가벼운 특징을 가지고 있어요.

골막

긴뼈의 단면으로 살펴보는 뼈의 내부 구조

혈관

골수

골수

뼈 안의 골수에는 두 가지 종류가 있어요. '황색골수'는 누런색을 띠며 주로 지방세포로 구성되어 에너지를 저장하는 역할을 해요. '적색골수'는 적혈구가 많아 새빨갛게 보여요. 혈액세포인 적혈구, 백혈구, 혈소판의 생산을 담당해요.

변화하는 뼈세포

뼈는 몸에 가해지는 다양한 압력에 반응하며 끊임없이 변화하고 있어요. 뼈조직 내부의 뼈세포는 계속해서 뼈조직을 해체했다가 또 필요한 자리에 새로운 뼈조직을 형성합니다.

뼈모세포(골모세포)

뼈의 성장에 관여하는 뼈모세포는 칼슘을 이동시키는 역할을 해요. 대개 뼈의 표면이나 뼈가 새로 생겨나는 자리에 있습니다.

뼈파괴세포(파골세포)

뼈파괴세포는 필요 없어진 뼈조직을 해체하고 흡수하는 세포입니다. 부러진 뼈를 고치거나 더 튼튼하게 만들어야 할 때 구성 요소들을 재조합해서 새로운 뼈조직을 만들죠. 뼈파괴세포는 뼈조직이 재흡수되는 부위에 나타나며, 백혈구의 일종인 단핵구에서 생겨납니다.

뼈세포(골세포)

뼈세포는 다 자란 뼈에 있어요. 뼈세포의 몸체는 뼈세포방인 골소강의 작은 구멍 안에 들어 있어요. 몸체에서 나온 가늘고 긴 돌기가 '골소관'이라는 작은 관을 통해 사방으로 뻗어 나가요. 이웃한 뼈세포가 연결되며 뼈조직을 유지하는 역할을 한답니다.

뼈세포

뼈모세포

뼈파괴세포

뼈잔기둥

뼈잔기둥(골소주)

해면뼈는 가느다란 격자 구조의 뼈잔기둥으로 구성되어 있어요. 뼈잔기둥은 뼈가 받는 물리적 자극에 반응하면서 특정한 무늬로 발달해요. 압력이 바뀌면 그곳의 뼈잔기둥은 해체되고, 압력이 강한 위치나 뼈잔기둥이 더 필요한 곳에서 재조합됩니다.

골다공증(뼈엉성증)

골다공증은 뼈의 무기질과 단백질이 줄어들면서 뼈조직이 약해지는 현상이에요. 뼈의 강도가 약해지고 가늘어지면서 부러지기 쉬운 상태가 되죠. 노화 현상의 하나로서 나타나기도 해요. 뼈조직을 튼튼하게 만들려면 규칙적으로 운동하고 칼슘과 비타민 D가 풍부한 식단을 섭취해야 합니다.

정상 골다공증

성장하는 뼈

뼈는 엄마의 자궁 속 태아일 때 처음 생겨나고, 완전히 성인이 될 때까지 자라요. 유·아동기를 지나는 동안 신체의 발달과 함께 뼈도 빠르게 성장해요. 뼈가 성장을 멈추는 시기는 대략 스무 살이지만 그 뒤로도 더 굵어질 수는 있어요.

연골

성장 중인 태아의 뼈는 연골로 이루어져 있어요. 유연한 성질을 지닌 연골은 우리의 코와 귀에도 들어 있답니다. 몸의 형태를 잡아 주고 탄력성을 유지하는 역할을 해요. 관절 안에 붙어서 몸이 부드럽게 움직일 수 있도록 도와준답니다. 태아가 자라면서 뼈세포의 활동으로 말랑한 연골이 딱딱한 뼈로 변하고 길어지는 과정을 '골화'라고 부릅니다.

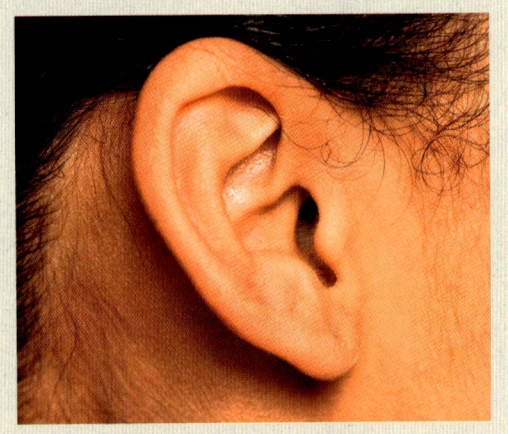

태아의 유연한 연골은 태아가 자궁 속에서 자라는 동안 몸속 기관들이 성장할 수 있도록 해요.

뼈의 성장

태아의 긴뼈는 연골조직으로 이루어져 있어요. 뼈가 점차 길어지면서 몸통을 둘러싸는 뼈고리가 생기고 혈관이 들어와 영양분을 가져다줘요. 그러다 혈관이 조직 전체에 퍼지고 중심부에 골수가 들어갈 공간이 생겨나요. 생후에는 혈관이 뼈끝(골단)까지 들어가서 그곳이 뼈 성장의 주요 부위가 됩니다.

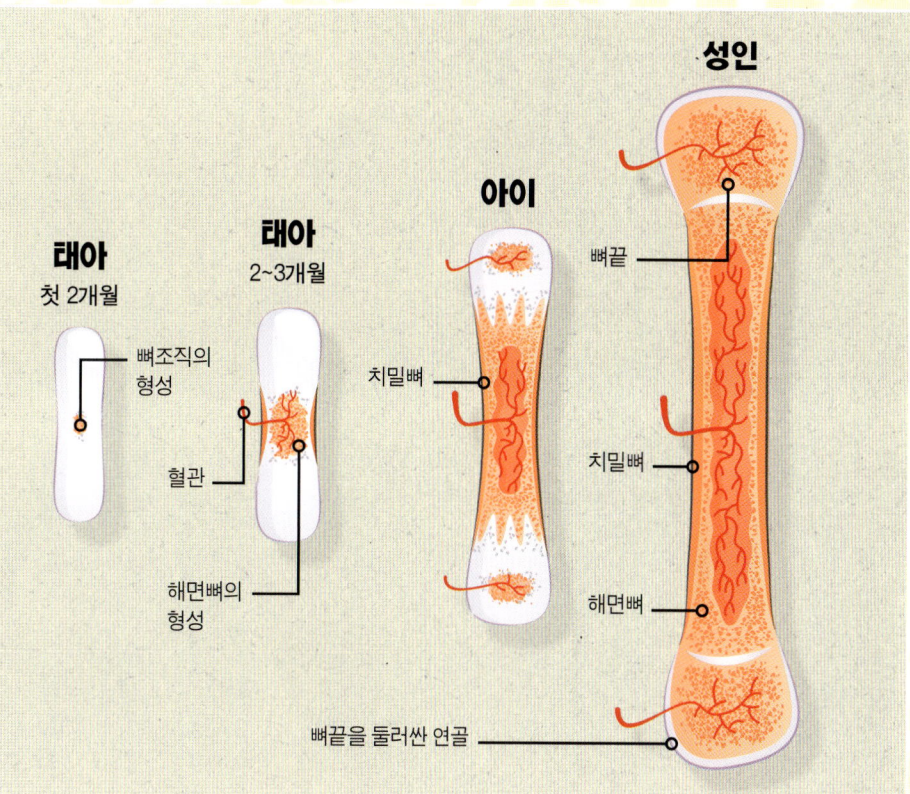

태아 첫 2개월 — 뼈조직의 형성
태아 2~3개월 — 혈관, 해면뼈의 형성
아이 — 치밀뼈
성인 — 뼈끝, 치밀뼈, 해면뼈, 뼈끝을 둘러싼 연골

아기의 뼈

갓 태어난 아기의 몸에는 약 300개의 뼈가 있어요. 성인의 딱딱한 뼈와 비교하면 아직은 말랑말랑해요. 그중에서도 머리뼈는 완전히 접합되지 않아서 뼈 사이에 부드러운 부분이 있습니다. 유연한 머리뼈 덕분에 아기가 산도를 수월하게 빠져나올 수 있답니다. 또 태어나서 몇 달간은 뇌가 자라는 속도에 맞춰 머리뼈가 커질 수 있어요.

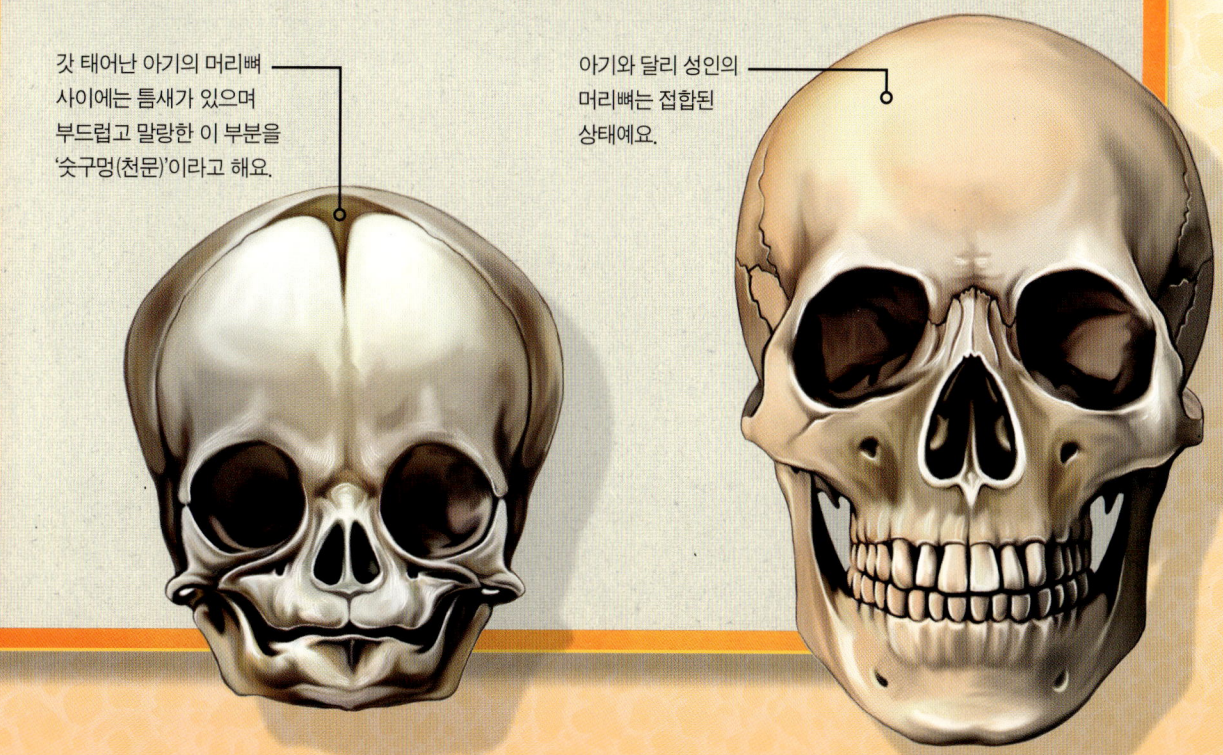

갓 태어난 아기의 머리뼈 사이에는 틈새가 있으며 부드럽고 말랑한 이 부분을 '숫구멍(천문)'이라고 해요.

아기와 달리 성인의 머리뼈는 접합된 상태예요.

스스로 치유할 수 있는 뼈

아무리 튼튼한 뼈라고 해도 지나친 압박이 가해지면 금이 가거나 부러져 골절될 수 있어요. 하지만 우리 몸의 여러 신체 부위가 재생 능력을 가진 것처럼 뼈조직 역시 놀라운 자가 치유력을 발휘해 스스로 회복하고 새로운 뼈를 형성합니다.

의사들은 엑스레이 촬영 영상으로 골절 상태를 진단합니다.

뼈 회복 시간

뼈가 부러지면 성인보다 어린아이가 더 빨리 아물어요. 넙다리뼈가 부러졌을 때 신생아는 3주면 다 치유되지만 성인은 4~5달이 걸릴 수도 있답니다.

골절의 유형

골절은 외부의 힘에 의해 뼈가 부러진 형태로, 발생하는 위치에 따라 다양한 유형으로 나뉘어요.

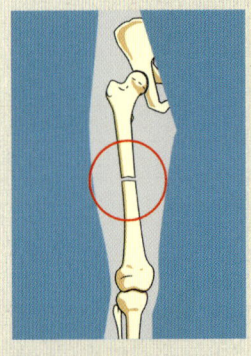

횡골절(가로골절)
뼈가 두 조각으로 부러지면서 가로로 되어 긴 축과 직각을 이루는 골절.

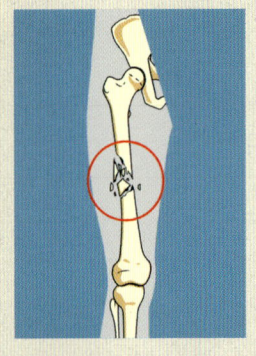

분쇄골절
뼈가 여러 개의 작은 조각으로 부서져 심하게 손상된 골절.

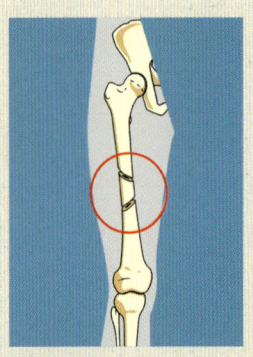

분절골절
한 뼈에서 최소 두 군데가 부러져서 완전히 분리된 골절.

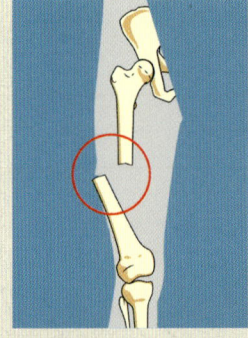

개방골절(복합골절)
부러진 뼈가 피부 표면을 뚫고 나와 신체 조직이 손상된 골절.

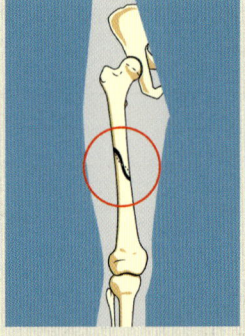

나선골절
구불구불하게 회전 모양으로 비틀림이 있는 골절.

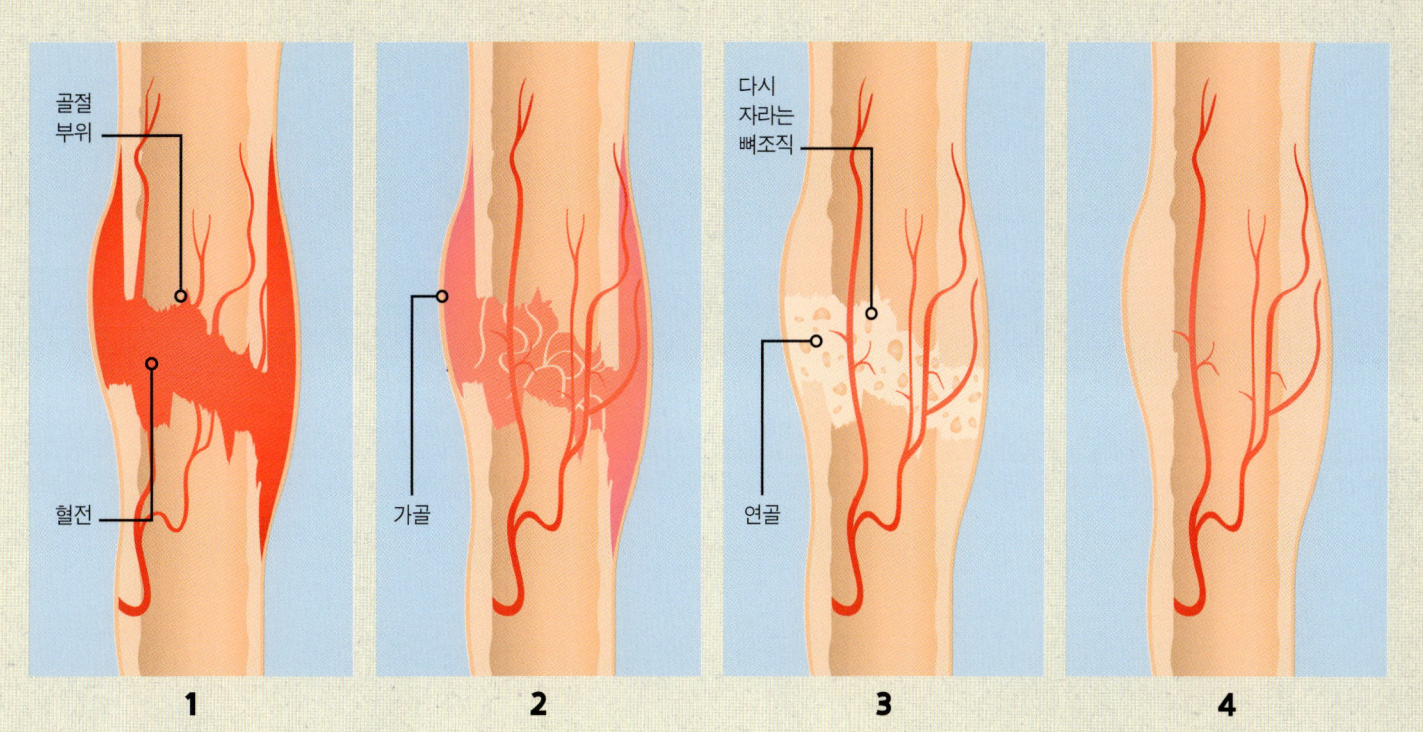

부러진 뼈가 치유되는 과정
1 – 골절 부위에 생긴 출혈을 막기 위해 피가 굳어지는 '혈전'이 형성됩니다.
2 – 며칠이 지나면 골절 부위에 '가골'이라 불리는 불완전 물질이 저절로 생깁니다.
3 – 골절 부위에 전체적으로 연골이 형성되면서 부러진 뼈의 끝부분이 맞붙어요. 이와 동시에 뼈세포는 뼈조직을 만듭니다.
4 – 혈관이 다시 자라고 연골이 뼈조직으로 완전히 대체되면서 마침내 뼈가 회복됩니다.

뼈 재생과 강화에 도움되는 것

뼈가 제자리에 아물기 위해서는 골절 부위를 딱딱한 깁스로 감싸서 움직이지 않게 고정해요. 그런데 골절의 정도가 심하고 뼈가 제대로 자리를 잡지 못하면 뼈를 바로 맞추는 수술적 치료가 필요해요. 또, 뼈가 다시 붙을 때까지 금속판과 핀으로 고정하기도 해요. 골절 상태를 진단하기 위해서는 엑스레이로 찍은 영상을 활용합니다.

엑스레이 영상에서 보이는 금속판과 핀, 나사는 부러진 발목뼈가 아물 때까지 잘 고정하는 역할을 해요.

뼈와 뼈가 만나는 부위, 관절

관절은 뼈와 뼈가 서로 맞닿아 연결되어 만나는 지점이에요. 인간의 몸에는 다양한 종류의 관절이 있으며 하는 일에 따라 모양이 달라요. 거의 움직이지 않거나 아예 움직이지 않는 관절도 있고, 자유롭게 움직일 수 있는 관절도 있답니다.

목뿔뼈

목뿔뼈는 말굽 모양으로 아래턱뼈 아래에 있는 목 부위에 위치해요. 다른 뼈와 직접적으로 맞닿지 않는 유일한 뼈예요. '설골'이라고도 하며 혀와 붙어 있어서 혀의 움직임과 소리를 내는 작용을 합니다.

목뿔뼈

움직이지 않는 관절

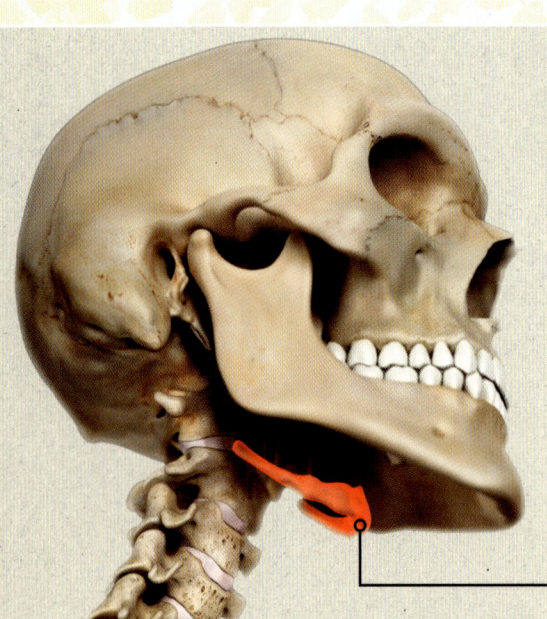

봉합

뼈들이 서로 결합되어 아예 움직이지 않게 고정된 관절이 있어요. 머리뼈는 22개의 분리된 뼈로 이루어져 있지만 그중에서 아래턱뼈만 유일하게 움직일 수 있는 관절이에요. 나머지 뼈들은 톱니 같은 모서리를 이루며 서로 맞붙어 있죠. 이 모서리에 있는 '봉합'이라는 섬유관절이 뼈들을 단단하게 고정하고 있어요. 이 뼈들은 얼굴 생김새의 바탕이 되며 연약한 뇌를 보호합니다.

아래턱뼈는 머리뼈 중에서 유일하게 움직일 수 있는 관절이 있는 뼈예요.

조금씩 움직이는 관절

무릎 사이에 탄력성 있는 섬유 조직으로 이루어진 연골판이나, 척추뼈 사이에서 쿠션 역할을 하는 추간판(디스크)으로 연결된 관절이 있어요. 이 관절은 조금씩만 움직일 수 있어요. 여러 개의 관절이 함께 작동하면서 안정성을 유지하고 충격을 흡수해요. 또한 움직임을 부드럽게 만드는 역할을 해요.

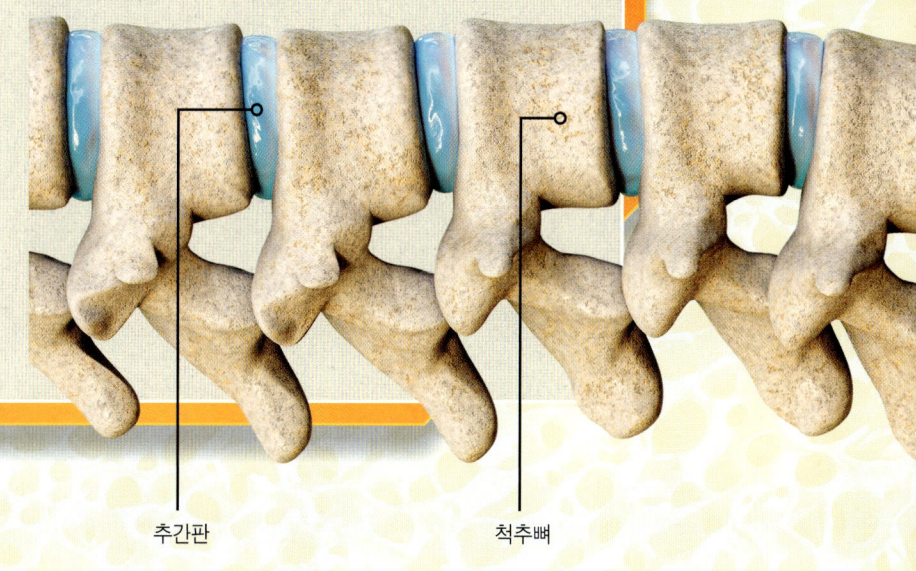

추간판　척추뼈

뚝 소리가 나는 관절

관절을 구부리는 순간 삐걱거리거나 뚝 하는 소리가 날 때가 있어요. 관절액에서 기포가 터지면서 나는 소리예요.

무거운 물건을 들어 올릴 때는 항상 등을 곧게 펴야 합니다.

규칙적인 운동과 스트레칭은 관절의 유연성을 높여요.

관절 건강 지키기

꾸준한 운동과 스트레칭은 관절 주변의 근육을 강화하고 유연하게 유지할 수 있도록 도와줘요. 올바른 자세 또한 근력과 균형 감각을 높이는 데 도움이 됩니다. 무거운 물건을 들거나 오랜 시간 앉아 있는 자세는 관절이 압박받거나 마모되니 조심해야 해요. 균형 잡힌 식단은 관절 건강을 위한 필수 조건이에요. 다양한 식품으로 영양분을 충분히 섭취해야 합니다.

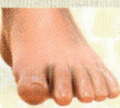

자유롭게 움직이는 관절

우리가 익히 아는 관절이라면 역시 자유롭게 움직일 수 있는 관절이죠. 바로 움직임이 활발한 팔과 다리에 있는 관절입니다. 뼈 사이에 관절의 움직임을 원활하게 만드는 윤활액이 들어 있어서 '윤활관절'이라고 불러요.

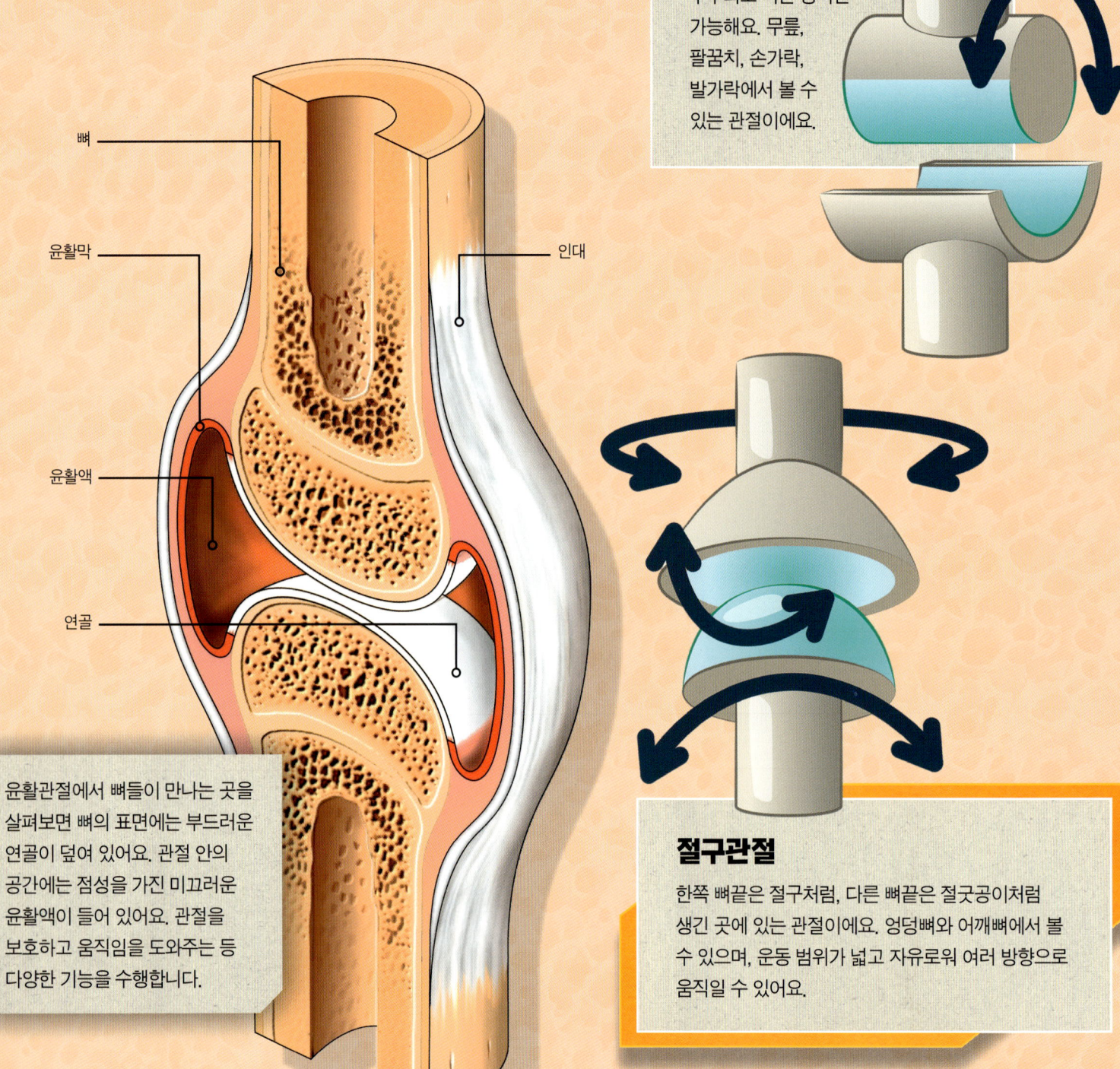

경첩관절

일정한 평면 안에서 한쪽 방향으로만 움직일 수 있는 관절입니다. 경첩이 움직이는 방식을 닮았어요. 신체 부위를 구부리고 펴는 동작만 가능해요. 무릎, 팔꿈치, 손가락, 발가락에서 볼 수 있는 관절이에요.

절구관절

한쪽 뼈끝은 절구처럼, 다른 뼈끝은 절굿공이처럼 생긴 곳에 있는 관절이에요. 엉덩뼈와 어깨뼈에서 볼 수 있으며, 운동 범위가 넓고 자유로워 여러 방향으로 움직일 수 있어요.

윤활관절에서 뼈들이 만나는 곳을 살펴보면 뼈의 표면에는 부드러운 연골이 덮여 있어요. 관절 안의 공간에는 점성을 가진 미끄러운 윤활액이 들어 있어요. 관절을 보호하고 움직임을 도와주는 등 다양한 기능을 수행합니다.

- 뼈
- 윤활막
- 윤활액
- 연골
- 인대

융기관절

반구처럼 둥근 뼈끝과 살짝 움푹하게 들어간 뼈끝이 맞닿은 관절이에요. 손가락과 손목에 있는 관절로 위아래와 좌우로 움직일 수 있어요.

중쇠관절

말뚝처럼 생긴 한쪽 뼈끝에 고리처럼 생긴 뼈가 맞닿은 곳에 있는 관절이에요. 대표적으로 목뼈 부위 관절이 여기에 해당해요. 하나의 운동 축을 중심으로 관절이 좌우로 회전할 수 있어요.

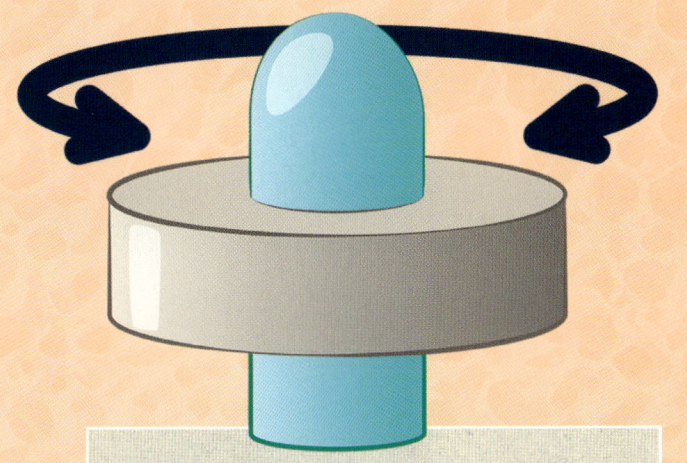

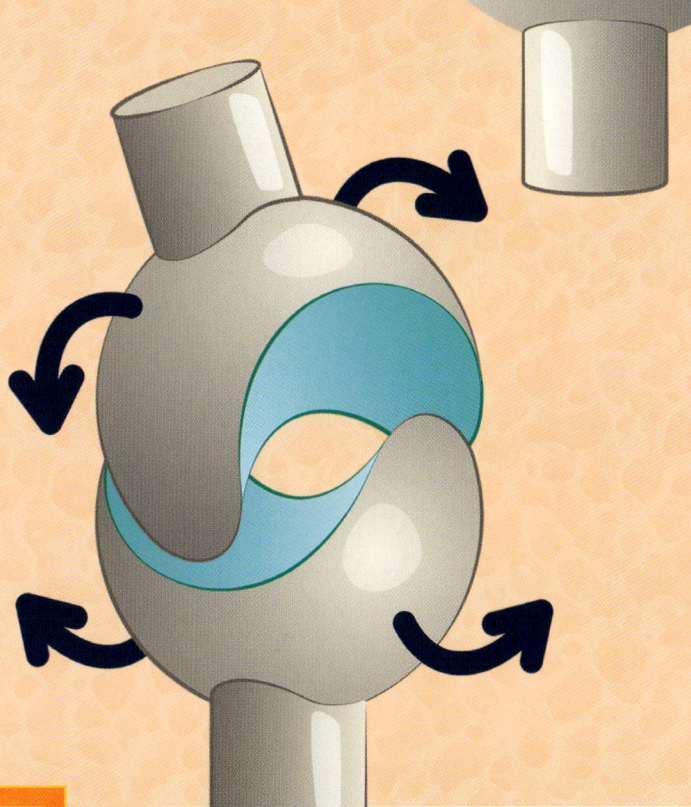

평면관절

회전축 없이 두 개의 평평한 면이 마주한 채 조금씩 미끄러지며 움직이는 관절이에요. 미끄럼 운동이나 짧은 앞뒤 운동이 가능해 '미끄럼관절' 또는 '활강관절'이라고도 해요. 두 개의 뼈가 단단히 맞물려 있으며 손목뼈와 발목뼈가 여기에 해당됩니다.

안장관절

두 개의 오목한 면이 말안장을 포개어 놓은 것처럼 맞물린 관절이에요. 좌우와 앞뒤로 움직일 수 있어요. 엄지손가락에 있는 관절로 다른 손가락보다 더 자유롭게 방향을 바꿀 수 있어요. 그 덕분에 일상생활에서 다양한 작업을 수행할 수 있답니다.

몸을 움직이는 근육

뼈가 몸의 형태를 유지하고 있다면, 실제로 몸을 움직이는 데는 근육이 필요해요. 우리는 수많은 근육을 의식적으로 조절하고 있어요. 근육은 우리가 의식하지 못하는 사이에도 끊임없이 활동하며 몸을 움직여서 생명을 유지하도록 돕습니다.

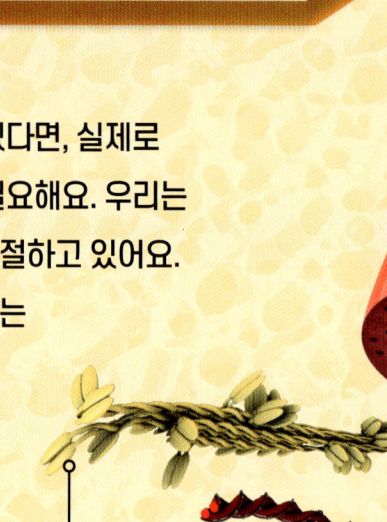

근육섬유

근육원섬유

잔섬유

무거운 근육
성인 뼈대 근육 조직인 뼈대근의 무게는 일반적으로 체중의 절반을 차지해요.

근육의 종류
인간의 몸은 크게 세 개의 근육 조직으로 이루어져 있어요.

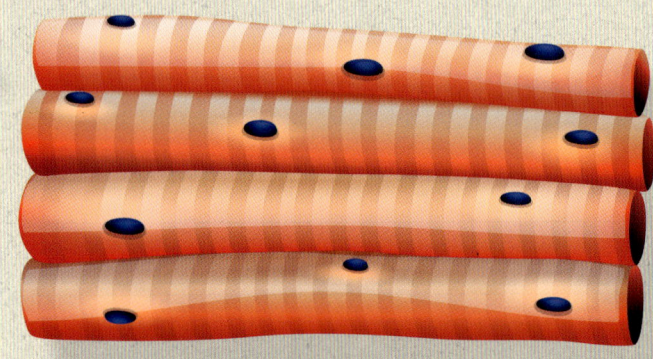

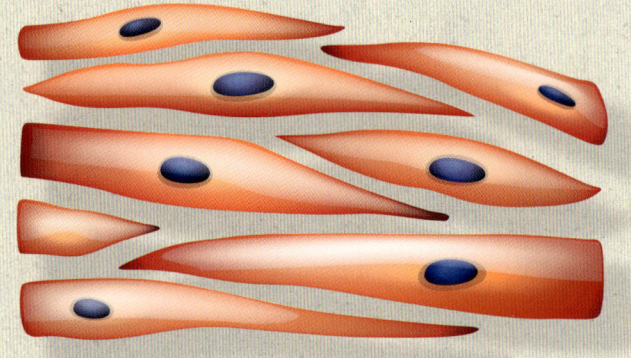

뼈대근
뼈에 붙어서 팔다리를 움직이게 하는 근육 조직으로 '골격근'이라고도 해요. 뼈대근의 근육섬유는 규칙적인 선으로 배열되어 가로무늬를 형성해요.

민무늬근
위벽, 혈관벽, 소화관 등 신체 기관을 이루는 근육 조직이에요. 보통 우리가 의식하지 못하는 사이에 활동합니다. 섬유조직이 불규칙하게 배열되어 있고 겉이 매끄러워요.

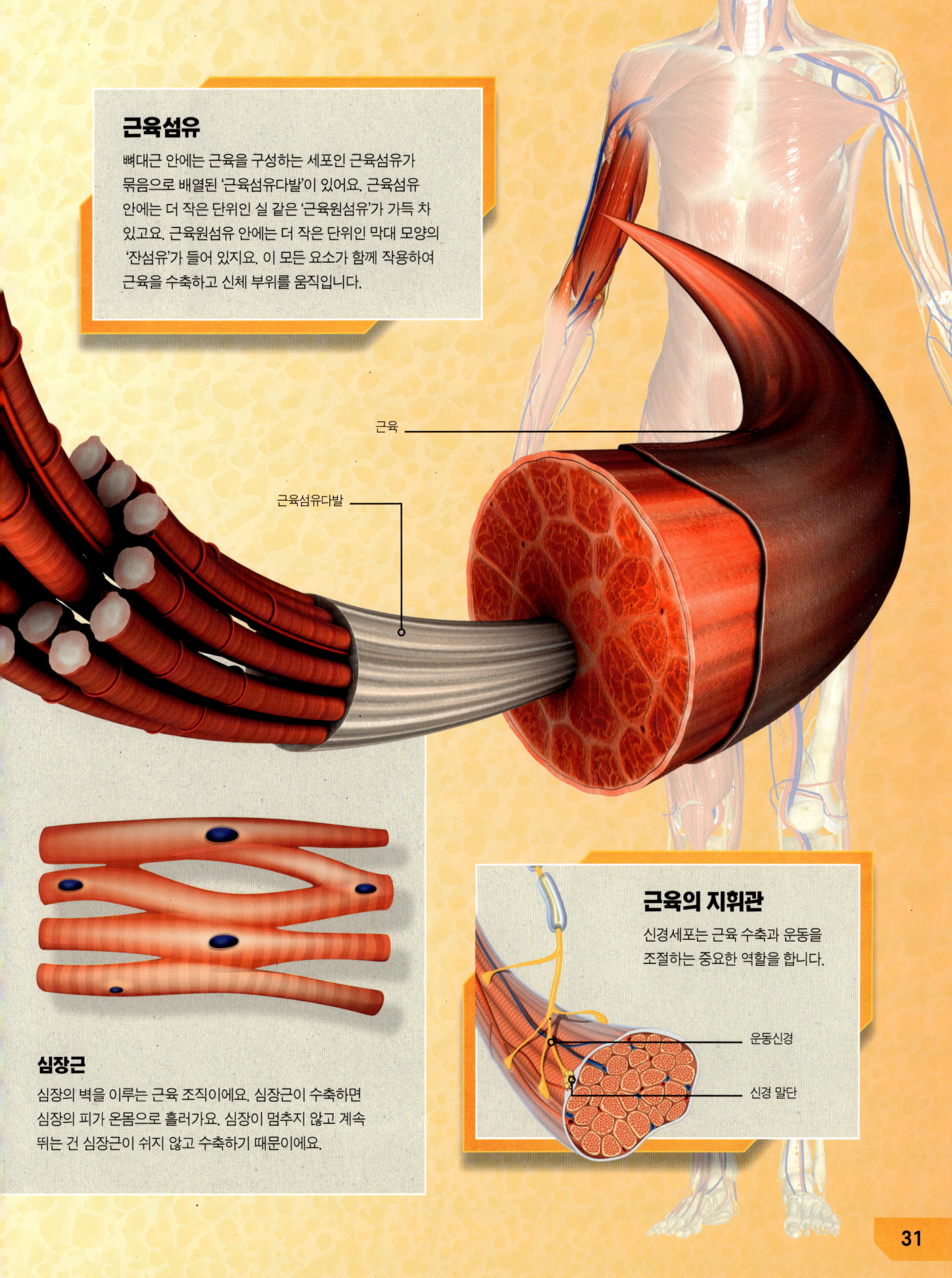

근육섬유

뼈대근 안에는 근육을 구성하는 세포인 근육섬유가 묶음으로 배열된 '근육섬유다발'이 있어요. 근육섬유 안에는 더 작은 단위인 실 같은 '근육원섬유'가 가득 차 있고요. 근육원섬유 안에는 더 작은 단위인 막대 모양의 '잔섬유'가 들어 있지요. 이 모든 요소가 함께 작용하여 근육을 수축하고 신체 부위를 움직입니다.

근육

근육섬유다발

심장근

심장의 벽을 이루는 근육 조직이에요. 심장근이 수축하면 심장의 피가 온몸으로 흘러가요. 심장이 멈추지 않고 계속 뛰는 건 심장근이 쉬지 않고 수축하기 때문이에요.

근육의 지휘관

신경세포는 근육 수축과 운동을 조절하는 중요한 역할을 합니다.

운동신경

신경 말단

든든한 뼈대근

우리 몸에는 크고 작은 600여 개의 뼈대근이 있어요. 뼈대근의 모양과 크기는 자리 잡은 위치와 수행하는 역할에 따라 결정됩니다. 뼈대근은 우리 몸이 자세를 똑바로 유지하고 이리저리 움직일 수 있도록 도와줘요. 그리고 체온을 따뜻하게 지켜 주기도 한답니다.

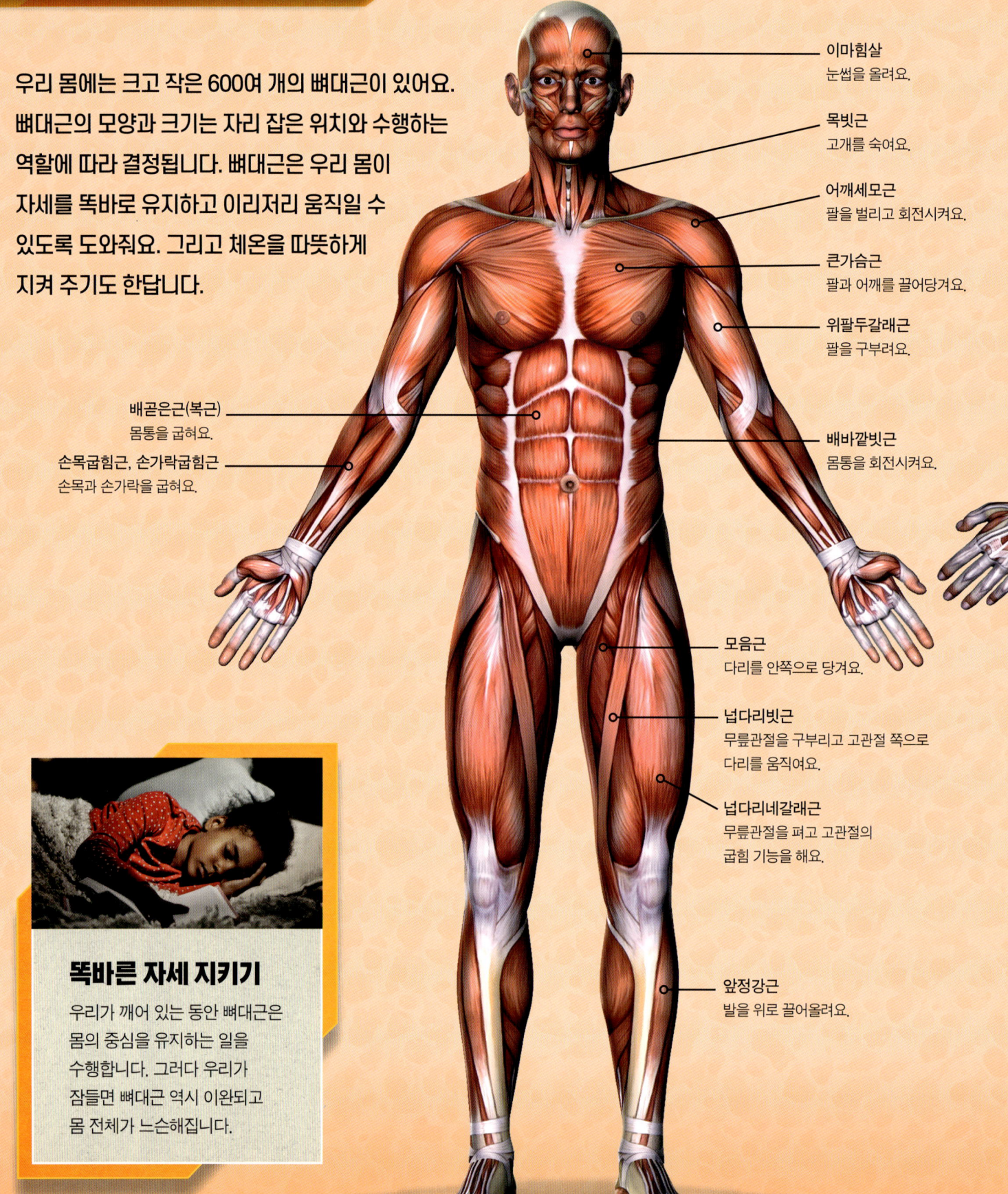

- **이마힘살** — 눈썹을 올려요.
- **목빗근** — 고개를 숙여요.
- **어깨세모근** — 팔을 벌리고 회전시켜요.
- **큰가슴근** — 팔과 어깨를 끌어당겨요.
- **위팔두갈래근** — 팔을 구부려요.
- **배바깥빗근** — 몸통을 회전시켜요.
- **배곧은근(복근)** — 몸통을 굽혀요.
- **손목굽힘근, 손가락굽힘근** — 손목과 손가락을 굽혀요.
- **모음근** — 다리를 안쪽으로 당겨요.
- **넙다리빗근** — 무릎관절을 구부리고 고관절 쪽으로 다리를 움직여요.
- **넙다리네갈래근** — 무릎관절을 펴고 고관절의 굽힘 기능을 해요.
- **앞정강근** — 발을 위로 끌어올려요.

똑바른 자세 지키기

우리가 깨어 있는 동안 뼈대근은 몸의 중심을 유지하는 일을 수행합니다. 그러다 우리가 잠들면 뼈대근 역시 이완되고 몸 전체가 느슨해집니다.

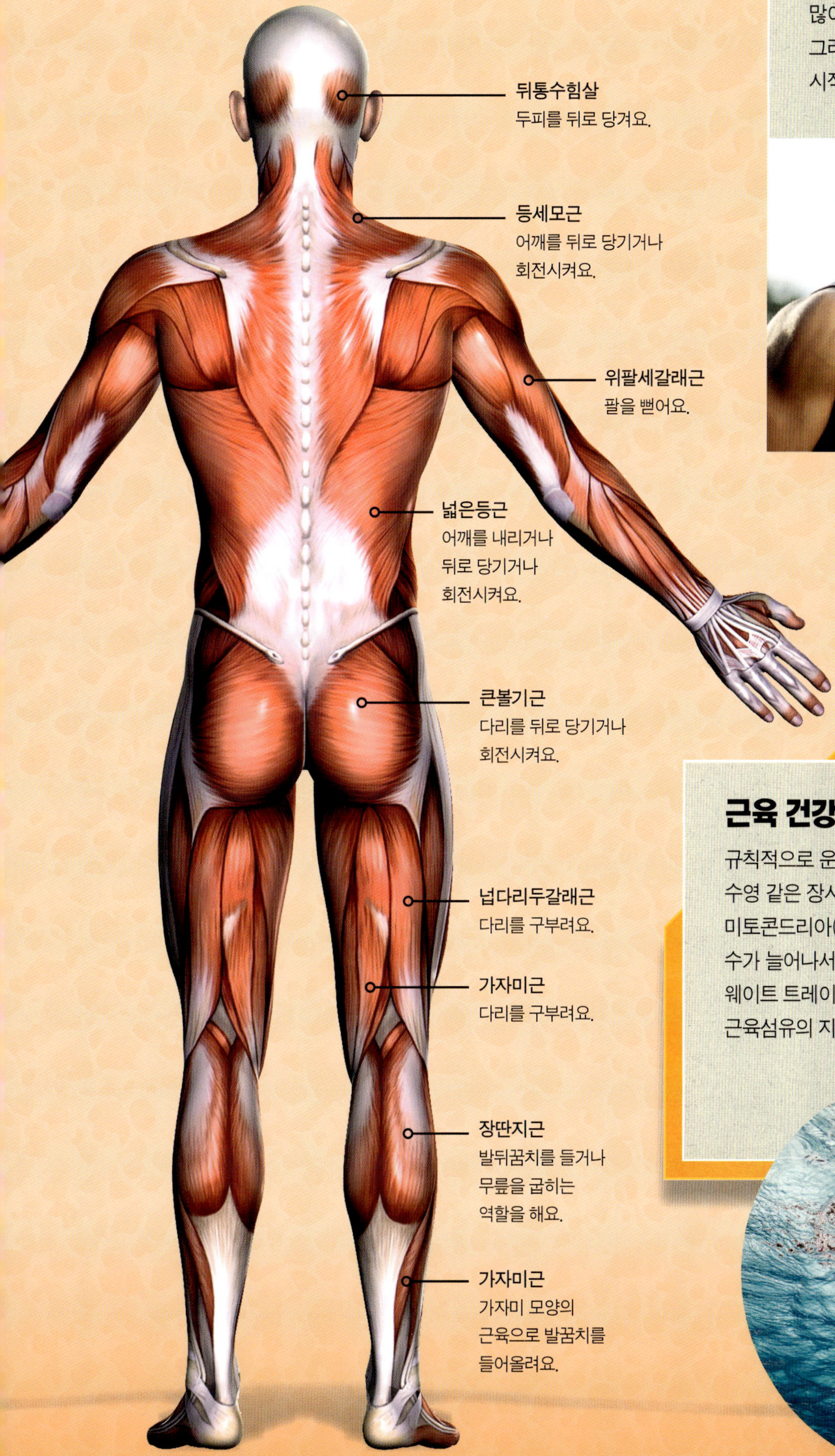

- **뒤통수힘살**
  두피를 뒤로 당겨요.
- **등세모근**
  어깨를 뒤로 당기거나 회전시켜요.
- **위팔세갈래근**
  팔을 뻗어요.
- **넓은등근**
  어깨를 내리거나 뒤로 당기거나 회전시켜요.
- **큰볼기근**
  다리를 뒤로 당기거나 회전시켜요.
- **넙다리두갈래근**
  다리를 구부려요.
- **가자미근**
  다리를 구부려요.
- **장딴지근**
  발뒤꿈치를 들거나 무릎을 굽히는 역할을 해요.
- **가자미근**
  가자미 모양의 근육으로 발꿈치를 들어올려요.

체온 지키기

근육은 움직이면서 열을 방출해요. 많이 움직일수록 뜨거워지죠. 몸을 따뜻하게 유지하는 데 도움이 됩니다. 하지만 운동을 많이 하면 체온이 너무 올라갈 수 있어요. 그러면 체온을 내리기 위해 땀을 내기 시작하며 얼굴은 붉어집니다.

근육 건강 지키기

규칙적으로 운동하면 뼈대근이 더 건강해질 수 있어요. 수영 같은 장시간의 저강도 운동을 하면 모세혈관의 수와 미토콘드리아(세포 안에서 에너지를 생산하는 소기관)의 수가 늘어나서 근육의 지구력이 향상됩니다. 웨이트 트레이닝 같은 단시간의 고강도 운동을 하면 근육섬유의 지름이 커지고 근육의 크기와 힘이 늘어요.

근육이 움직이는 원리

근육 조직은 잡아당기기라는 하나의 임무에 집중하도록 만들어졌어요. 우리 몸 곳곳의 뼈대근들은 팀을 이루어 팔 구부리기, 다리 뻗기, 자리 이동하기 등 큰 움직임을 만들어요. 그 외에 정교하고 섬세한 움직임을 수행하기도 합니다.

함께 잡아당기기

신경 신호가 근육에 수축하라는 명령을 보내면, 잔섬유들이 천천히 미끄러지듯 움직여 근육을 수축하게 만들어요. 그러면 근육은 붙어 있는 뼈를 잡아당겨서 움직이게 만듭니다.

수축
잔섬유들이 미끄러지듯 움직여 가까워져요.

이완
잔섬유들이 미끄러지듯 움직여 멀어져요.

우리 몸의 지렛대

뼈대근은 지렛대의 방식을 이용해서 신체 부위를 움직여요. 받침점 주위로 하중을 이동시키기 위해 힘이 가해지는 방식이죠. 힘은 근육이 발휘하고, 하중은 신체 부위와 관련되며, 받침점은 움직이는 관절입니다. 지렛대의 방식은 세 유형으로 나뉘며 몸 곳곳에서 활용됩니다.

제1형 지렛대

받침점이 힘과 하중 사이에 위치해요. 머리를 위아래로 움직이는 목에서 볼 수 있어요.

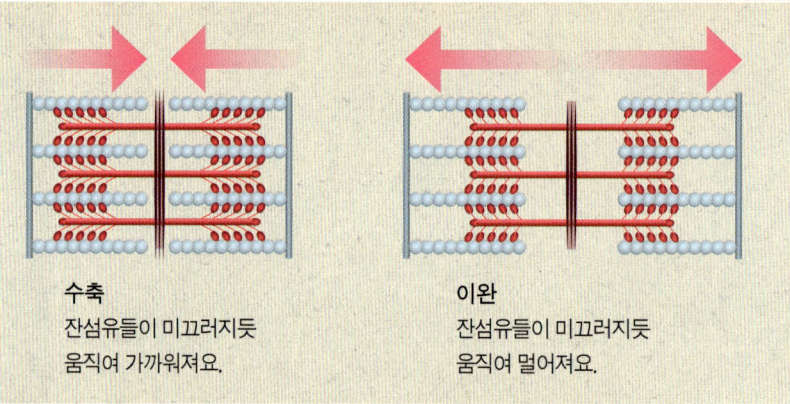

제2형 지렛대

하중이 힘과 받침점 사이에 위치해요. 발과 종아리에서 볼 수 있어요.

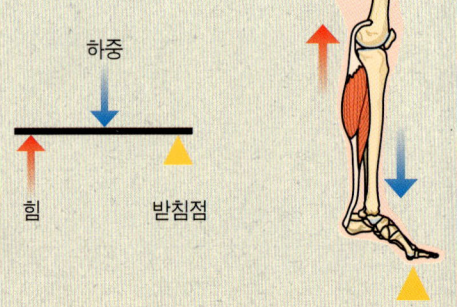

제3형 지렛대

힘이 하중과 받침점 사이에 위치해요. 팔꿈치와 아래팔에서 볼 수 있어요.

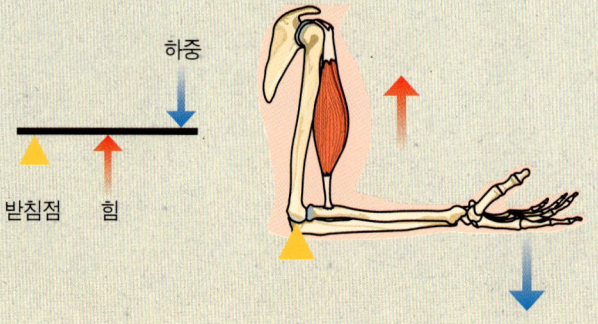

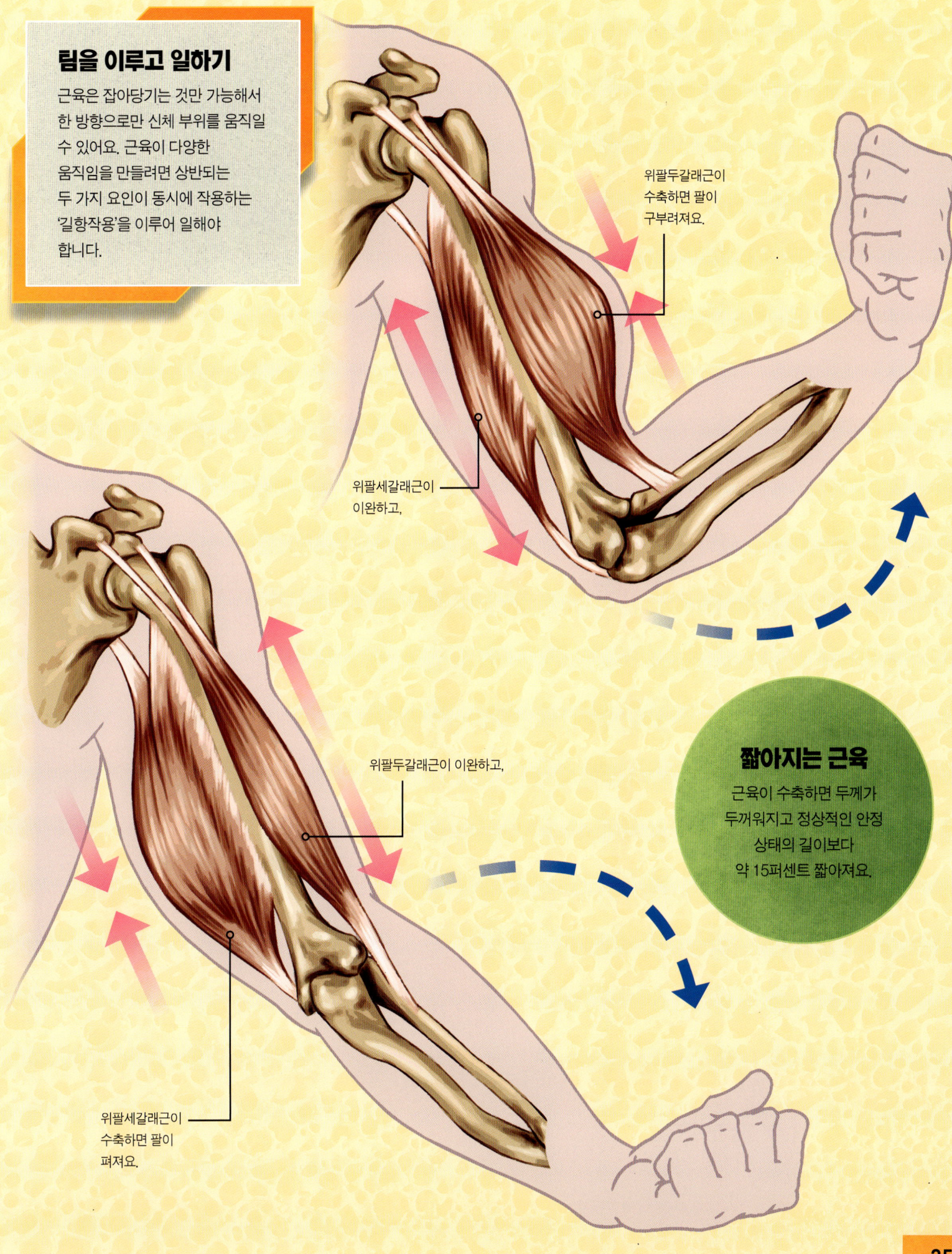

섬세하게 움직이는 근육

뼈대근처럼 크고 강한 근육이 있다면 미세한 동작을 조절하는 작은 근육도 있어요. 눈을 깜빡이거나 인상을 찌푸리는 등 표정을 짓는 얼굴에서 자주 사용되는 근육이에요. 또 연필을 잡는 것처럼 손가락을 움직이는 동작에도 쓰입니다.

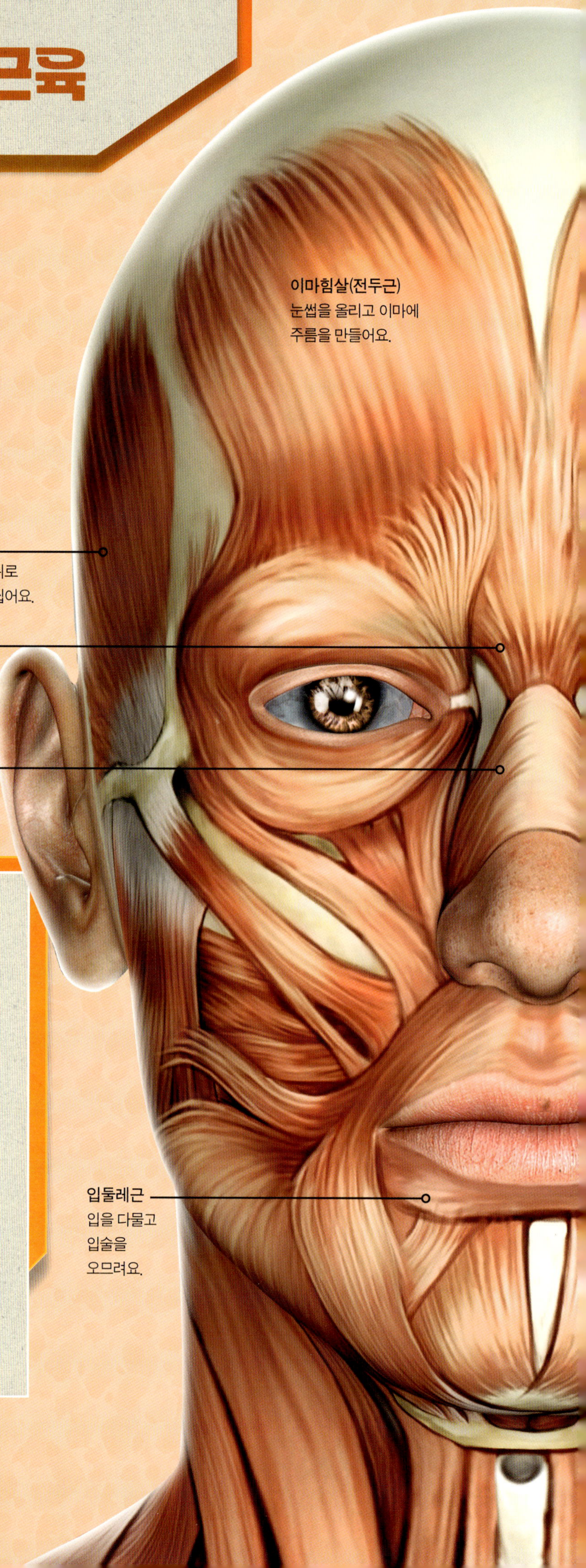

이마힘살(전두근)
눈썹을 올리고 이마에 주름을 만들어요.

관자근
아래턱을 위와 뒤로 당겨서 음식을 씹어요.

눈살근
눈썹 사이의 피부를 아래로 당겨서 미간에 주름을 만들어요.

코근
콧구멍을 넓혀요.

입둘레근
입을 다물고 입술을 오므려요.

얼굴근육
얼굴의 피부 아래에 있는 근육과 두피와 목에 있는 몇 개의 근육은 7000개 이상의 표정을 만들 수 있어요. 다양한 표정으로 다른 사람에게 자신의 기분을 표현한답니다.

감정 표현
얼굴근육은 피부를 당기고 움직여 표정을 만들고 상대방에게 감정을 전달해요. 예를 들어 행복할 때는 입 주변의 근육이 윗입술의 꼬리를 위로 올려서 미소를 짓게 해요.

행복
뺨 근육과 입술 위의 근육이 입술을 위로 끌어올리고 양옆으로 살짝 벌리면서 미소를 짓게 만들어요.

분노
화날 때에는 눈썹을 내리는 근육이 작용해 눈 주변에 주름이 지면서 눈썹과 입을 내려요.

슬픔
입 아래의 근육이 입술을 아래로 내려 입꼬리가 쳐지면서 우울하고 슬픈 표정을 지어요.

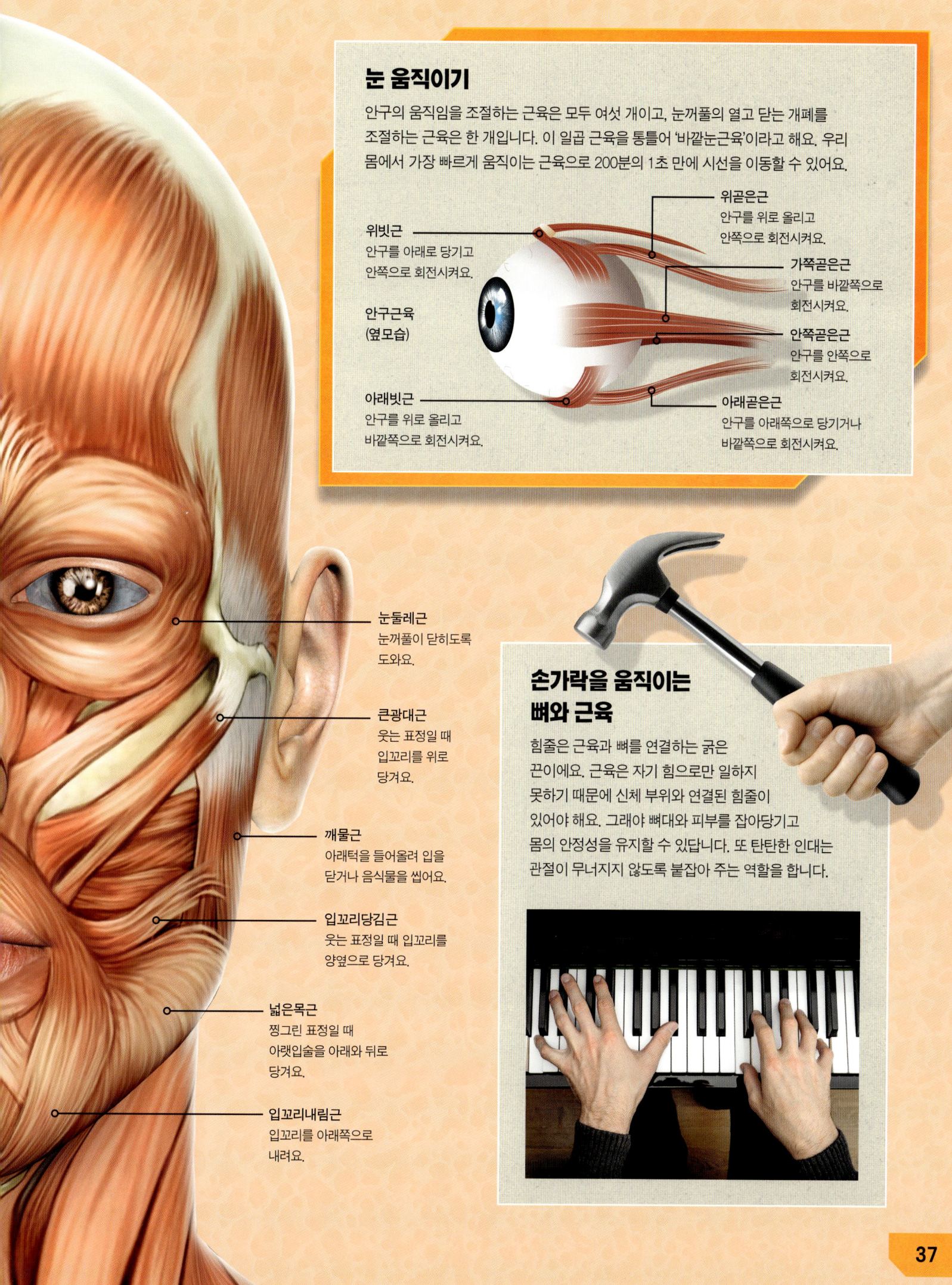

힘줄과 인대

힘줄은 근육과 뼈를 연결하는 굵은 끈 같은 조직이에요. 근육의 힘을 뼈에 전달해서 몸을 움직이도록 돕지요. 힘줄이 있어 뼈대와 피부를 지탱하면서 몸의 안정성을 유지할 수 있답니다. 또한, 인대는 관절이 무너지지 않게 탄탄하게 붙잡아 주는 역할을 합니다.

인대

두껍고 튼튼한 띠 모양의 조직인 인대는 뼈와 뼈를 연결하고 붙잡아 줍니다. 인대는 뼈가 특정한 방향으로 움직이되 서로 떨어지지 않도록 안정성을 제공해요. 하지만 강한 충격을 받거나 비틀어지면 뼈가 부러질 수 있으며 연골 손상과 관절이 탈구될 수도 있어요. 이러한 상황이 생긴다면 뼈를 제자리로 밀어 넣어 바르게 맞추어야 합니다.

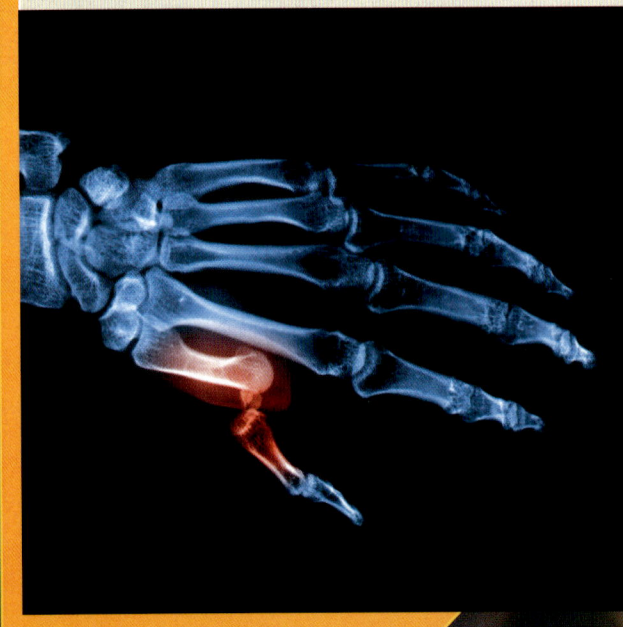

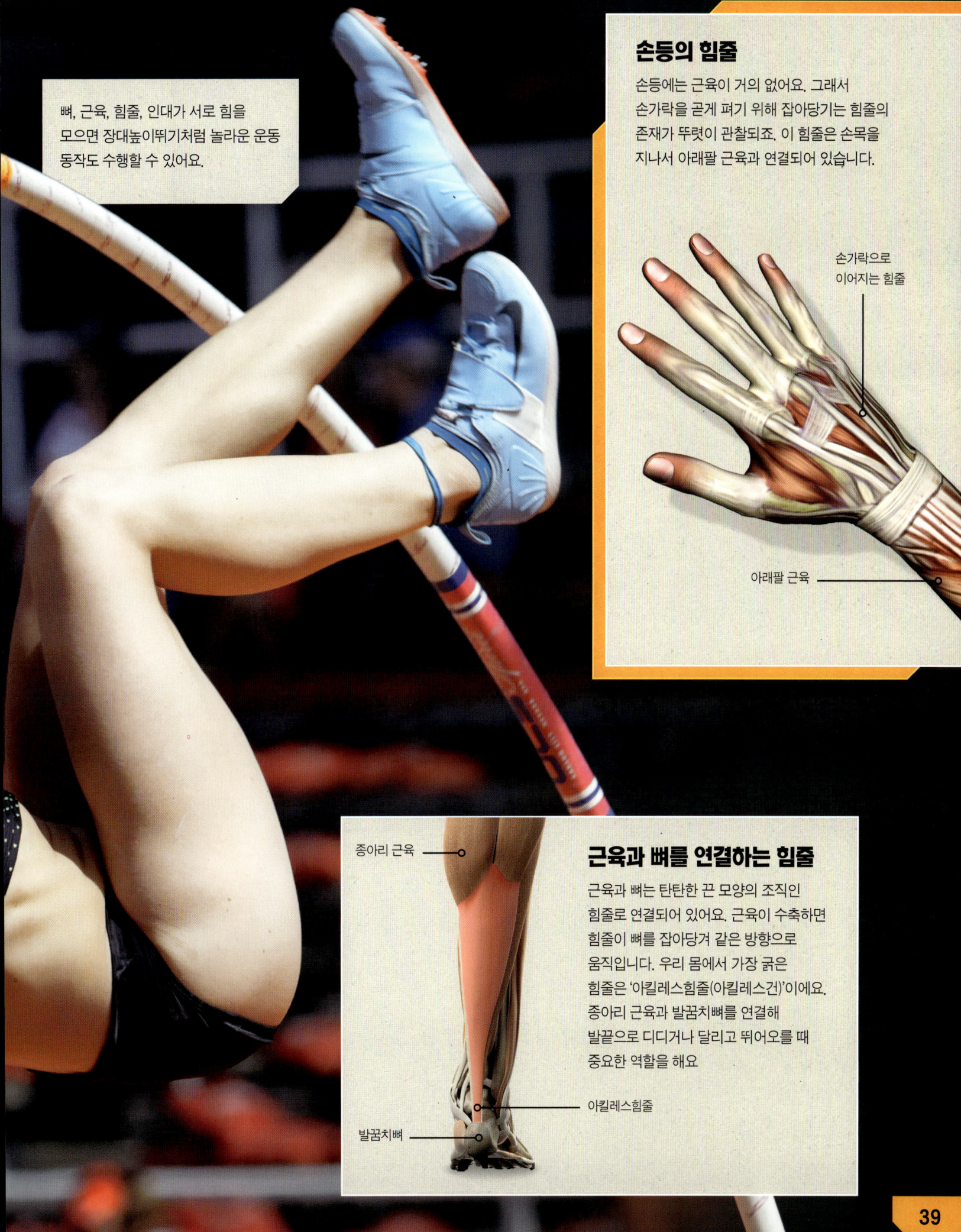

뼈, 근육, 힘줄, 인대가 서로 힘을 모으면 장대높이뛰기처럼 놀라운 운동 동작도 수행할 수 있어요.

손등의 힘줄

손등에는 근육이 거의 없어요. 그래서 손가락을 곧게 펴기 위해 잡아당기는 힘줄의 존재가 뚜렷이 관찰되죠. 이 힘줄은 손목을 지나서 아래팔 근육과 연결되어 있습니다.

손가락으로 이어지는 힘줄

아래팔 근육

근육과 뼈를 연결하는 힘줄

종아리 근육

근육과 뼈는 탄탄한 끈 모양의 조직인 힘줄로 연결되어 있어요. 근육이 수축하면 힘줄이 뼈를 잡아당겨 같은 방향으로 움직입니다. 우리 몸에서 가장 굵은 힘줄은 '아킬레스힘줄(아킬레스건)'이에요. 종아리 근육과 발꿈치뼈를 연결해 발끝으로 디디거나 달리고 뛰어오를 때 중요한 역할을 해요.

아킬레스힘줄

발꿈치뼈

39

영양소 공급하기
소화계, 순환계 및 호흡계

우리 몸을 건강하게 유지하려면 영양소를 골고루 섭취해야 해요. 영양소는 우리가 먹는 다양한 음식에서 얻을 수 있어요.

음식물이 우리 몸에 들어오면 '소화계'라는 기나긴 관을 통과하는 여정이 시작됩니다. 이 여정은 입에서 시작해 항문으로 끝납니다. 음식물은 긴 관을 통과하면서 물리적·화학적 소화 과정을 통해 잘게 부서져요. 점점 더 작아지다가 마침내 장의 벽을 통과할 수 있을 정도로 미세하게 분해된 다음에는 혈액으로 들어갑니다.

혈액으로 간 영양소는 혈관, 심장 등 '순환계'를 통해 온몸에 있는 세포로 전달됩니다. 세포에서 영양소는 에너지원으로 쓰이고 새로운 세포를 만들고 손상된 세포를 치료하는 원료가 되지요.

그런데 영양소로부터 에너지를 내려면 우리 몸에 산소를 공급해야 해요. 산소는 공기 중에서 얻을 수 있으며, 코와 입, 기도를 지나 가슴 안쪽 허파(폐)에 이르는 '호흡계'를 통해 호흡해 얻지요. 허파는 한 쌍의 공기 주머니로 산소를 혈액으로 전달하고, 반대로 혈액 속 이산화탄소를 몸 밖으로 배출합니다.

최적의 식단은 탄수화물, 단백질, 지방, 무기질, 비타민 등 우리 몸을 건강하게 유지하기 위해 필요한 모든 영양소를 담고 있어야 해요. 하지만 영양소가 부족하거나 특정한 음식을 지나치게 섭취하면 건강을 해칠 수 있어요. 또 피로, 면역력 저하, 만성질환 등 다양한 질병의 원인이 될 수도 있습니다.

건강한 식사

몸을 건강하게 유지하려면 올바른 식품을 섭취하고 균형 잡힌 식사를 해야 합니다. 영양 섭취 조절을 통해 몸을 구성하는 원료를 얻고 면역력을 높일 수 있어요. 그리고 일상적인 기능을 수행할 수 있는 에너지도 얻을 수 있습니다.

섭취해야 하는 에너지의 양

음식이 제공하는 에너지의 양, 즉 열량은 킬로칼로리(kcal) 또는 킬로줄(kJ) 단위로 측정해요. 하루에 섭취해야 하는 열량은 나이, 성별, 활동량에 따라 다릅니다.

하루 권장 섭취 열량		
나이	남성	여성
2~3	1,088 kcal	1,004 kcal
4~6	1,482 kcal	1,378 kcal
7~10	1,817 kcal	1,703 kcal
11~64	2,500 kcal	2,000 kcal
65~74	2,342 kcal	1,912 kcal
75~	2,294 kcal	1,840 kcal

무기질

무기질은 생명 유지에 필요한 영양소예요. 우리 몸속에서 신체 기능을 위한 중요한 임무를 수행하기 때문에 음식물을 통해 다양한 무기질을 섭취해야 해요. 예를 들면 칼슘은 뼈를 튼튼하게 유지하고, 철분은 적혈구 세포를 만들며, 칼륨은 근육과 심장 그리고 신경계가 제대로 작동하도록 돕습니다.

탄수화물

탄수화물은 우리 몸의 주요 에너지원으로 신체적·정신적 활동에 연료를 제공해요. 식단에서 가장 많은 양을 차지해야 하는 영양소로 감자, 쌀, 파스타 등 녹말(전분)과 당이 풍부한 음식에 들어 있어요. 하지만 탄수화물을 너무 많이 섭취하면 우리 몸은 남은 탄수화물을 지방으로 전환하여 피부 밑의 지방조직에 저장합니다.

지방

지방은 고기나 치즈 등의 고형 식품이나 식용유 등의 액체류에 들어 있어요. 지방은 에너지를 많이 함유하고 있어 열량이 높습니다. 우리 몸에 에너지를 공급하고 세포 성장을 도와요. 또 기관을 보호하고 필수영양소를 흡수하는 데 쓰여요. 식단에 필수적으로 포함해야 하는 영양소랍니다.

수분

우리 몸의 약 60퍼센트는 수분으로 이루어져 있어요. 수분은 정상 체온을 유지하고, 관절을 부드럽게 만들어 줍니다. 또한 민감한 조직을 보호하고, 노폐물을 제거하는 등 여러모로 도움을 줍니다. 필요한 수분 섭취량은 얼마나 활동적이며 어디에서 사느냐에 따라서 달라질 수 있어요. 예를 들어 활동적인 사람이나 따뜻한 기후의 나라에 사는 사람이라면 물을 많이 마셔야 합니다.

단백질

단백질은 우리 몸의 세포를 고치고 새로운 조직을 키우는 데 사용됩니다. 건강한 신체를 유지하는 핵심 영양소로 적절한 양을 섭취하는 것이 중요해요. 단백질이 풍부한 음식은 고기와 생선, 유제품과 견과류, 두부와 콩류 등이 있습니다.

식이섬유

식이섬유는 우리 몸에 영양분을 공급하지는 않아요. 대신에 장 근육이 밀어내는 고체 덩어리로써 장의 운동을 촉진해요. 식이섬유가 부족하면 변비 같은 소화 장애가 생길 수 있어요. 식이섬유가 풍부한 음식은 곡물류, 껍질 있는 과일, 콩류 등이 있어요.

비타민

비타민은 우리 몸이 특정 임무를 수행하기 위해 꼭 필요한 복합 화학물질입니다. 다양한 알파벳을 활용해서 이름을 지었어요. 예를 들면 아스코르브산의 또 다른 이름은 비타민 C로 감귤류 과일에 많이 든 비타민이에요. 혈관, 근육, 뼈의 연골과 콜라겐 등을 형성하고 손상된 곳을 고치는 데 쓰입니다. 비타민 C가 부족하면 괴혈병에 걸릴 수 있어요. 부어오름, 출혈, 치아 손실, 관절 통증 등의 증상이 나타나며 제대로 치료받지 못하면 사망할 수도 있는 무서운 병이에요.

소화계의 긴 여정

몸이 영양소를 얻으려면 우리가 먹은 음식물이 잘게 부서져 몸에 흡수될 정도로 분해되어야 합니다. 여러 단계를 거치는 이 과정을 '소화'라고 해요. 몸속으로 들어간 음식물이 소화계를 따라 긴 여행을 떠나는 것이죠.

소화
다양한 종류의 음식물이 장을 통과하며 잘게 분해되는 과정이에요.

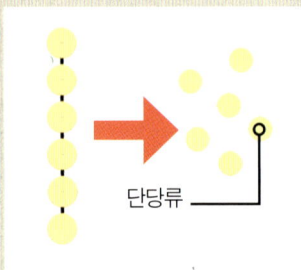

탄수화물
탄수화물은 결합 형태에 따라 단당류, 이당류, 다당류로 나눌 수 있어요. 우리가 섭취하는 각종 음식에 포함되어 있으며 당 분자가 결합된 당의 집합체라 할 수 있습니다. 예를 들어 복합 탄수화물인 녹말은 단당류인 포도당으로 분해됩니다.

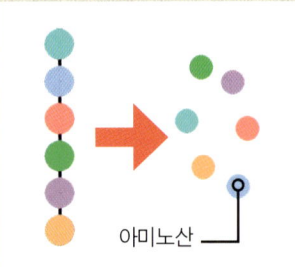

단백질
아미노산으로 분해됩니다.

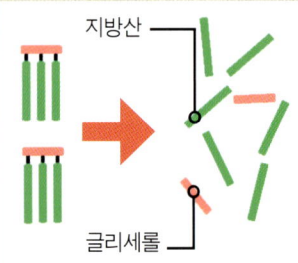

지방
글리세롤과 지방산으로 분해됩니다.

효소
여러 소화기관에서 분비되는 특수한 화학물질인 효소는 음식물의 소화 속도를 높이는 역할을 합니다. 음식물의 종류마다 필요한 분해 효소가 달라서 우리 몸은 다양한 종류의 효소를 만들어 내지요. 예를 들어 침에 들어 있는 '아밀레이스(아밀라아제)'는 소화 과정을 가장 먼저 시작하는 효소입니다. 녹말을 더 작은 당 분자로 분해해 우리 몸이 흡수할 수 있도록 돕는 역할을 합니다.

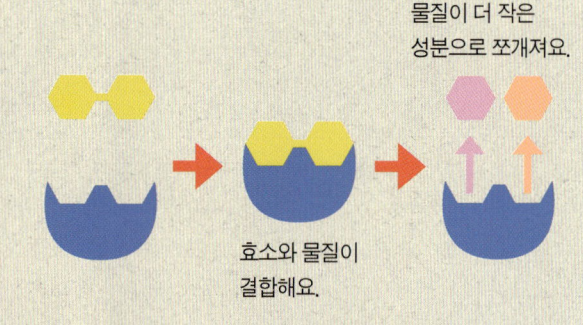

물질이 더 작은 성분으로 쪼개져요.

효소와 물질이 결합해요.

소화 과정
입에서 시작해 항문으로 끝나는 소화계는 성인 기준으로 약 9미터의 긴 기관이에요.

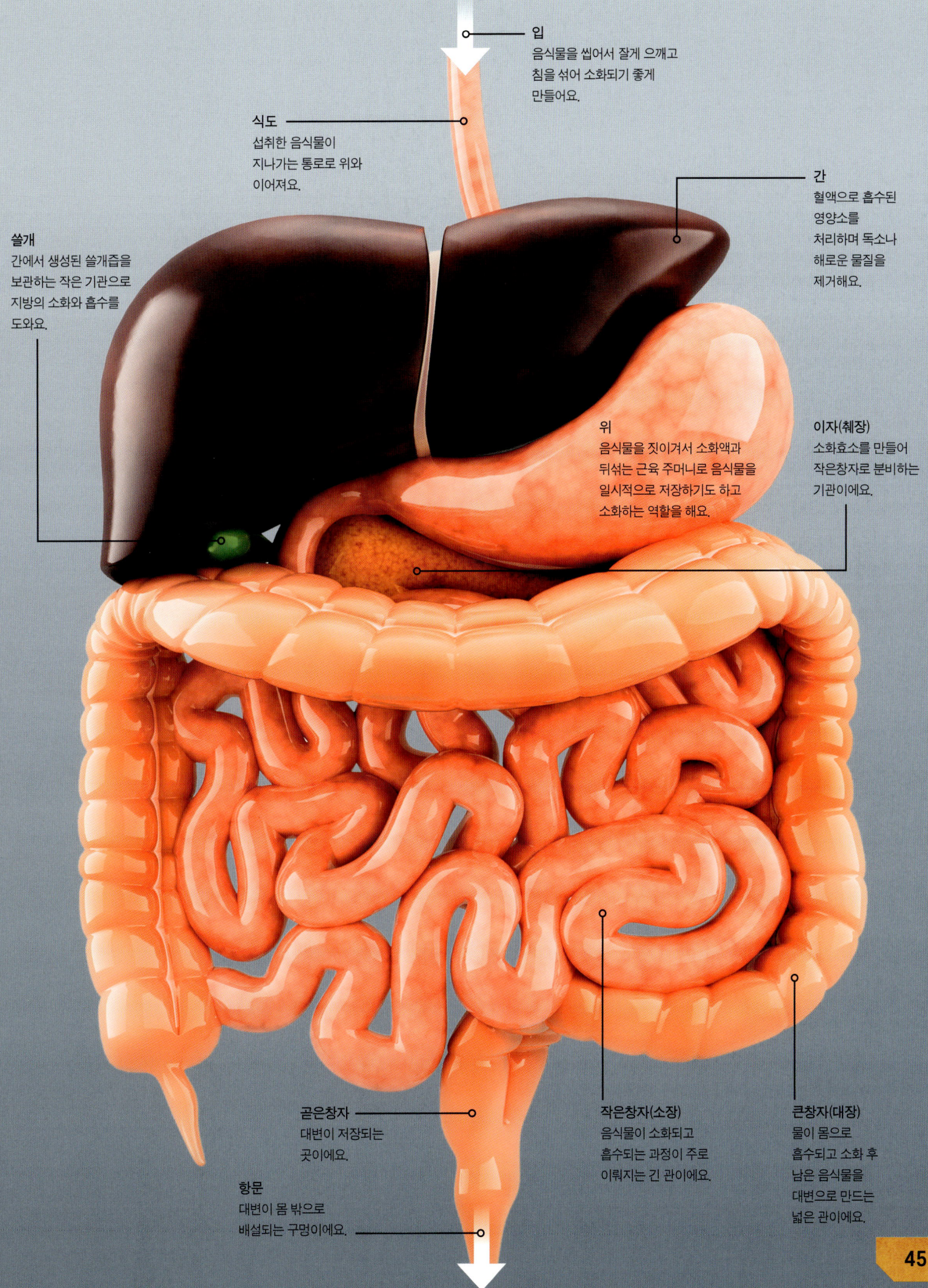

입부터 목까지

음식물이 입으로 들어오면 치아에 의해 으깨지고 침과 섞이면서 삼키기 좋게 부드러워져요. 그리고 목으로 넘어가면서 위 속으로 들어가게 됩니다.

침

침은 입 주변에 있는 귀밑샘, 혀밑샘, 턱밑샘인 세 쌍의 주요 침샘에서 만들어지는 액체 물질입니다. 침샘에서 아밀레이스 효소가 생성되고 음식물을 잘 삼킬 수 있도록 부드럽게 만들어줘요. 소화 과정의 출발선이라 할 수 있어요.

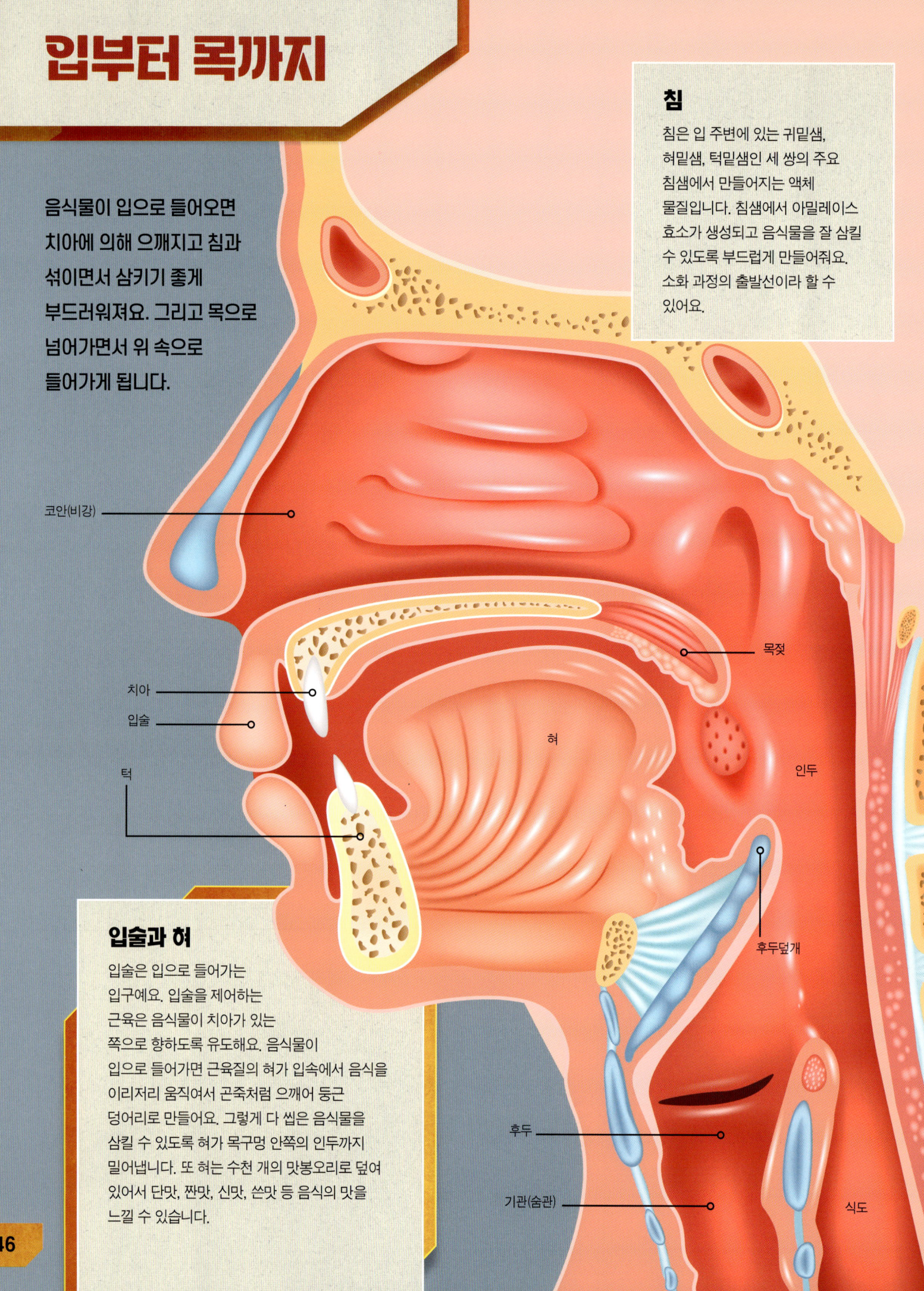

- 코안(비강)
- 치아
- 입술
- 턱
- 목젖
- 혀
- 인두
- 후두덮개
- 후두
- 기관(숨관)
- 식도

입술과 혀

입술은 입으로 들어가는 입구예요. 입술을 제어하는 근육은 음식물이 치아가 있는 쪽으로 향하도록 유도해요. 음식물이 입으로 들어가면 근육질의 혀가 입속에서 음식을 이리저리 움직여서 곤죽처럼 으깨어 둥근 덩어리로 만들어요. 그렇게 다 씹은 음식물을 삼킬 수 있도록 혀가 목구멍 안쪽의 인두까지 밀어냅니다. 또 혀는 수천 개의 맛봉오리로 덮여 있어서 단맛, 짠맛, 신맛, 쓴맛 등 음식의 맛을 느낄 수 있습니다.

치아 개수

우리가 평생 갖는 치아는 출생 후 약 6개월부터 나기 시작하는 유치(젖니) 20개 한 세트와 영구치 한 세트까지 모두 두 세트랍니다. 성인은 사랑니 4개를 포함하여 각각 역할에 맞게 다르게 생긴 치아 32개를 갖고 있어요.

앞니
납작하고 날카롭게 생긴 앞니는 입의 앞쪽에 나 있어요. 음식물을 물고 뜯어서 작은 조각으로 만들어요.

송곳니
길고 뾰족한 송곳니는 음식물을 꽉 물어서 잘게 찢는 역할을 해요.

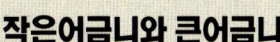

작은어금니와 큰어금니
큼직한 어금니는 음식물을 씹어서 으깨고 짓이겨요.

치아 구조

매일매일 몇 번이나 음식물을 씹어야 하는 치아는 튼튼해야 해요. 치아를 건강하게 잘 유지하려면 혈액으로부터 영양분을 공급받아야 합니다.

치아머리
잇몸 밖으로 드러난 치아의 부분으로 몸에서 가장 단단한 물질인 법랑질로 덮여 있어요.

상아질
법랑질 아래에 위치하며 치아의 가장 많은 부분을 차지해요.

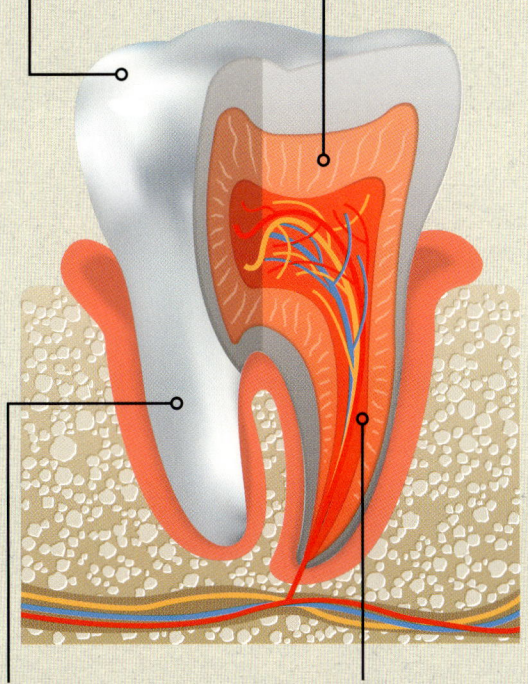

치아뿌리
시멘트질로 덮여 있으며 턱뼈 속에 단단히 고정되어 노출되지 않아요.

치수
치아의 중심부로 신경 말단과 혈관이 분포해 있어요.

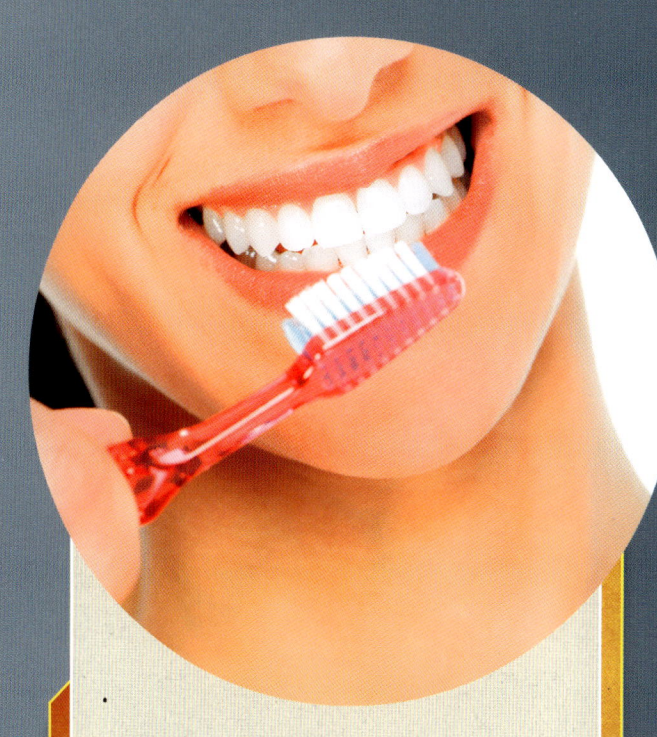

치아 건강 지키기

치아는 우리 몸에서 가장 단단한 물질인 법랑질로 덮여 있지만 규칙적으로 닦지 않으면 음식물 찌꺼기가 끼어 세균의 먹이가 됩니다. 세균은 법랑질을 갉아 내서 치아를 부식시키고 구멍을 내는 물질을 분비합니다. 충치의 진행이 더 심해지면 잇몸 질환과 염증 및 통증을 유발합니다. 치아는 평생 써야 하는 만큼 잘 관리해야 합니다.

위의 소화 과정

입 다음의 소화 과정은 위가 담당해요. 잘 씹은 음식물은 입 뒤쪽으로 밀려가 삼켜집니다. 그리고 식도를 지나 위로 들어가 소화의 다음 단계를 시작해요.

연동운동

내장 벽의 근육이 꿈틀대면서 음식물을 밀어 보내는 것을 '연동운동'이라고 해요. 그래서 우리는 물구나무서기 자세로 음식을 먹을 수 있고, 우주인은 무중력 상태인 우주에서 음식을 먹을 수 있답니다.

음식물 삼키기

입 뒤쪽에는 식도의 입구뿐만 아니라 코안 윗부분과 기관의 입구 등 소화계와는 관련이 없는 부분도 연결되어 있어요. 여기서 기관은 폐로 이어지죠. 특히 기관으로 음식물이 넘어가면 질식 위험이 있어요. 그래서 삼킨 음식물이 잘못된 길로 향하지 않도록 입구를 닫아 주는 부위들이 있어요. 그중 입천장 뒤쪽의 연한 부분인 '물렁입천장'은 음식물이 비강으로 넘어가지 않도록 막아요. 목구멍 안쪽 혀 아래에 있는 '후두덮개'는 평소에는 열려 있어서 공기를 통하게 하지만, 음식물을 삼킬 때는 기관의 입구를 막습니다.

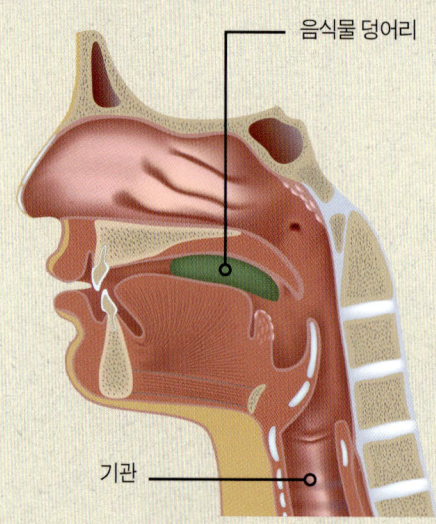

음식물 덩어리

기관

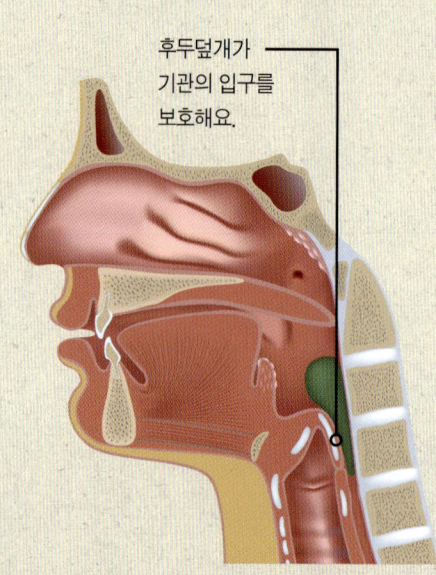

후두덮개가 기관의 입구를 보호해요.

위의 내부

위의 내벽에는 위액을 분비하는 작은 홈이 무수히 나 있어요. 위액에 들어 있는 염산은 혹시나 음식에 있을지 모를 세균을 죽이는 살균 작용을 합니다. 또 단백질 분해를 돕고 음식물을 더 잘게 분해하는 효소인 '펩신'과 지방 분해를 돕는 효소인 '리페이스(리파아제)'도 들어 있어요.

위벽

위벽은 위의 안쪽을 형성하는 벽으로 여러 층의 근육 조직으로 이루어져 있어요. 위벽이 수축해 위 안으로 들어온 음식물을 짓이기고 위액을 뒤섞습니다. 위액에는 소화를 촉진하는 효소가 분비돼요.

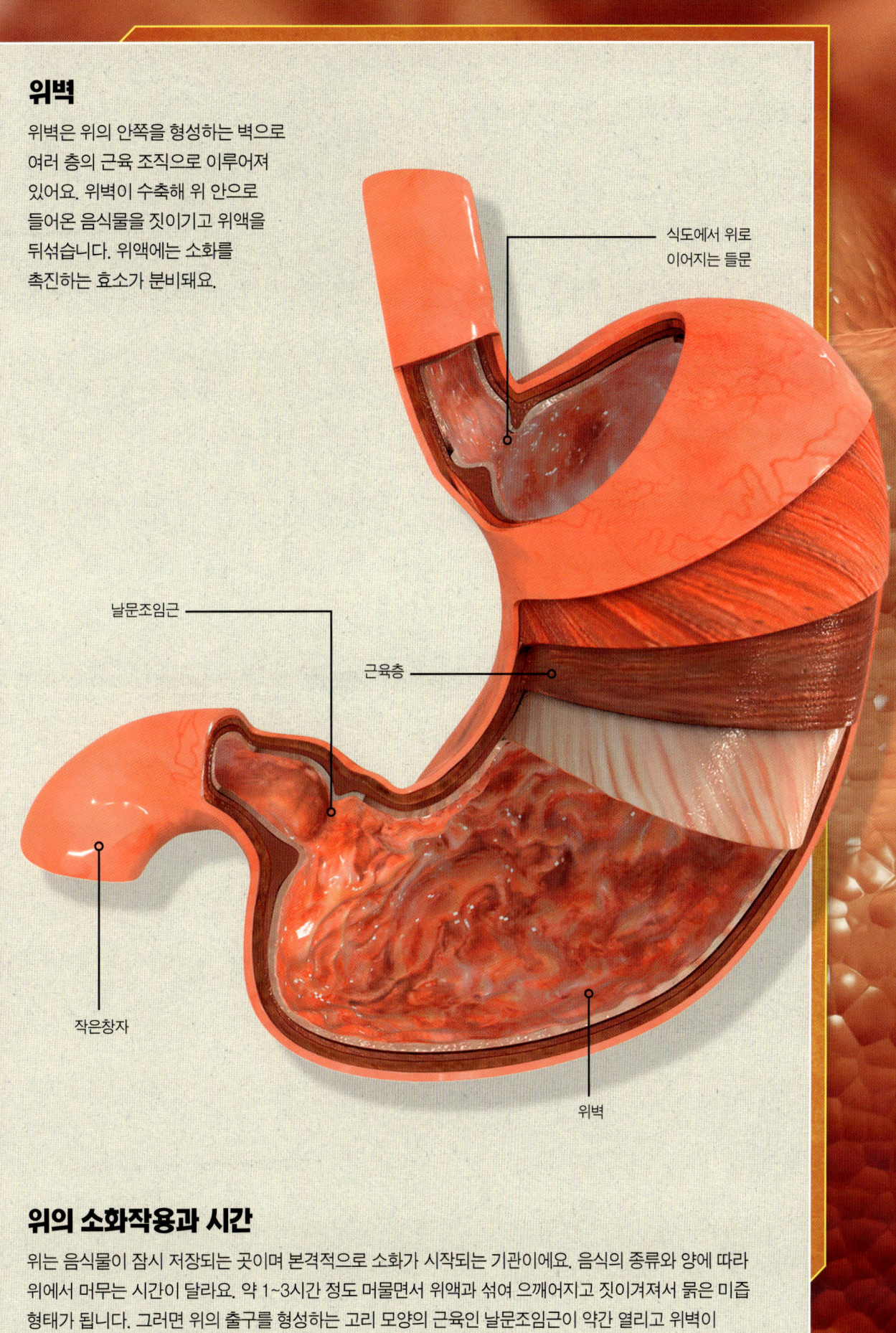

식도에서 위로 이어지는 들문

날문조임근

근육층

작은창자

위벽

위의 소화작용과 시간

위는 음식물이 잠시 저장되는 곳이며 본격적으로 소화가 시작되는 기관이에요. 음식의 종류와 양에 따라 위에서 머무는 시간이 달라요. 약 1~3시간 정도 머물면서 위액과 섞여 으깨어지고 짓이겨져서 묽은 미즙 형태가 됩니다. 그러면 위의 출구를 형성하는 고리 모양의 근육인 날문조임근이 약간 열리고 위벽이 수축하면서 미즙을 작은창자로 내려보냅니다.

길디 긴 작은창자

작은창자는 위와 큰창자 사이에 있으며 '소장'이라고도 해요. 위에서 위액과 골고루 섞여 내려온 음식을 소화시키고 체내로 흡수하는 일을 해요. 소화기관 중에서 가장 긴 작은창자는 약 6미터입니다. 엄청나게 긴 작은창자는 위 바로 밑의 작은 공간 안에 포개져 돌돌 감겨 있어요.

소화 시간

음식물이 소화계 전체를 거쳐 긴 여행을 마무리하기까지 걸리는 시간은 사람마다 무엇을 얼마나 먹었는지에 따라서 달라요. 완전히 소화되어 배설되기까지 24~72시간 정도 걸린답니다.

작은창자의 세 부분

작은창자는 기능과 구조에 따라 세 부분으로 나뉘어요. 첫 번째 부위 '샘창자'는 '십이지장'이라고도 하며, 약 25센티미터 정도로 셋 중에서 가장 짧아요. 위의 미즙과 이자(췌장)의 소화액이 들어오는 곳이에요. 두 번째 부위 '빈창자'는 약 2.5미터이고 세 번째 부위 '돌창자'는 약 3.5미터예요. 음식물을 흡수하는 부위는 주로 빈창자와 돌창자입니다.

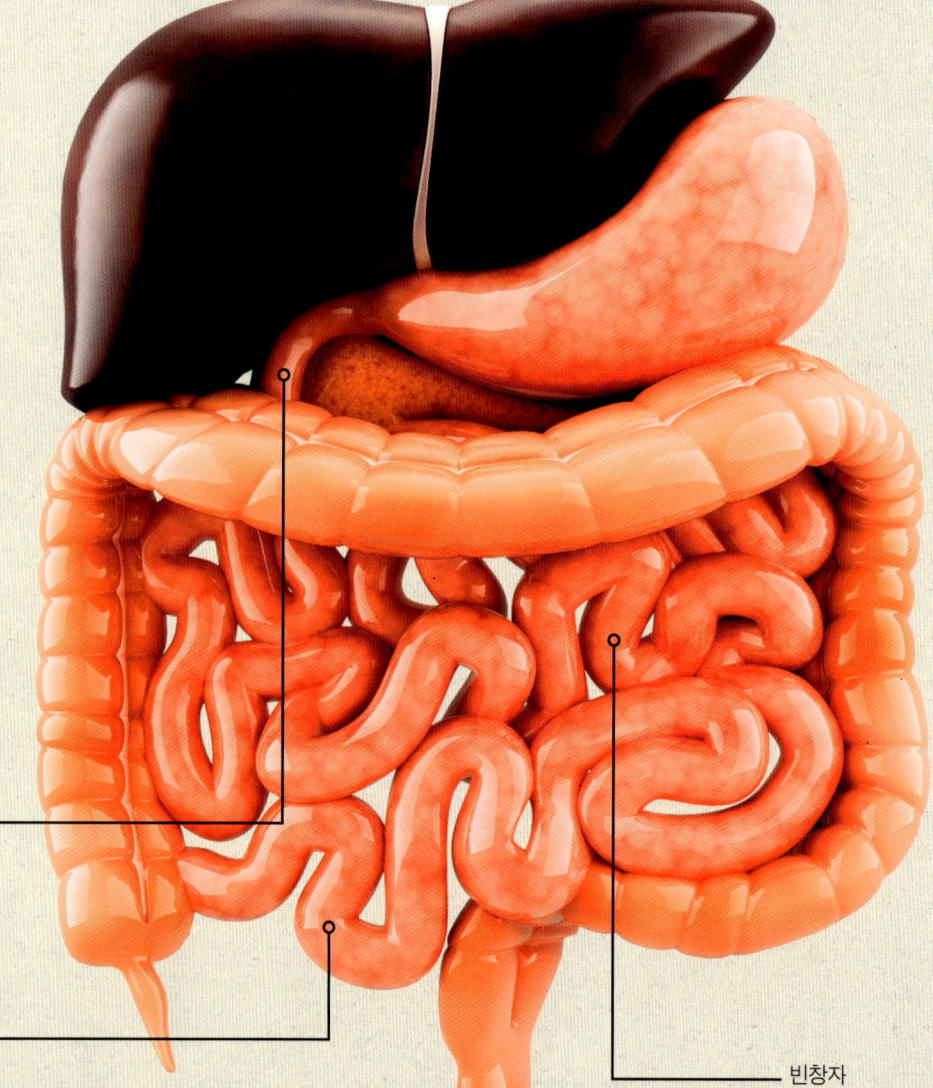

샘창자 (십이지장)

돌창자

빈창자

작은창자의 내벽

작은창자의 내벽을 이루는 근육층이 꿈틀거리면서 미즙을 내려보내고 뒤섞어요. 내벽의 표면은 조그만 손가락 모양의 돌기인 융모가 수백만 개 나 있어요. 융모들은 작은창자의 표면적을 크게 넓혀서 영양소의 흡수를 돕습니다.

조금 더 분해하기

작은창자는 소화효소 자체를 분비하진 못하지만, 추가적인 소화 과정이 이뤄지는 곳이에요. 단백질은 아미노산으로 분해되고 '수크레이스(수크라아제)', '말테이스(말타아제)', '락테이스(락타아제)' 효소는 탄수화물을 단당류로 분해합니다.

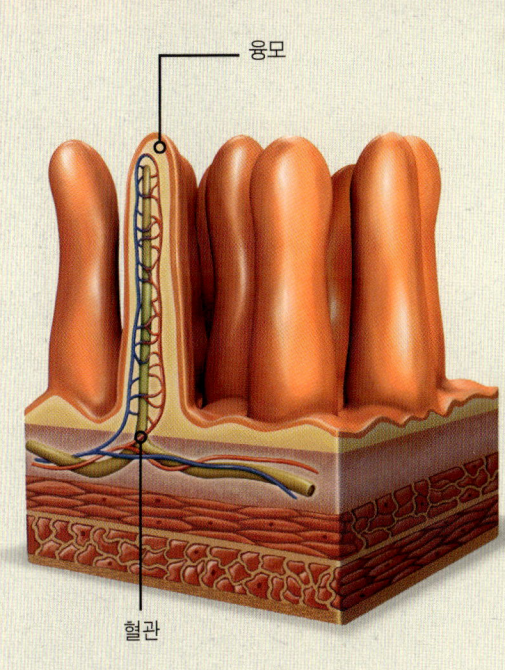

영양 흡수하기

융모 안에는 가느다란 모세혈관이 있어요. 소화된 음식 분자인 아미노산이나 포도당은 융모의 벽을 통과해서 혈액으로 들어가 온몸으로 이동해요. 지방산은 림프관을 통해 간으로 이동하며 우리 몸의 에너지원으로 사용됩니다.

간, 쓸개, 이자

쓸개와 이자는 작은창자에서 음식물이 분해되는 과정에 중요한 역할을 하는 필수 소화효소를 분비해요. 간은 쐐기 모양의 소화기관으로, 오른쪽 가로막 바로 아래에 위치해요. 간은 우리 몸의 화학 공장으로, 섭취된 음식물 속 영양소를 저장하거나 분배하는 등 수백 가지의 일을 수행합니다.

가로막

오른간엽

이자

이자는 약 12~15센티미터 정도로 위 바로 아래에 위치하며 '췌장'이라고도 해요. 매일 1.5리터의 이자액을 생산해서 작은창자로 모두 보냅니다. 이자액에는 지방과 탄수화물을 분해하는 효소뿐만 아니라 효소의 작용을 돕는 화학물질도 들어 있어요. 또 이자는 혈액 속의 당 농도를 조절하는 호르몬도 분비합니다.

쓸개

쓸개는 작은 배 모양으로 간 아래쪽에 붙어 있는 주머니예요. 쓸개즙이라는 화학물질을 저장했다가 샘창자(십이지장)로 내보냅니다. 지방을 분해하는 소화 과정에 중요한 역할을 해요. 또 쓸개즙에는 오래되었거나 손상된 적혈구를 분해해서 만드는 쓸개즙 색소가 들어 있어요. 쓸개즙 색소는 대변의 색깔에 영향을 줍니다.

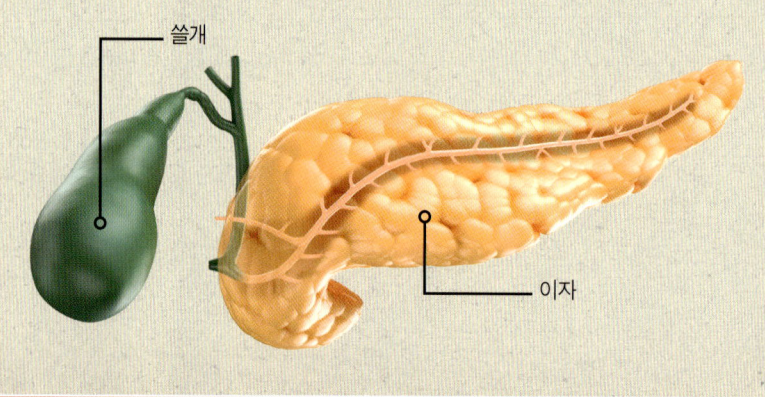

쓸개

이자

쓸개

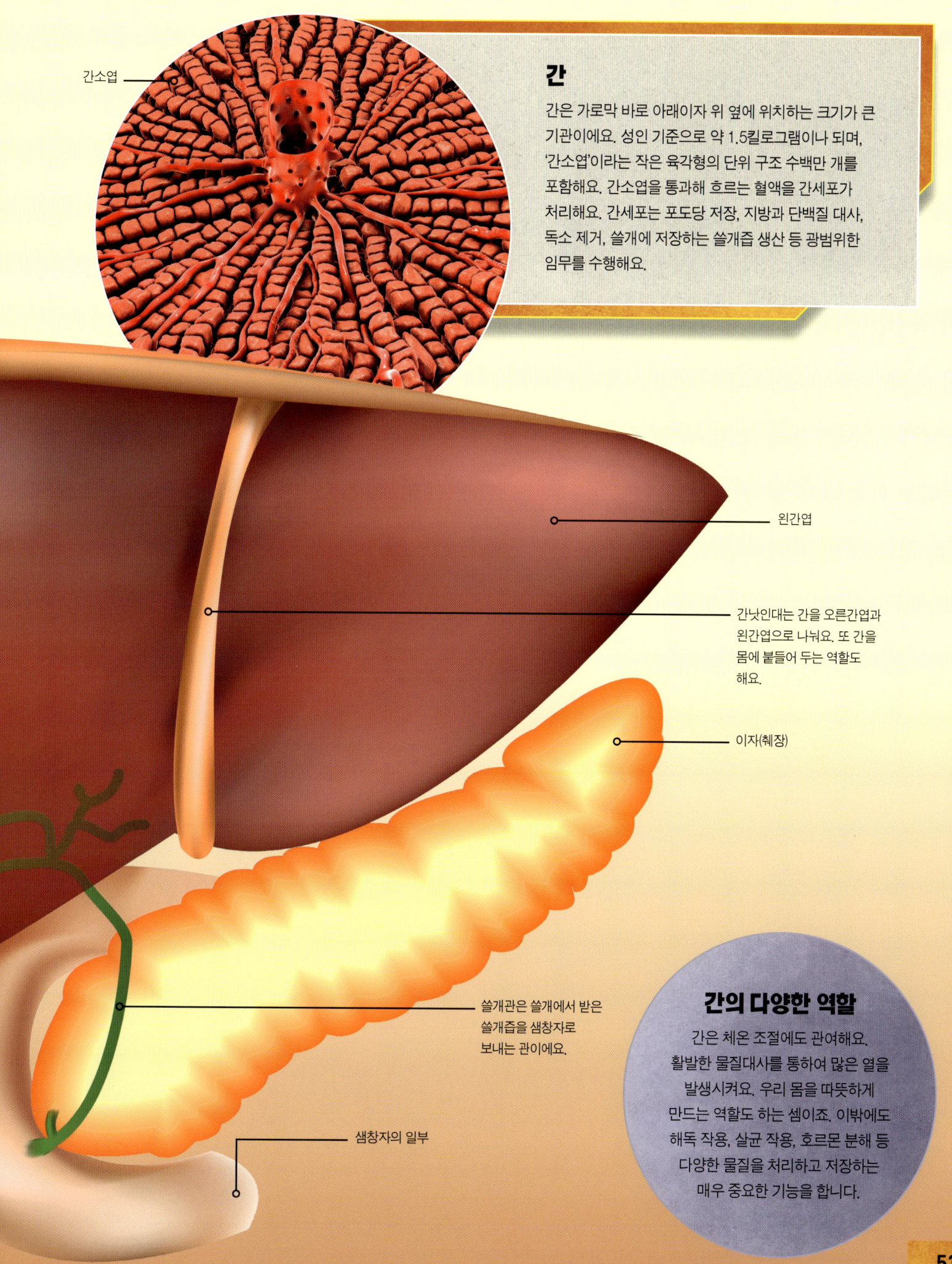

간

간은 가로막 바로 아래이자 위 옆에 위치하는 크기가 큰 기관이에요. 성인 기준으로 약 1.5킬로그램이나 되며, '간소엽'이라는 작은 육각형의 단위 구조 수백만 개를 포함해요. 간소엽을 통과해 흐르는 혈액을 간세포가 처리해요. 간세포는 포도당 저장, 지방과 단백질 대사, 독소 제거, 쓸개에 저장하는 쓸개즙 생산 등 광범위한 임무를 수행해요.

- 간소엽
- 왼간엽
- 간낫인대는 간을 오른간엽과 왼간엽으로 나눠요. 또 간을 몸에 붙들어 두는 역할도 해요.
- 이자(췌장)
- 쓸개관은 쓸개에서 받은 쓸개즙을 샘창자로 보내는 관이에요.
- 샘창자의 일부

간의 다양한 역할

간은 체온 조절에도 관여해요. 활발한 물질대사를 통하여 많은 열을 발생시켜요. 우리 몸을 따뜻하게 만드는 역할도 하는 셈이죠. 이밖에도 해독 작용, 살균 작용, 호르몬 분해 등 다양한 물질을 처리하고 저장하는 매우 중요한 기능을 합니다.

소화의 끝, 큰창자

큰창자(대장)는 작은창자의 끝에서부터 항문에 이르는 소화기관이에요. 돌돌 감긴 작은창자를 바삐 지나고 나면 소화계의 마지막 단계인 큰창자에 도달해요. 음식물이 소화되고 남은 찌꺼기를 받아서 수분을 흡수하고 대변으로 만들어 몸 밖으로 배출해요.

큰창자의 구조

작은창자의 끝부분인 돌창자에서 큰창자로 넘어가는 부분이 '막창자(맹장)'예요. 막창자는 작은 주머니 모양으로 약 6센티미터 정도입니다. 막창자의 아래쪽 끝에는 작은 손가락 모양의 돌기인 '막창자꼬리(충수)'가 달려 있어요. 큰창자의 막창자와 곧창자(직장) 사이에 위치한 '잘록창자'는 오름잘록창자, 가로잘록창자, 내림잘록창자, 구불잘록창자로 나뉘어요. 작은창자 주위를 빙 두르고 있어요. 큰창자의 끝부분에는 '곧창자'와 '항문'이 있습니다.

- 가로잘록창자
- 오름잘록창자
- 막창자
- 막창자꼬리
- 내림잘록창자
- 구불잘록창자
- 곧창자
- 항문

막창자꼬리

막창자꼬리는 소화계 통틀어 가장 좁은 부위로 약 5~15센티미터 사이입니다. 세균이나 소화되지 않은 음식물로 막힐 수가 있어요. 막창자꼬리가 막히면 부어오르고 통증과 염증이 생기는 데 이것이 바로 '막창자꼬리염(맹장염)' 입니다. 발열, 메스꺼움, 구토 등의 증상이 나타나고 심할 경우 합병증을 일으킬 수도 있어요. 이러한 상황을 막으려면 염증이 생긴 막창자꼬리를 절제하는 수술이 필요합니다.

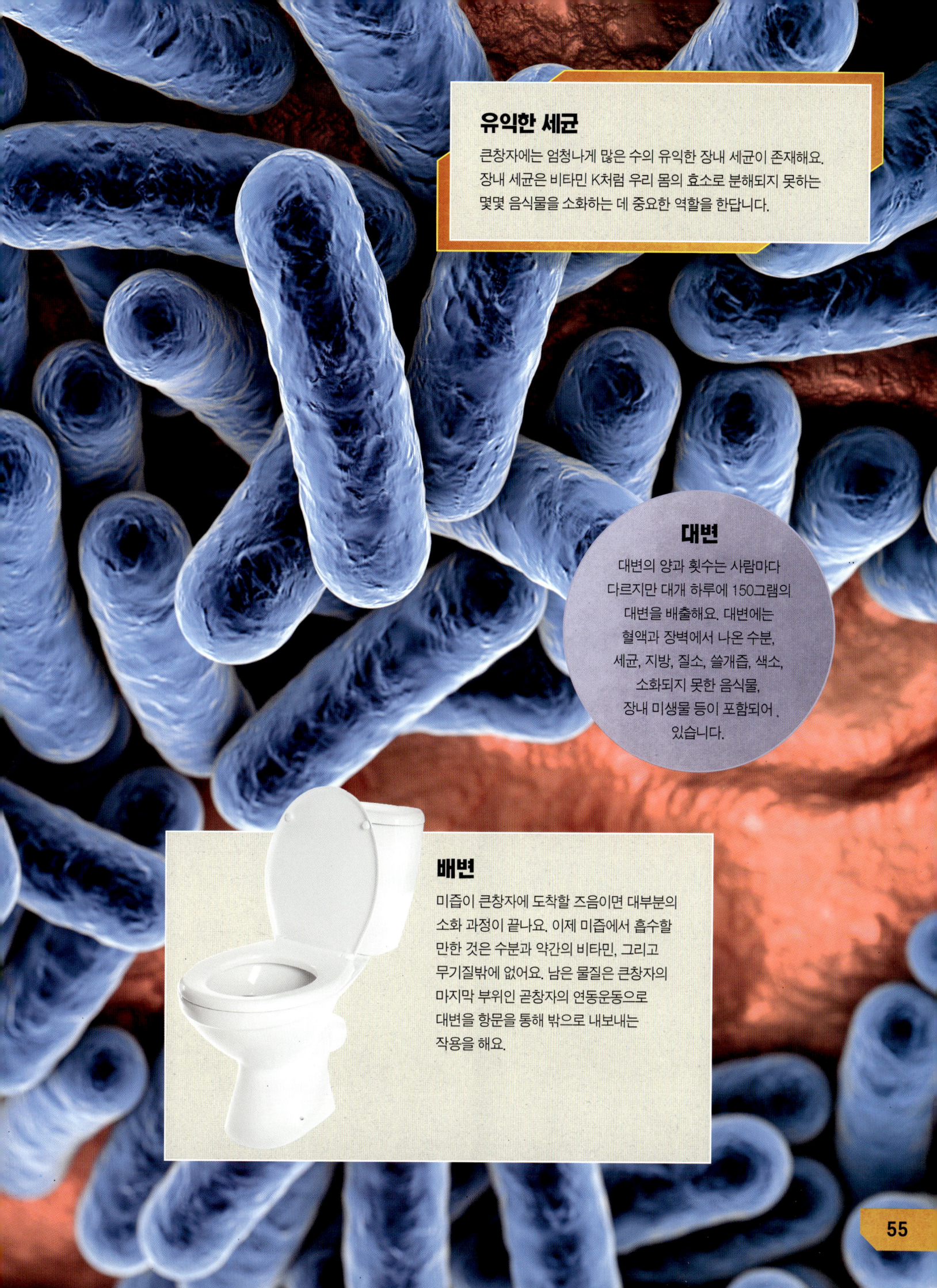

유익한 세균

큰창자에는 엄청나게 많은 수의 유익한 장내 세균이 존재해요. 장내 세균은 비타민 K처럼 우리 몸의 효소로 분해되지 못하는 몇몇 음식물을 소화하는 데 중요한 역할을 한답니다.

대변

대변의 양과 횟수는 사람마다 다르지만 대개 하루에 150그램의 대변을 배출해요. 대변에는 혈액과 장벽에서 나온 수분, 세균, 지방, 질소, 쓸개즙, 색소, 소화되지 못한 음식물, 장내 미생물 등이 포함되어 있습니다.

배변

미즙이 큰창자에 도착할 즈음이면 대부분의 소화 과정이 끝나요. 이제 미즙에서 흡수할 만한 것은 수분과 약간의 비타민, 그리고 무기질밖에 없어요. 남은 물질은 큰창자의 마지막 부위인 곧창자의 연동운동으로 대변을 항문을 통해 밖으로 내보내는 작용을 해요.

숨가쁜 순환계

순환계는 몸 전체에 산소를 전달하고 피를 순환시켜요. 그리고 외부에서 섭취한 영양분을 몸의 각 부위로 공급하고, 몸에 쌓인 노폐물을 제거하는 역할을 담당해요. 상처를 치료하고 감염에 맞서 싸우는 일 역시 순환계의 역할이랍니다.

목정맥은 머리와 얼굴에서 내려오는 혈액을 심장으로 보내요.

대동맥은 우리 몸에서 가장 큰 혈관으로 온몸으로 혈액을 보내요.

콩팥동맥은 노폐물을 걸러내 콩팥정맥으로 혈액을 보내요. 콩팥정맥은 콩팥에서 나온 혈액을 다시 심장으로 보내요.

아래대정맥은 우리 몸에서 가장 굵은 정맥이며 하체에서 심장으로 혈액을 보내요.

넙다리동맥은 넙다리뼈 가까이 지나가며 여러 혈관 가지를 통해 다리로 혈액을 보내요.

복재정맥은 우리 몸에서 가장 긴 정맥이며 발에서 넙다리 윗부분으로 흘러요.

수혈

수혈은 건강의 사람의 혈액을 다른 사람의 혈관 내에 주입하는 거예요. 빈혈 또는 부상이나 수술로 인해 손실한 혈액을 대체하는 방법이에요. 채취한 혈액은 환자에게 주입되기 전까지 특수한 봉지에 담아 저장해요. 단, 부작용을 막기 위해서 혈액을 받는 사람과 주는 사람의 혈액형이 적합해야 해요.

혈액이 흐르는 속도

혈액은 평균 시속 4.5~6 킬로미터의 속도로 흘러요. 심장을 출발해서 온몸을 돌고 다시 심장으로 돌아오기까지 1분이 채 걸리지 않아요.

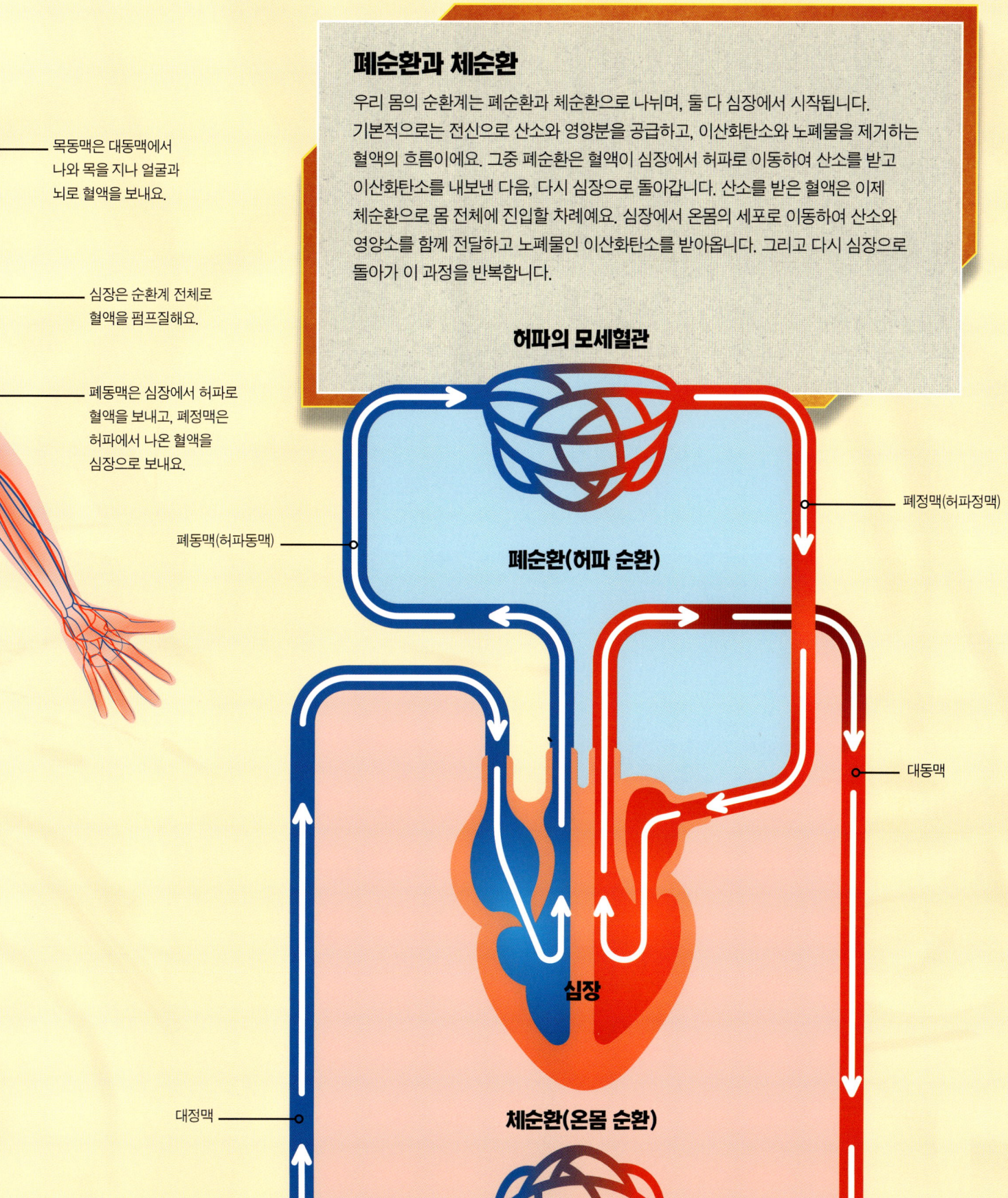

폐순환과 체순환

우리 몸의 순환계는 폐순환과 체순환으로 나뉘며, 둘 다 심장에서 시작됩니다. 기본적으로는 전신으로 산소와 영양분을 공급하고, 이산화탄소와 노폐물을 제거하는 혈액의 흐름이에요. 그중 폐순환은 혈액이 심장에서 허파로 이동하여 산소를 받고 이산화탄소를 내보낸 다음, 다시 심장으로 돌아갑니다. 산소를 받은 혈액은 이제 체순환으로 몸 전체에 진입할 차례예요. 심장에서 온몸의 세포로 이동하여 산소와 영양소를 함께 전달하고 노폐물인 이산화탄소를 받아옵니다. 그리고 다시 심장으로 돌아가 이 과정을 반복합니다.

- 목동맥은 대동맥에서 나와 목을 지나 얼굴과 뇌로 혈액을 보내요.
- 심장은 순환계 전체로 혈액을 펌프질해요.
- 폐동맥은 심장에서 허파로 혈액을 보내고, 폐정맥은 허파에서 나온 혈액을 심장으로 보내요.

허파의 모세혈관
폐동맥(허파동맥)
폐순환(허파 순환)
폐정맥(허파정맥)
대동맥
심장
대정맥
체순환(온몸 순환)
온몸의 모세혈관

혈액 속으로

혈액은 혈관 속을 흐르는 액체로 우리 몸에서 중요한 역할을 해요. 액체 성분 '혈장'과 세포 성분 '혈구'로 이루어져 있어요. 혈액이 붉은색으로 보이는 이유는 혈액 속에 포함된 적혈구가 붉은색이기 때문이에요.

적혈구

혈소판

혈액의 양
갓 태어난 아기의 혈액량은 약 250밀리리터고 성인은 4.5리터에서 최대 6리터입니다.

백혈구

혈장
옅은 노란빛의 액체인 혈장은 순환계를 돌며 혈구를 운반합니다. 혈장의 90퍼센트는 수분으로 이루어져 있어요. 더불어 몸속의 수분 균형을 유지하고 혈액을 응고하는 단백질도 함유하고 있어요.

적혈구

적혈구는 원반처럼 생긴 붉은 세포입니다. 오목한 원반 모양이라 표면적이 넓어서 기체를 교환하기에 유리해요. 또 탄력성이 있어서 좁다란 혈관을 비집고 들어가기 좋아요. 허파에서 받은 산소를 온몸의 세포로 전달하고, 세포에서 받은 이산화탄소를 허파로 가져와 호흡으로 배출합니다. 혈액 내 적혈구 수가 부족하거나 정상적인 역할을 수행하지 못하면 빈혈 등의 증상이 발생할 수 있어요.

혈소판

혈소판은 작은 세포 조각으로 적혈구의 4분의 1 크기입니다. 상처에서 혈액이 새어나가지 않도록 응고시키는 중요한 역할을 합니다.

백혈구

백혈구는 적혈구와 혈소판을 제외한 나머지 혈액세포들을 말하며, 종류가 다양해요. 감염과 질병으로부터 우리 몸을 방어하는 면역 기능 역할을 합니다.

혈액형

혈액형은 적혈구의 표면에 있는 항원을 표식 삼아 분류됩니다. A형, B형, AB형, O형의 네 가지로 분류해요. 우리 몸은 외부 감염에 맞서기 위해 이 항원으로 세포를 식별해요. 우리 편이 맞는지, 아니면 외부에서 들어와 위험할 수도 있는지 알아냅니다.

피가 흐르는 혈관

혈액은 한곳에 머물지 않고 혈관이라는 연결망을 통해 온몸을 흘러요. 혈관은 몸속 위치와 흐르는 혈액의 압력에 따라 크기와 구조가 다릅니다.

정맥의 내벽

동맥을 보호하는 바깥막

동맥

동맥은 심장에서 나가는 혈액이 지나가는 혈관이에요. 혈액을 온몸의 기관이나 조직으로 운반해요. 동맥을 따라 흐르는 혈액은 방금 심장에서 나왔기 때문에 강한 압력이 발생해요. 그래서 동맥의 혈관 벽은 그 압력을 견딜 만큼 두꺼우며 탄력과 수축도가 높아요. 혈액은 심장에서 멀어질수록 압력이 낮아지고 점차 동맥의 폭도 좁아져요. 그렇게 세동맥으로 뻗어 나가다가 마침내 모세혈관으로 이어집니다.

모세혈관

모세혈관은 그물 모양의 아주 가느다란 혈관으로 세동맥과 세정맥을 연결해요. 온몸의 세포 주위와 허파 안쪽에 퍼져 있어 매우 방대하고 복잡한 연결망을 형성합니다. 모세혈관의 벽은 보통 한 겹이라서 산소와 영양소가 몸의 세포 안으로 쉽게 들어갈 수 있어요.

모세혈관의 얇은 벽

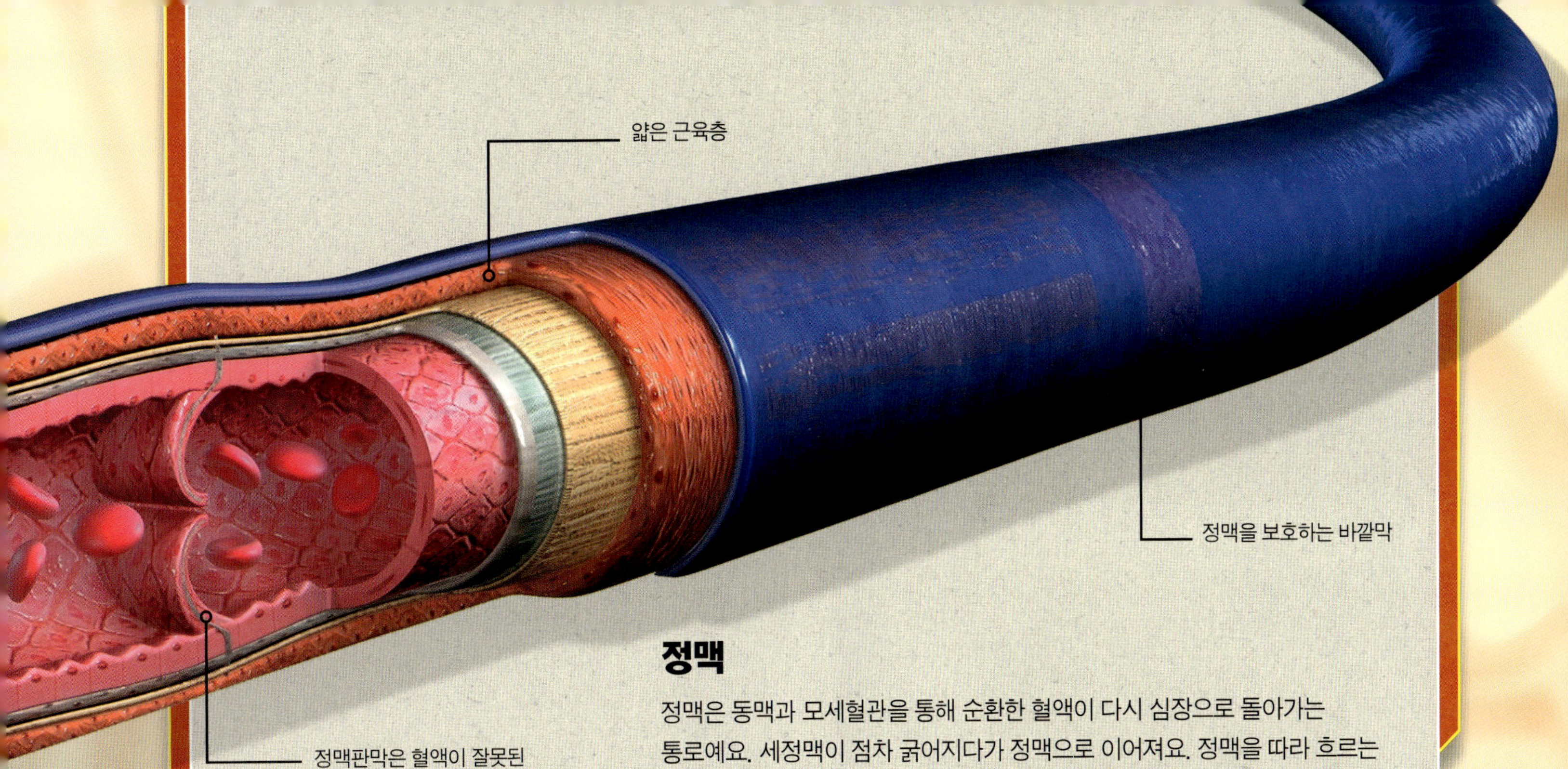

얇은 근육층

정맥을 보호하는 바깥막

정맥판막은 혈액이 잘못된 방향으로 흐르지 않도록 막아 줘요.

정맥

정맥은 동맥과 모세혈관을 통해 순환한 혈액이 다시 심장으로 돌아가는 통로예요. 세정맥이 점차 굵어지다가 정맥으로 이어져요. 정맥을 따라 흐르는 혈액은 동맥에 비해 압력이 낮아요. 그래서 동맥의 벽보다 정맥의 벽이 훨씬 얇아요. 정맥은 혈류 속도도 느리기 때문에 혈액이 거꾸로 흐르지 않게 하는 특수한 판막이 존재해요. 혈액이 바른 방향으로 흐르도록 지켜 줍니다.

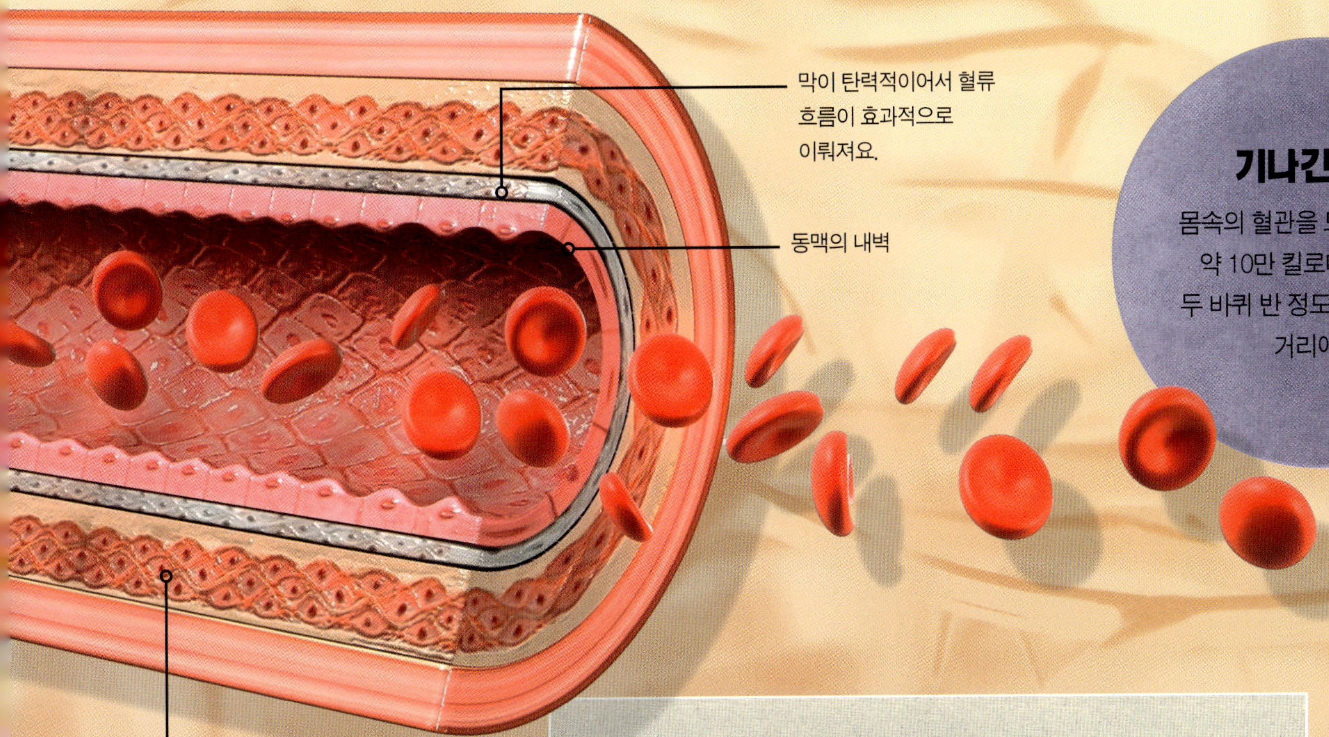

막이 탄력적이어서 혈류 흐름이 효과적으로 이뤄져요.

동맥의 내벽

기나긴 혈관

몸속의 혈관을 모두 연결하면 약 10만 킬로미터로 지구 두 바퀴 반 정도를 돌 수 있는 거리예요.

두꺼운 근육층

혈액은 지금 어디쯤 있을까?

보통 혈액의 80~90퍼센트는 온몸을 도는 체순환과 나머지는 허파를 순환하는 폐순환으로 나뉘어져 있어요. 또 온몸을 순환하는 혈액의 75퍼센트는 정맥을, 20퍼센트는 동맥을 흐르고 있으며, 남은 5퍼센트만이 모세혈관을 흐르고 있답니다.

생명의 중심, 심장

심장은 순환계의 중심 근육 기관으로 끊임없이 뛰며 펌프와 같은 작용을 해요. 밤낮없이 혈액을 받아들이고 내보내면서 허파와 온몸으로 이동시켜요. 특정 부위에서 혈액이 더 필요하거나 혹은 덜 필요한 경우가 생기면, 그 요구에 맞춰서 심장박동의 속도를 조절할 수도 있답니다.

심장의 구조

심장은 두꺼운 근육으로 되어 있으며 주먹만 한 크기예요. 심장은 위쪽 두 개의 '심방'과 아래쪽 두 개의 '심실'로 이루어져 있으며, 좌우측에 각각 한 개씩 위치해요. 심방은 심장으로 들어오는 혈액을 받는 곳이며 우심방과 좌심방이 있어요. 심실은 심장 밖으로 혈액을 내보내며 우심실과 좌심실이 있어요. 심방과 심실 사이에 '심장판막'이 있어서 혈액이 거꾸로 흐르지 않도록 막아줍니다.

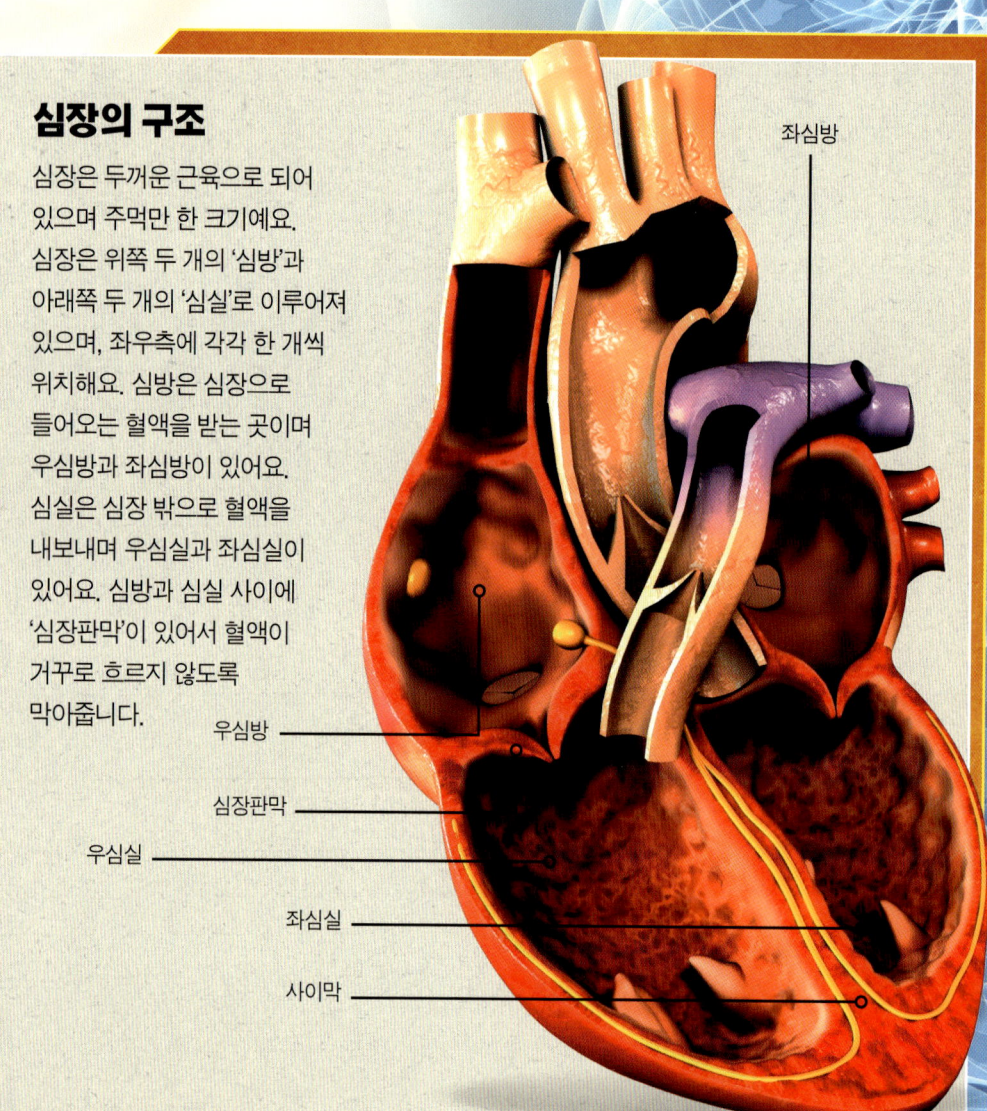

좌심방
우심방
심장판막
우심실
좌심실
사이막

심장박동의 흐름

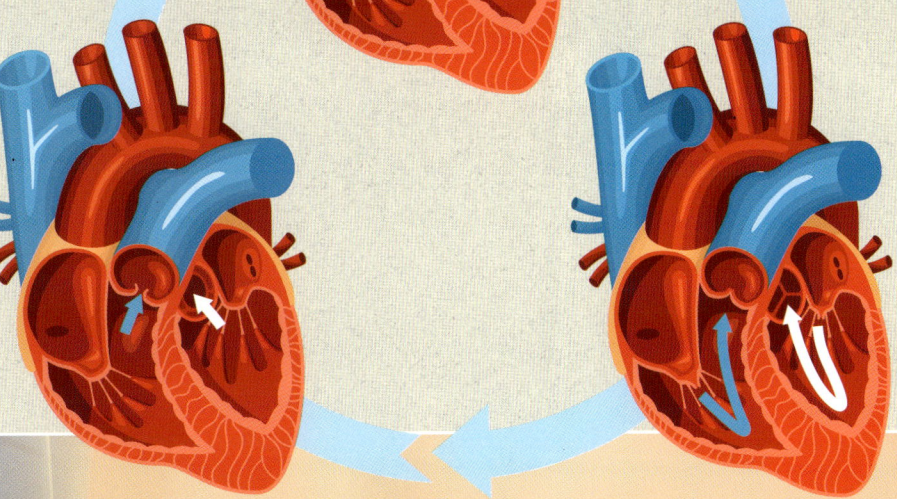

심방과 심실이 이완하면 온몸을 돌고 온 혈액이 심장으로 이동해요.

심방이 수축하면 혈액이 모두 심실로 이동해요.

심실이 수축하면 혈액의 압력이 높아져요. 심실의 혈액이 대동맥과 폐동맥을 통해 온몸과 폐로 이동해요.

맥박 느끼기

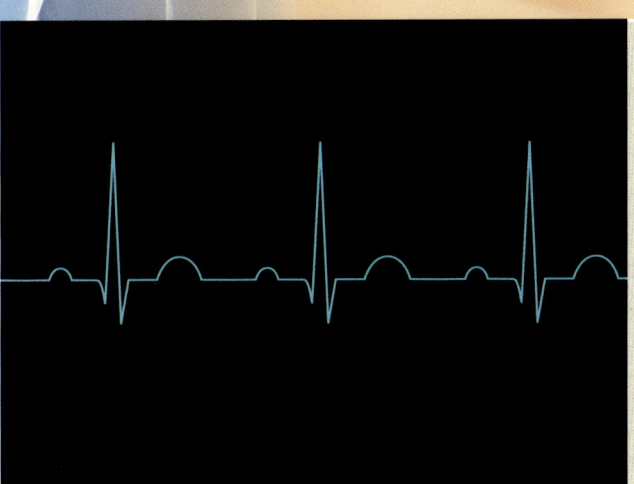

심장은 박동할 때마다 혈액을 밀어내며 순환계 전체에 파동을 일으킵니다. 이 현상을 '맥박'이라고 해요. 맥박을 느끼려면 손목이나 목의 옆쪽 등 피부 가까이 위치한 혈관 지점에 살짝 손가락을 짚어보세요. 병원 의료진은 심전도 검사로 심장이 어떻게 뛰고 있는지 확인합니다. 심전도 검사는 심장의 전기적 활동을 측정하고 파동을 기록하는 방식이에요.

심장의 혈관

심장의 벽을 구성하는 근육 조직은 한시도 쉬는 법이 없고 절대 지치지도 않아요. 이를 위해서는 산소와 영양소를 가져다주는 혈액의 자체 공급이 필요해요. 하지만 고지방, 고열량 음식을 자주 섭취하면 심장의 혈관을 막는 일이 생길 수 있어요. 그러면 심장 근육이 산소와 영양소를 제대로 공급받지 못해 손상을 입을 수 있고 심하면 심장마비를 일으킬 수도 있어요. 심장 건강을 지키기 위해서는 적절한 휴식과 운동, 식습관을 지키는 것이 중요해요.

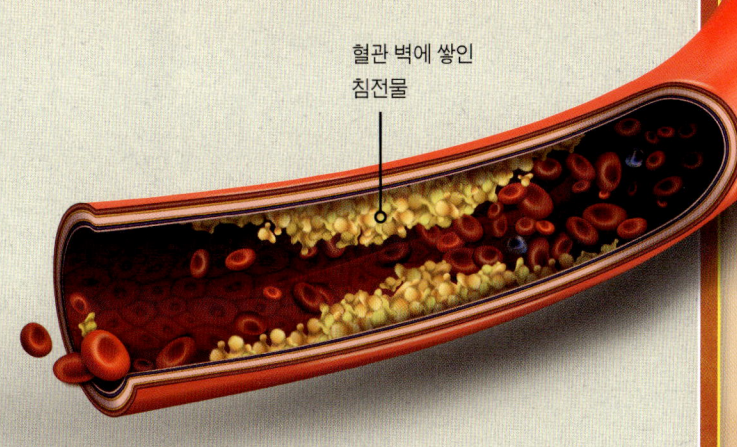

혈관 벽에 쌓인 침전물

신체의 필터, 콩팥

콩팥은 강낭콩 모양으로 허리 좌우에 한 쌍이 있어요. 몸속의 불필요한 물질을 배출하고 혈액을 깨끗이 거르는 역할을 해요. 혈액 속의 과도한 수분과 염분, 해로운 노폐물을 제거하죠. 걸러낸 노폐물은 화장실에서 소변으로 내보냅니다.

콩팥의 바깥층은 '콩팥 겉질'이라고 해요.

혈액 거르기

콩팥에 도착한 혈액은 바깥층인 콩팥 겉질로 이동해서 '네프론'이라는 아주 작은 여과 장치를 거쳐요. 네프론은 콩팥을 구성하는 기본 단위로 수백만 개에 달합니다. 혈액 속의 노폐물을 걸러내 소변으로 내보내죠. 이렇게 걸러진 혈액은 콩팥을 떠나 다시 심장으로 향합니다.

소변은 콩팥 안쪽의 빈 곳인 콩팥깔때기에 모여요.

콩팥동맥을 통해 콩팥으로 혈액이 들어가면 노폐물을 걸러내요.

콩팥정맥을 통해 깨끗해진 혈액이 콩팥에서 빠져가나요.

소변의 양

성인의 하루 소변 양은 보통 1000~1800밀리리터 사이입니다. 수분 섭취량, 건강 상태, 활동량, 환경 조건에 따라 영향을 받아요.

요관은 소변이 방광으로 나가는 관이에요.

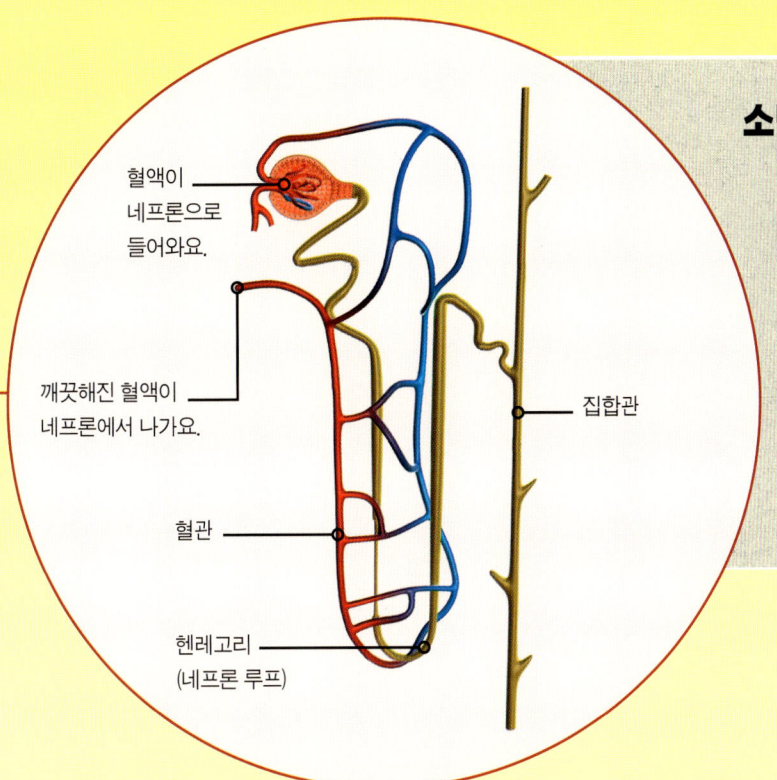

소변이 만들어지는 과정

혈액이 네프론으로 들어가면 수분과 그 속에 녹아 있는 물질이 가늘고 긴 고리 모양의 관을 통과합니다. 네프론은 혈액을 걸러내고 소변을 만드는 중요한 역할을 합니다. 그 과정에서 많은 양의 수분과 포도당 같은 유용한 물질이 혈액으로 재흡수되고, 불필요한 수분과 노폐물만 남겨요. 이렇게 만들어진 소변은 콩팥깔때기로 모입니다. 소변은 요관을 통해 방광으로 향하고, 마지막으로 요도를 통해 소변이 배출됩니다.

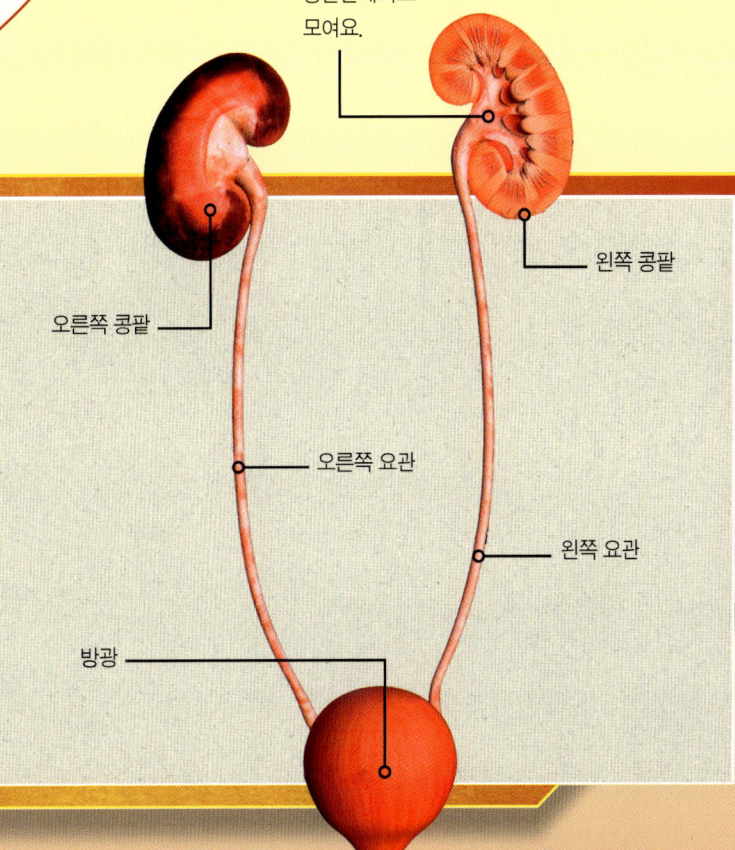

소변을 저장하는 방광

방광은 얇은 근육 벽으로 이루어진 신축성 있는 주머니예요. 소변을 저장하고 배출하는 역할을 해요. 750밀리리터 이상의 소변을 저장할 수 있어요. 그런데 300~400밀리리터쯤 차서 방광 벽의 압력이 감지되면 화장실에 가고 싶어져요. 그럼 소변은 방광에서 나와 요도를 통과해 몸 밖으로 나오게 됩니다.

혈액 투석

콩팥의 기능이 저하되거나 혹은 작동하지 않는 사람들도 있어요. 이 문제를 해결하려면 적합한 기증자를 찾아 콩팥을 이식받아야 해요. 또는 인공적으로 혈액을 걸러내 노폐물을 제거하고, 수분 및 전해질 균형을 유지하는 투석 시술을 받는 방법이 있습니다.

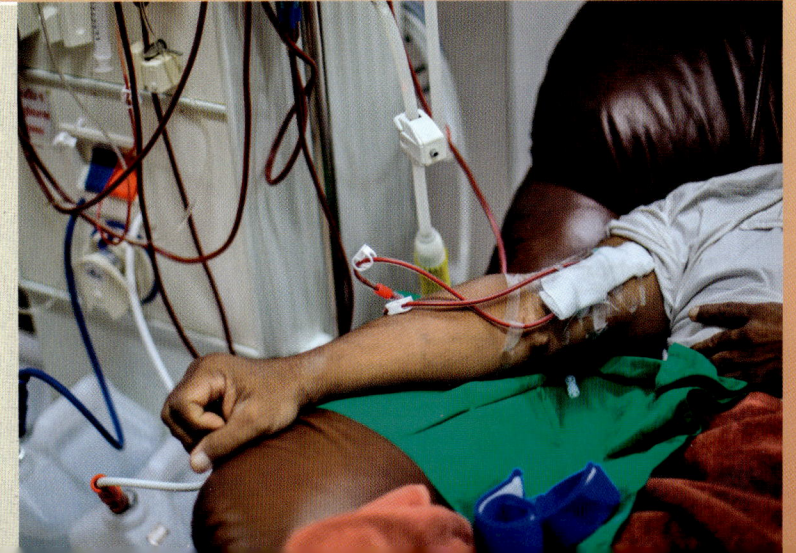

호흡을 돕는 허파

허파는 호흡을 담당하는 필수 기관으로 '폐'라고도 해요. 우리가 호흡할 때마다 허파는 공기로 가득 찼다가 다시 비워지는 과정을 반복해요. 몸에 필요한 산소를 얻고 과하게 쌓이면 독이 되는 이산화탄소를 배출해요.

입과 코에서 시작된 기관은 가슴 안쪽까지 이어져요.

오른쪽 기관지는 오른쪽 허파로 이어져요.

왼쪽 기관지는 왼쪽 허파로 이어져요.

오른쪽 허파

기관

기관은 후두에서 기관지 사이를 이어주는 관 모양의 통로예요. 코나 입으로 호흡할 때 들어오고 나가는 공기의 이동 통로 역할을 해요. 후두덮개가 기관의 입구를 보호하고 있어요. 음식물이나 이물질이 기관으로 넘어가지 않도록 막지요. 기관은 호흡하는 동안 닫히지 않도록 고리 모양의 연골로 이어져 있어 열린 상태를 유지합니다.

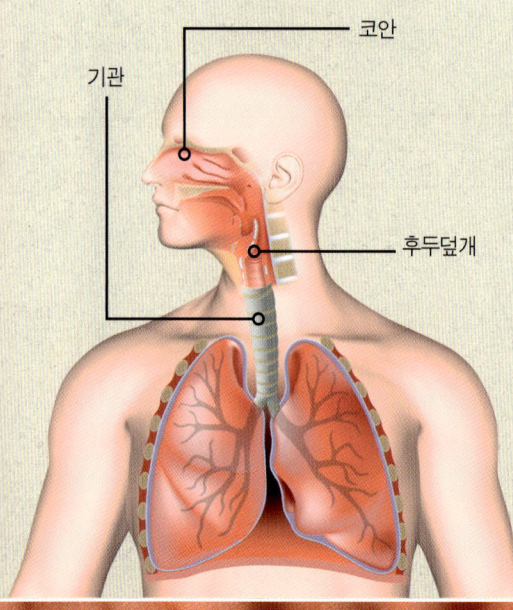

코안
기관
후두덮개

허파의 내부

기관은 끝에서 두 갈래로 갈라지며 좁아져 심장을 사이에 두고 오른허파와 왼허파로 나뉘어요. 허파의 안쪽 측면 중앙에는 기관지와 혈관들이 출입하는 허파문이 있고, 허파 속에는 기관지 이하 호흡기가 들어 있어요. 기관지는 마치 나무에 달린 가지처럼 계속 갈라져 더 좁은 세기관지가 되고, 마침내 맨 끝에는 아주 작은 허파꽈리가 달립니다.

허파의 크기

허파는 오른쪽과 왼쪽으로 나뉘어져 있고, 오른쪽 허파가 왼쪽 허파보다 약간 커요. 심장이 들어갈 공간이 필요하기 때문이에요. 심장은 약간 왼쪽으로 치우쳐 있고, 허파는 왼쪽이 작기 때문에 두 개의 장기가 가슴 속에서 딱 들어맞아요.

허파를 보호하는 방법

기도(숨길)는 공기의 이동 통로 및 이물질로부터 허파를 보호하는 역할을 해요. 기도 벽은 끈적끈적한 점액으로 뒤덮여 있고, 그 안에는 표면적을 따라 머리카락처럼 작고 미세한 털 모양의 섬모가 나 있어요. 점액은 호흡 중에 들어온 먼지가 더 이상 허파 속으로 들어가지 않게 잡아 주는 역할을 해요. 섬모는 물결처럼 움직이며 이물질을 배출해요. 위로 넘어간 이물질은 강력한 산에 녹아 파괴됩니다.

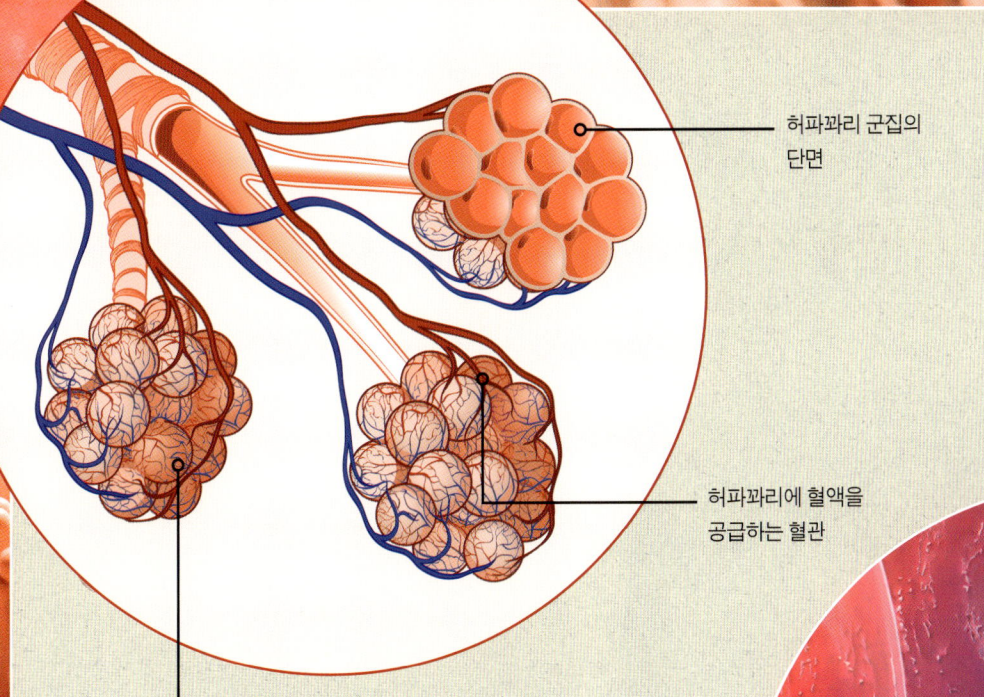

세기관지

허파꽈리 군집의 단면

허파꽈리에 혈액을 공급하는 혈관

모세혈관으로 둘러싸인 허파꽈리의 겉모양

허파꽈리

허파꽈리는 기도의 맨 끝에 달린 작은 포도송이 모양의 공기주머니예요. 허파 안에서 기체를 교환하는 장소입니다. 들이마신 공기 속의 산소는 허파꽈리 벽을 통과해 허파꽈리를 둘러싸고 있는 모세혈관으로 이동해요. 이때 이산화탄소는 반대로 혈액에서 허파꽈리 벽을 통과해 허파 안의 공기로 이동하고 몸 밖으로 배출됩니다.

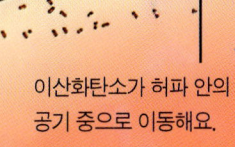

산소가 혈액 속으로 들어가요.

이산화탄소가 허파 안의 공기 중으로 이동해요.

들숨과 날숨

우리는 숨 쉴 때마다 코나 입으로 공기를 들이마시고 허파로 내려보냈다가 다시 내쉬어야 해요. 그런데 허파는 스스로 움직이지 못하고 근육과 뼈와 연결된 체계에 의지합니다. 허파의 크기를 부풀려서 공기가 빨려 들어가게 만들고, 허파의 크기를 줄여서 공기가 빠져나가게 만들지요.

천식

천식은 기도가 좁아지고 막히면서 숨 쉬기가 힘들어지는 질병입니다. 발병의 원인이 정확히 밝혀지지는 않았지만 유전 질환 또는 환경오염 때문일 수도 있어요.

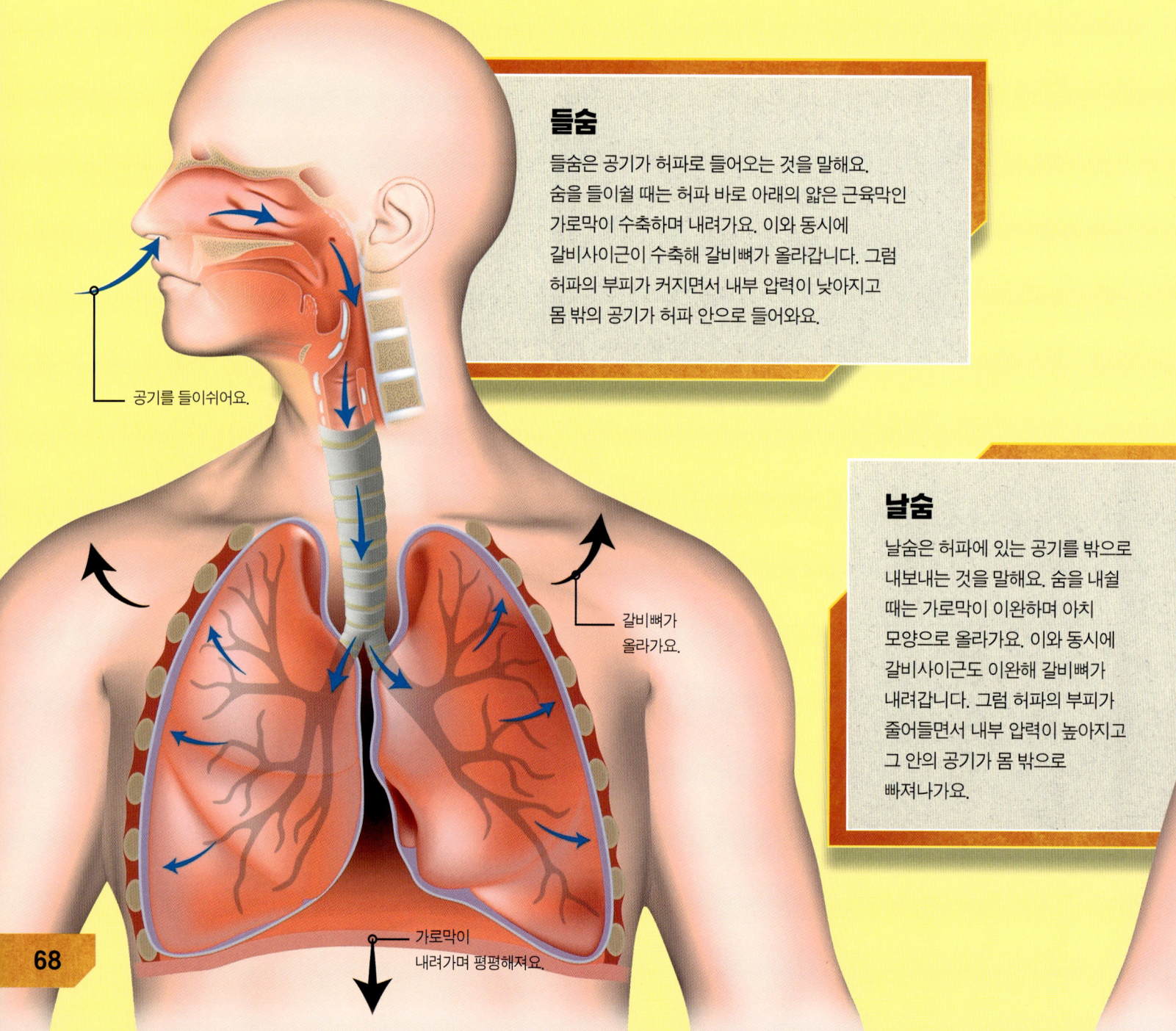

들숨

들숨은 공기가 허파로 들어오는 것을 말해요. 숨을 들이쉴 때는 허파 바로 아래의 얇은 근육막인 가로막이 수축하며 내려가요. 이와 동시에 갈비사이근이 수축해 갈비뼈가 올라갑니다. 그럼 허파의 부피가 커지면서 내부 압력이 낮아지고 몸 밖의 공기가 허파 안으로 들어와요.

날숨

날숨은 허파에 있는 공기를 밖으로 내보내는 것을 말해요. 숨을 내쉴 때는 가로막이 이완하며 아치 모양으로 올라가요. 이와 동시에 갈비사이근도 이완해 갈비뼈가 내려갑니다. 그럼 허파의 부피가 줄어들면서 내부 압력이 높아지고 그 안의 공기가 몸 밖으로 빠져나가요.

공기를 들이쉬어요.
갈비뼈가 올라가요.
가로막이 내려가며 평평해져요.

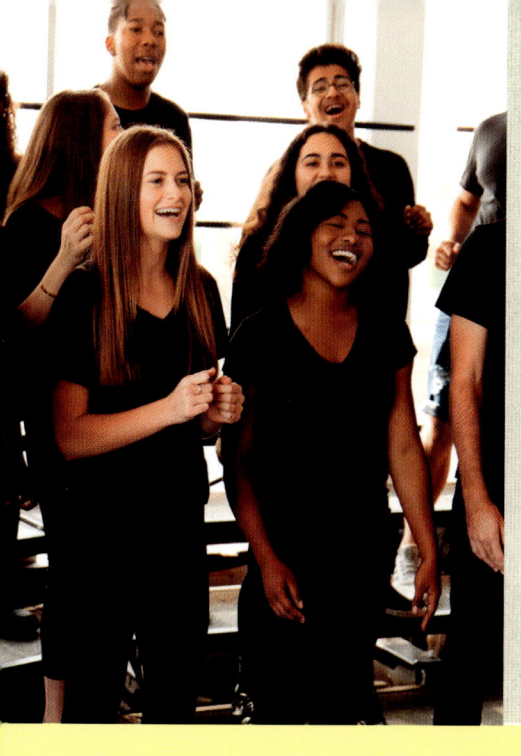

성대

기관지 바로 위에 후두가 있고, 후두의 안쪽에 성대가 있습니다. 공기가 성대 위를 통과하면 성대가 진동하면서 소리가 나요. 그게 바로 우리가 내는 목소리죠. 성대가 내는 소리의 높낮이, 크기, 유형은 근육의 복잡한 움직임으로 조절됩니다.

성대주름이 열린 모습
(위에서 바라본 그림)

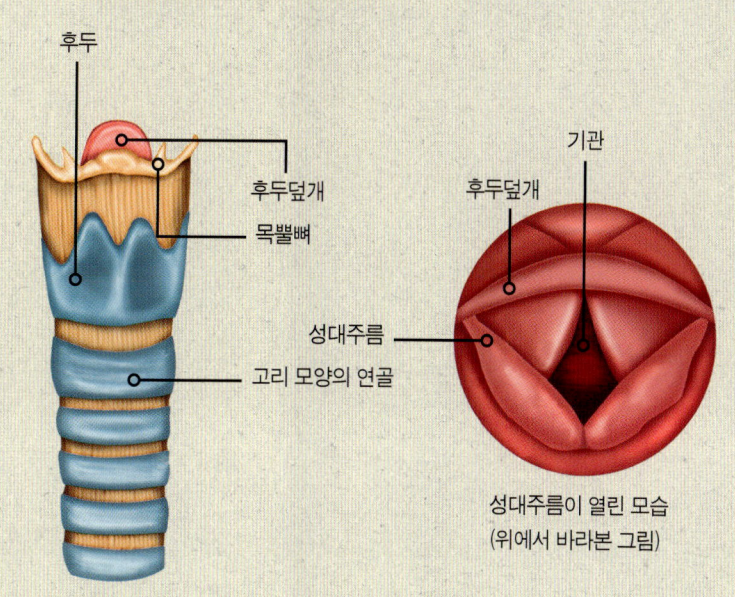

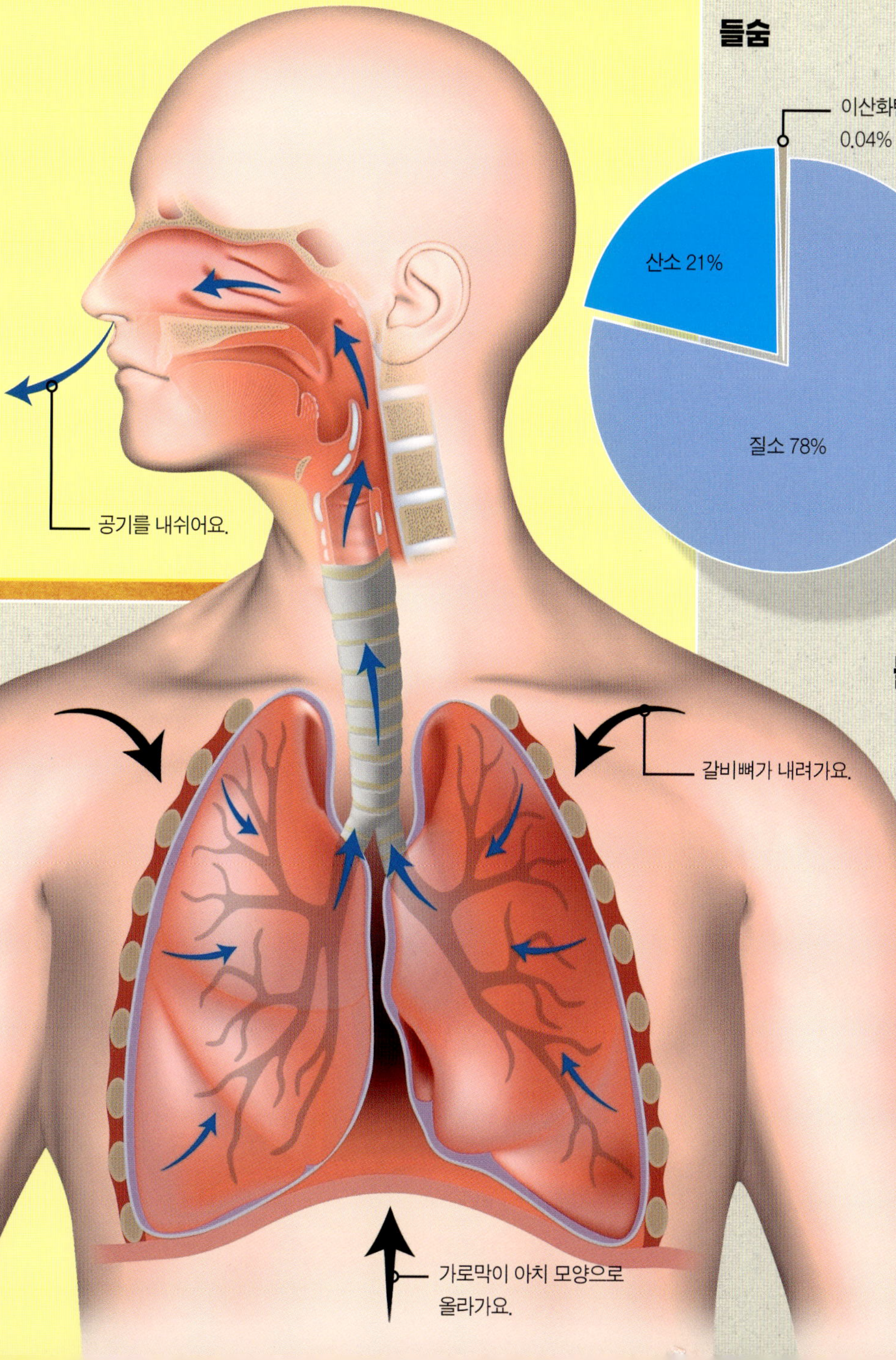

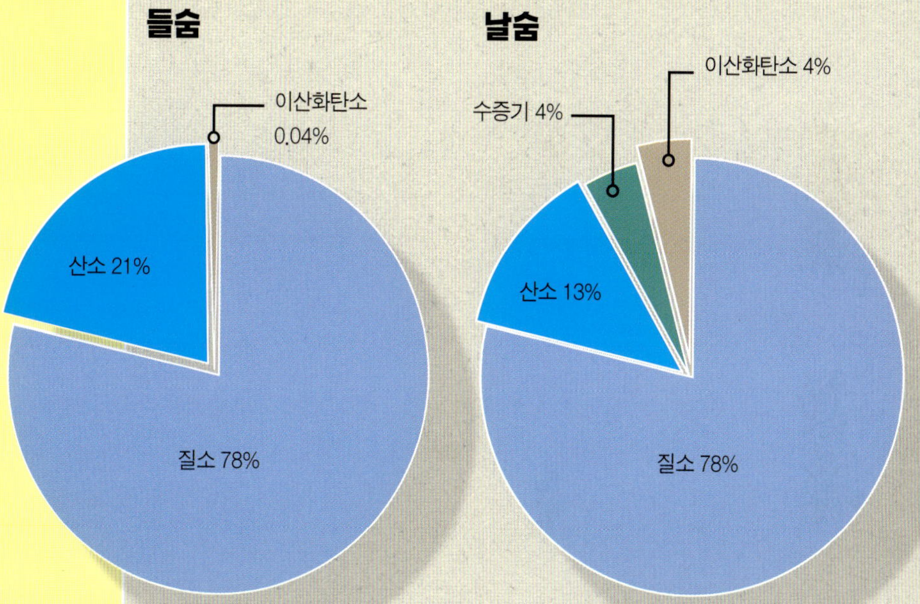

들숨과 날숨의 성분

들숨과 날숨의 성분은 같지만 성분비는 달라요. 허파로 공기를 들이마시고 내쉬는 과정에서 기체교환이 일어나기 때문이에요. 날숨은 들숨보다 산소의 양이 적고 이산화탄소와 수증기의 양이 많아요. 들숨은 바깥 공기를 구성하는 기체와 비율이 비슷합니다. 들숨의 구성 비율이 질소 78퍼센트, 산소 21퍼센트, 이산화탄소 0.04퍼센트(그 외에 아주 적은 양의 몇몇 기체)라면, 날숨의 구성 비율은 질소 78퍼센트, 산소 13퍼센트, 수증기 4퍼센트, 이산화탄소 4퍼센트(그 외에 아주 적은 양의 몇몇 기체)랍니다.

꼭 필요한 세포호흡

숨쉬기를 통하여 몸속으로 들어온 산소는 조직 세포의 영양소와 반응해요. 그리고 이산화탄소와 물로 분해되면서 에너지가 발생하는데, 이 과정을 '세포호흡'이라고 합니다. 세포호흡으로 얻은 에너지는 생명 활동에 필수적이에요. 체온 유지, 근육 운동, 두뇌 활동 등 여러 가지 에너지원으로 사용됩니다.

넉넉한 허파
성인의 허파가 최대로 담을 수 있는 공기량은 약 6리터입니다.

세포호흡 과정

세포호흡의 과정은 아주 작은 세포 소기관인 미토콘드리아에서 일어나요. 포도당과 산소를 결합해 단당류에 저장된 에너지를 방출하는 화학 반응이에요.

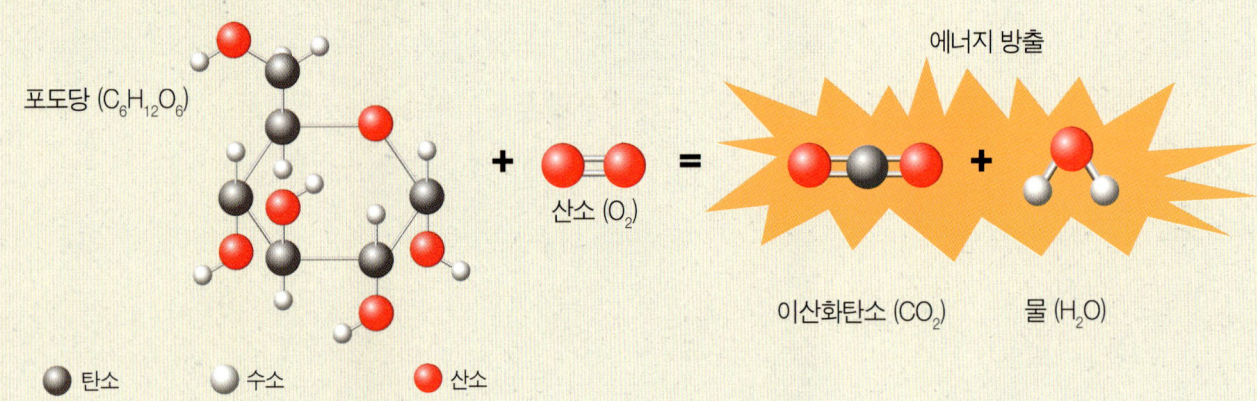

포도당 ($C_6H_{12}O_6$) + 산소 (O_2) = 이산화탄소 (CO_2) + 물 (H_2O) 에너지 방출

● 탄소   ○ 수소   ● 산소

남은 이산화탄소와 물은 세포에서 혈액으로 다시 전달되고 허파로 이동해 몸 밖으로 배출됩니다.

이처럼 산소를 이용하는 세포호흡을 '산소호흡'이라고 합니다.

무산소 호흡

운동을 격렬하게 하면 우리 몸은 세포에 충분한 산소를 공급하지 못할 수 있어요. 이때 세포는 산소를 쓰지 않는 호흡을 하는데 이것을 '무산소 호흡'이라고 해요. 이 과정에서 '젖산'이라는 화학물질이 만들어져 근육은 피로를 느끼고 경련을 일으킬 수도 있어요.

호흡수

호흡수는 일정한 시간 동안에 숨 쉬는 횟수예요. 성인의 경우 평균 1분당 12~20회 호흡합니다. 심장이 몸의 요구에 맞춰 심장박동수를 달리하는 것처럼 호흡하는 횟수도 달라져요. 운동할 때는 몸이 더 많은 산소를 들이쉬려고 해서 호흡 역시 빨라진답니다.

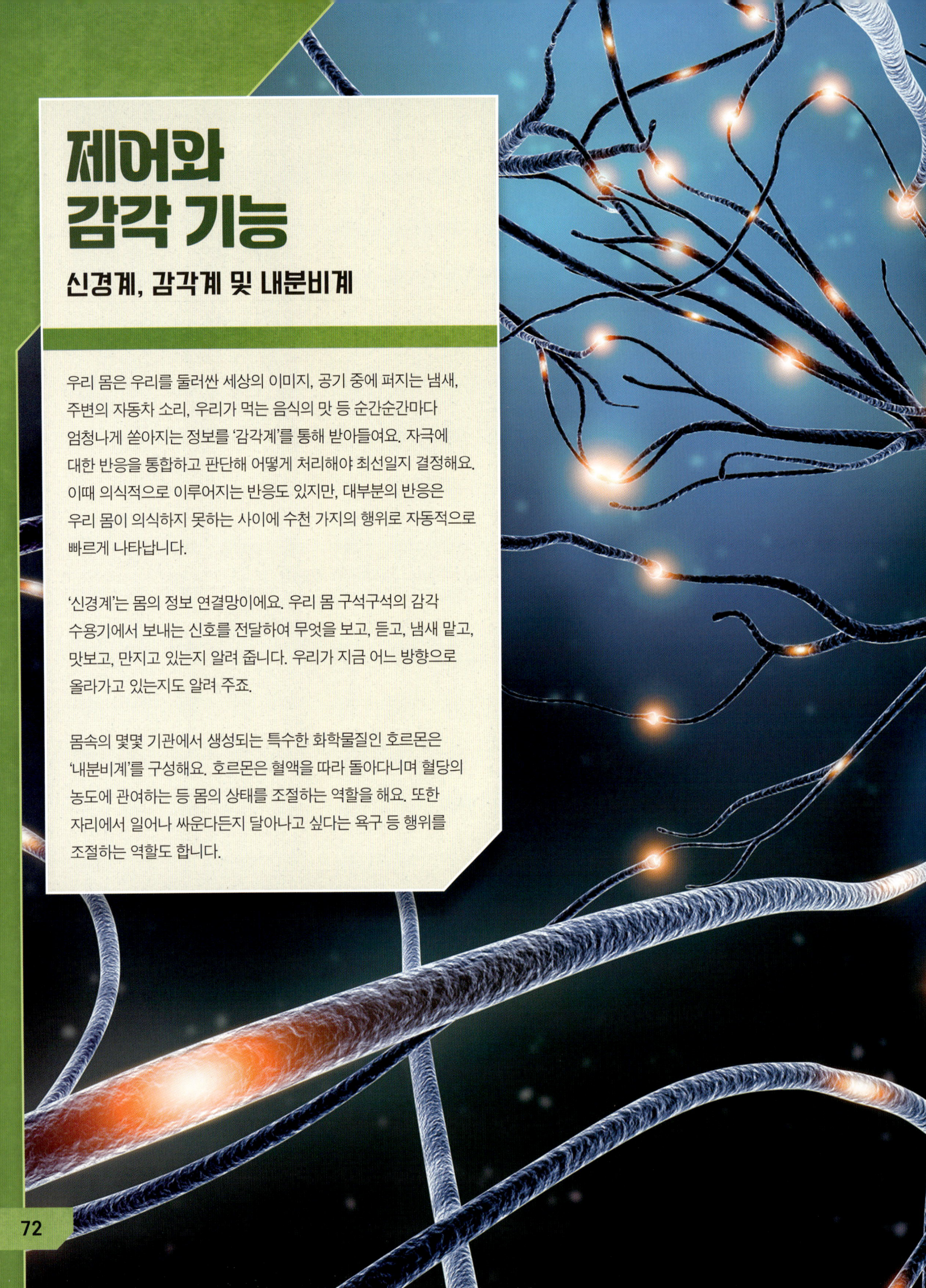

제어와 감각 기능
신경계, 감각계 및 내분비계

우리 몸은 우리를 둘러싼 세상의 이미지, 공기 중에 퍼지는 냄새, 주변의 자동차 소리, 우리가 먹는 음식의 맛 등 순간순간마다 엄청나게 쏟아지는 정보를 '감각계'를 통해 받아들여요. 자극에 대한 반응을 통합하고 판단해 어떻게 처리해야 최선일지 결정해요. 이때 의식적으로 이루어지는 반응도 있지만, 대부분의 반응은 우리 몸이 의식하지 못하는 사이에 수천 가지의 행위로 자동적으로 빠르게 나타납니다.

'신경계'는 몸의 정보 연결망이에요. 우리 몸 구석구석의 감각 수용기에서 보내는 신호를 전달하여 무엇을 보고, 듣고, 냄새 맡고, 맛보고, 만지고 있는지 알려 줍니다. 우리가 지금 어느 방향으로 올라가고 있는지도 알려 주죠.

몸속의 몇몇 기관에서 생성되는 특수한 화학물질인 호르몬은 '내분비계'를 구성해요. 호르몬은 혈액을 따라 돌아다니며 혈당의 농도에 관여하는 등 몸의 상태를 조절하는 역할을 해요. 또한 자리에서 일어나 싸운다든지 달아나고 싶다는 욕구 등 행위를 조절하는 역할도 합니다.

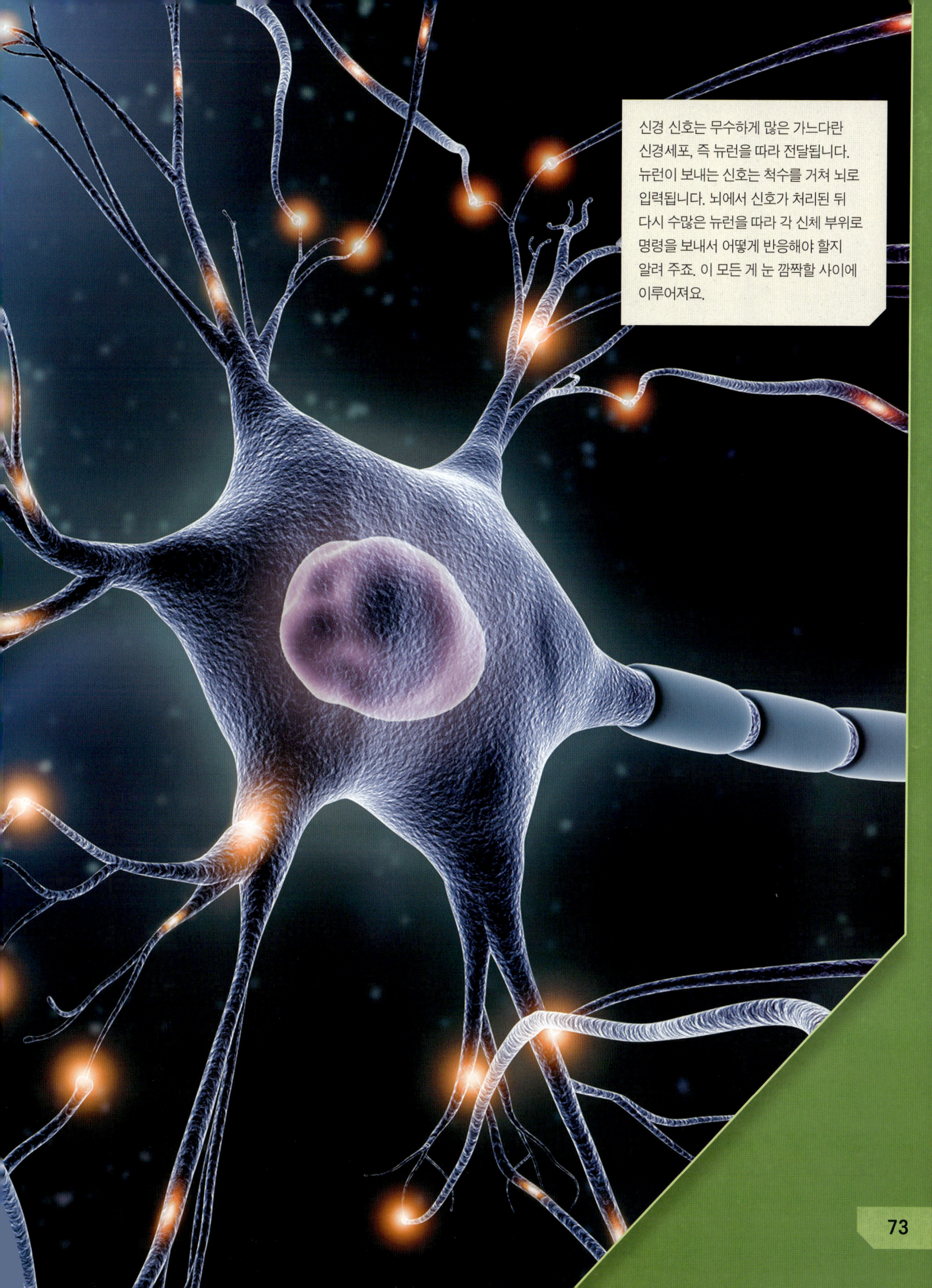

신경 신호는 무수하게 많은 가느다란 신경세포, 즉 뉴런을 따라 전달됩니다. 뉴런이 보내는 신호는 척수를 거쳐 뇌로 입력됩니다. 뇌에서 신호가 처리된 뒤 다시 수많은 뉴런을 따라 각 신체 부위로 명령을 보내서 어떻게 반응해야 할지 알려 주죠. 이 모든 게 눈 깜짝할 사이에 이루어져요.

자극을 전하는 신경계

신경계는 자극을 받아들여 몸의 다른 곳으로 전달하고 반응하도록 하는 기관이에요. 자극을 전달하고 반응하는 역할을 담당하는 특수한 세포인 신경세포로 구성되어 있어요. 신경세포는 뇌와 척수를 중심으로 우리 몸 구석구석까지 도달해요. 바깥 세계와 몸속에서 발생한 정보를 미세한 생체 전기 신호에 담아 뇌에 전달합니다. 이와 더불어 뇌에서는 다른 신체 부위로 명령을 내려 어떻게 반응할지 알려 준답니다.

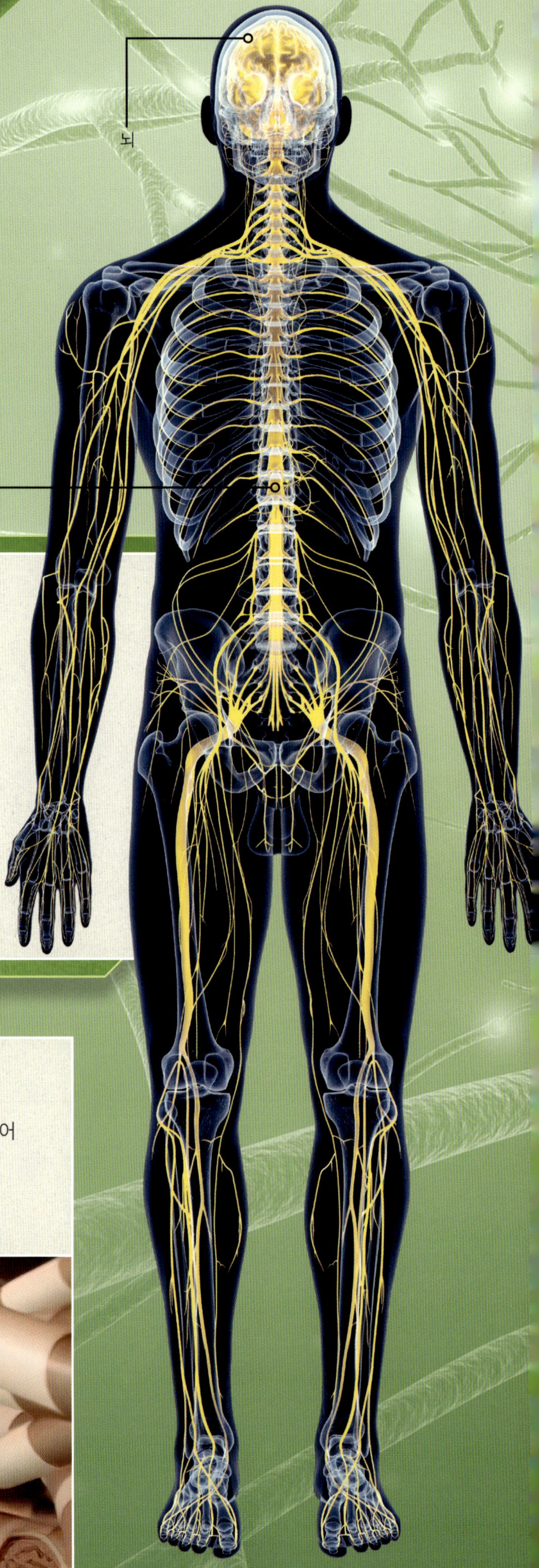

뇌

척수

제어 연결망

신경세포들이 형성하는 가느다란 섬유 연결망은 발끝부터 머리 꼭대기까지 온몸에 뻗어 있어요. 신경세포가 신호를 전달하는 속도는 시간당 수백 킬로미터를 갈 수 있을 정도입니다. 뇌에서 발끝까지 약 100분의 1초 만에 도달하죠.

뇌는 우리 몸의 제어 센터이며 수십억 개의 신경세포로 꽉 채워져 있어요. 척수의 맨 위에 자리하고 있습니다. 척수는 뇌 아래에서 등줄기를 타고 골반까지 이어져요. 척주를 이루는 척추뼈들이 척수를 보호하고 있습니다.

신경섬유

신경은 신경계에 뻗어 있는 전선과 같아요. 신경섬유는 신경세포에서 뻗어 나온 긴 돌기인 축삭의 다발로 구성되어 있고, 축삭은 단단한 피막으로 둘러싸여 보호됩니다.

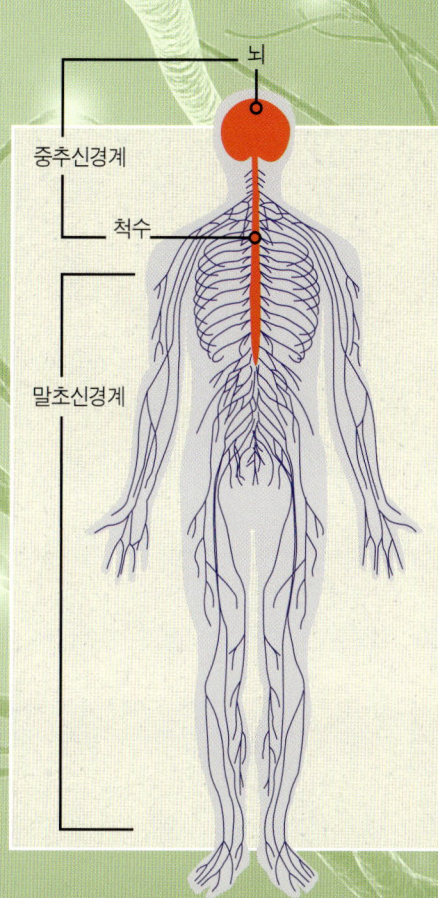

중추신경계 — 뇌, 척수
말초신경계

신경계의 두 갈래

신경계는 중추신경계와 말초신경계로 나뉘어요. 중추신경계는 뇌와 척수로 구성되고 생각, 기억, 감정, 움직임 등을 조절하고 통합하는 역할을 해요. 말초신경계는 온몸의 신경세포를 연결하는 망으로 구성되어 있으며, 우리 몸의 감각과 운동 기능을 관장해요. 감각신경세포는 신체 내외의 자극 신호를 받아들여 뇌로 전달하고, 운동신경세포는 뇌에서 신호를 받아 몸으로 자극을 전달해요.

가장 긴 신경

우리 몸에서 가장 긴 신경은 다리의 감각을 느끼고 운동을 조절하는 '궁둥신경'이에요. 허리에서부터 시작해 발까지 이어집니다.

달리기 신호

신경 신호는 외부 세계의 갑작스러운 변화와 몸속에서 벌어지는 일에 재빠르게 반응해야 해요. 신경 신호가 전달되는 속도는 시속 약 350킬로미터에 달할 정도로 빠르죠. 그런데 아무리 빠르다 해도 동시적으로 일어나는 것은 아닙니다.

예를 들어 단거리 선수들은 출발 신호가 울린 뒤 0.1초 이내에 출발선을 떠났다면 부정 출발로 판정받아요. 출발을 알리는 소리가 신경 신호로 전달되어 귀에서 뇌를 거쳐 다시 다리 근육으로 도달하기까지 그만큼의 시간이 걸리기 때문이죠. 0.1초 이내에 출발한 선수라면 출발 신호보다 먼저 달리기 시작한 게 틀림없어요.

신경세포와 신호

신경세포는 신호를 전달하는 매우 중요한 역할을 해요. 신경세포는 온몸에 걸쳐 복잡한 연결망을 형성해요. 수십억 개의 실처럼 가느다란 가닥들이 한 신경세포에서 다른 신경세포로 전기적 및 화학적 신호를 전달합니다.

신경세포를 돌보는 세포

신경계에는 신경세포를 지지하고 보호하는 일이 주된 업무인 수천억 개의 지지세포들이 존재해요. 신경세포를 보호하고 영양을 공급하는 역할을 한답니다.

신경세포의 모양

신경세포 또는 뉴런은 신경계를 구성하는 세포예요. 몸속 어디에 위치하느냐에 따라 모양과 크기가 굉장히 다양하지만 크게 세포체, 축삭, 가지돌기의 세 부분으로 나뉘어져요. 세포체는 세포의 중심부이며 세포의 유전 정보가 담긴 핵과 몇몇 소기관을 포함해요. 세포체에서 뻗어 나온 두 종류의 가닥이 축삭과 가지돌기입니다. 나뭇가지처럼 뻗은 가지돌기는 신경 신호를 세포체로 전달해요. 축삭은 보통 신경세포마다 하나씩 있고, 세포체로부터 신호를 받아서 전달해요. 축삭의 크기는 수 밀리미터부터 약 1미터까지 다양합니다.

가지돌기의 말단은 다른 신경세포로부터 신호를 받거나, 감각 수용기로부터 받은 신호를 전달해요.

말이집과 말이집 사이에는 일정한 간격으로 잘록한 '랑비에결절'이라는 마디가 있어요.

축삭은 길게 뻗어 나가며 신경세포끼리 연결해요.

말이집은 축삭을 감싸고 있어요.

축삭의 말단에 시냅스가 있어요.

말이집

말이집은 전기 신호가 새지 않도록 방지하고 보호하는 중요한 역할을 해요. '슈반세포'라는 특수한 세포로 형성되어 축삭을 피막으로 감싸고 있어요. 말이집으로 보호된 신경세포는 그렇지 못한 세포에 비해 더 신속하고 효율적으로 신경 신호를 전달할 수 있답니다.

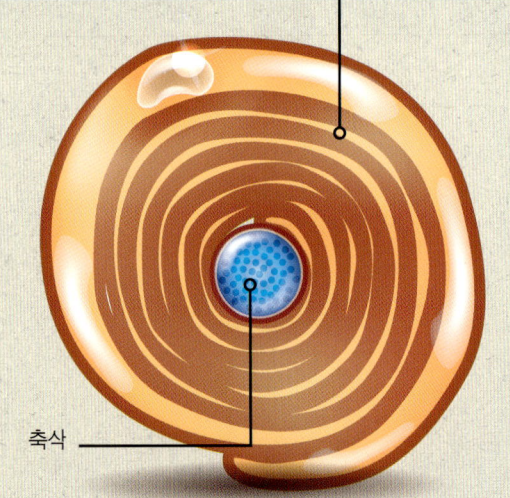

축삭

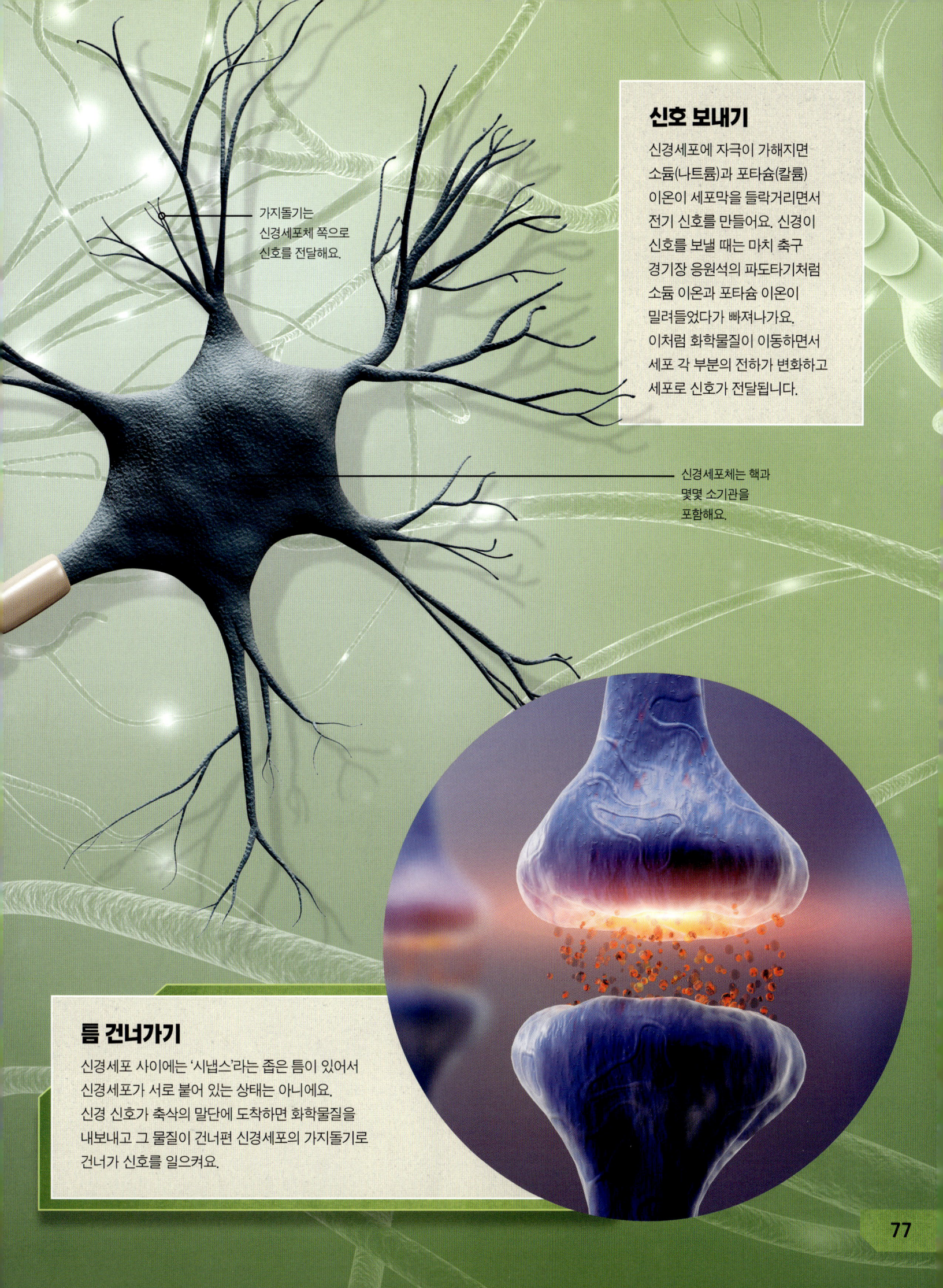

가지돌기는 신경세포체 쪽으로 신호를 전달해요.

신호 보내기

신경세포에 자극이 가해지면 소듐(나트륨)과 포타슘(칼륨) 이온이 세포막을 들락거리면서 전기 신호를 만들어요. 신경이 신호를 보낼 때는 마치 축구 경기장 응원석의 파도타기처럼 소듐 이온과 포타슘 이온이 밀려들었다가 빠져나가요. 이처럼 화학물질이 이동하면서 세포 각 부분의 전하가 변화하고 세포로 신호가 전달됩니다.

신경세포체는 핵과 몇몇 소기관을 포함해요.

틈 건너가기

신경세포 사이에는 '시냅스'라는 좁은 틈이 있어서 신경세포가 서로 붙어 있는 상태는 아니에요. 신경 신호가 축삭의 말단에 도착하면 화학물질을 내보내고 그 물질이 건너편 신경세포의 가지돌기로 건너가 신호를 일으켜요.

우리 몸을 이끄는 뇌

뇌는 우리 몸을 통제하는 중심부로 머리뼈의 보호를 받아요. 정보를 받아서 처리하고 몸이 어떻게 반응할지 알려 주며 생존에 필요한 환경을 유지해요. 감각 인식, 운동 조절, 기억하기, 말하기, 감정 조절 등의 기능까지 도맡고 있어요.

연결망

뇌에는 약 천억 개의 신경세포가 있고, 각 신경세포에는 만 개 이상의 시냅스가 있어요. 즉, 뇌에는 총 천조 개의 시냅스가 있다는 뜻이죠!

뇌줄기와 소뇌

뇌줄기와 소뇌는 뇌의 뒤쪽에 있어요. 소뇌는 대뇌의 아래에서 몸의 운동 능력을 조절하고 평형감각을 유지해요. 뇌줄기는 척수와 대뇌를 이어주는 연결 통로로 중요한 역할을 해요. 심장박동과 호흡 같은 몸의 여러 기본적인 생명 활동을 조절하고 유지하는 중심 기관이에요.

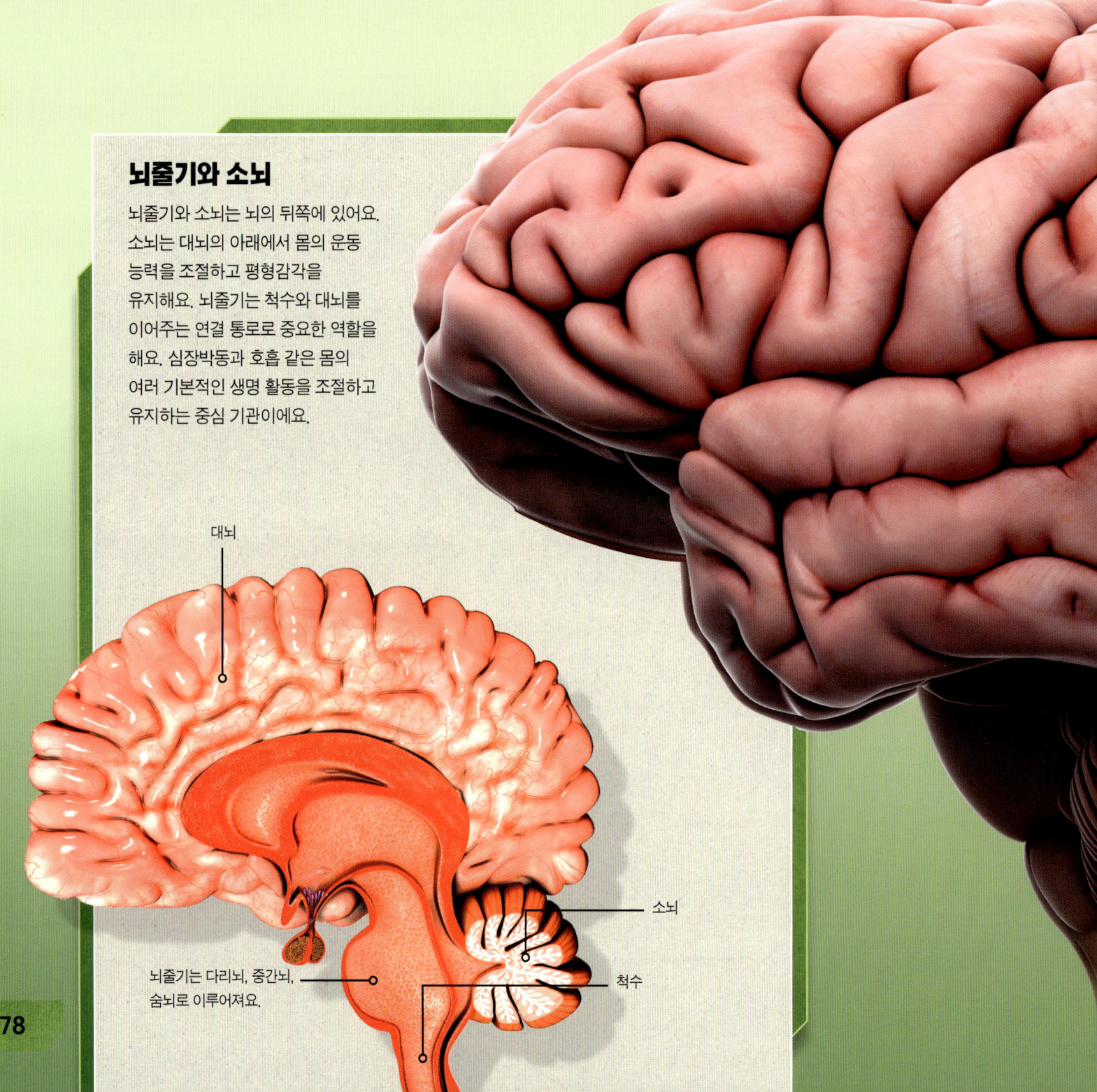

대뇌

뇌줄기는 다리뇌, 중간뇌, 숨뇌로 이루어져요.

소뇌

척수

에너지 소모가 큰 뇌

뇌는 매 순간 생각하고 정보를 처리하느라 에너지를 굉장히 많이 써요. 뇌 무게는 몸무게의 약 2퍼센트에 불과하지만 몸 에너지의 20퍼센트를 소모한답니다. 뇌에 충분히 영양소와 산소를 원활히 전달하려면 혈액이 풍부히 공급되어야 해요. 때문에 뇌의 모든 부위에 걸쳐 혈관이 뻗어 있어요.

대뇌

뇌의 바깥 영역을 차지하는 대뇌는 뇌에서 가장 큰 부위입니다. 대뇌는 좌우 반구로 나뉘며 여러 개의 엽으로 구분되어 각기 다른 기능을 수행해요. 좌우 반구와 양쪽을 연결하는 섬유 다발로 되어 있으며, 표면이 잔뜩 주름지고 접혀 있어서 표면적을 늘려 주어요. 온몸의 감각 기관이 전달하는 정보를 처리하는 것은 물론 운동, 언어, 감정을 담당합니다.

- 이마엽(전두엽)
- 마루엽(두정엽)
- 뒤통수엽(후두엽)
- 관자엽(측두엽)
- 소뇌

대뇌 겉질(대뇌 피질)

대뇌 겉질은 대뇌의 표면을 덮고 있는 얇은 층입니다. 대뇌 겉질의 특정 부분은 여러 신체 부위와 감각 기관으로부터 정보를 받아 종합해 운동 및 지적 기능을 담당해요. 운동 영역은 대뇌 겉질을 가로지르는 가는 띠처럼 생겼고 여러 신체 부위를 조절합니다. 조절 기능이 더 요구되는 신체 부위는 더 넓은 영역의 대뇌 겉질과 연결되어 있어요.

- 운동 겉질은 몸의 움직임을 조절해요.
- 체성감각 겉질은 촉각기관에서 오는 아픔, 접촉, 온도 등의 감각 신호를 받아요.
- 이마엽은 인지, 기억, 계획, 규칙성 등의 사고 처리와 관련된 영역이에요.
- 마루엽은 열이나 통증과 같은 피부의 감각을 인식하는 영역이에요.
- 뒤통수엽에 위치한 시각 겉질은 눈에서 오는 시각적 신호를 기억하고 인식해요.
- 말하기를 조절하는 영역이에요.
- 관자엽은 언어, 청각, 기억과 연결된 영역이에요.
- 소뇌는 근육 활동을 조절하고 평형감각을 유지해요.

빠른 연결망, 척수

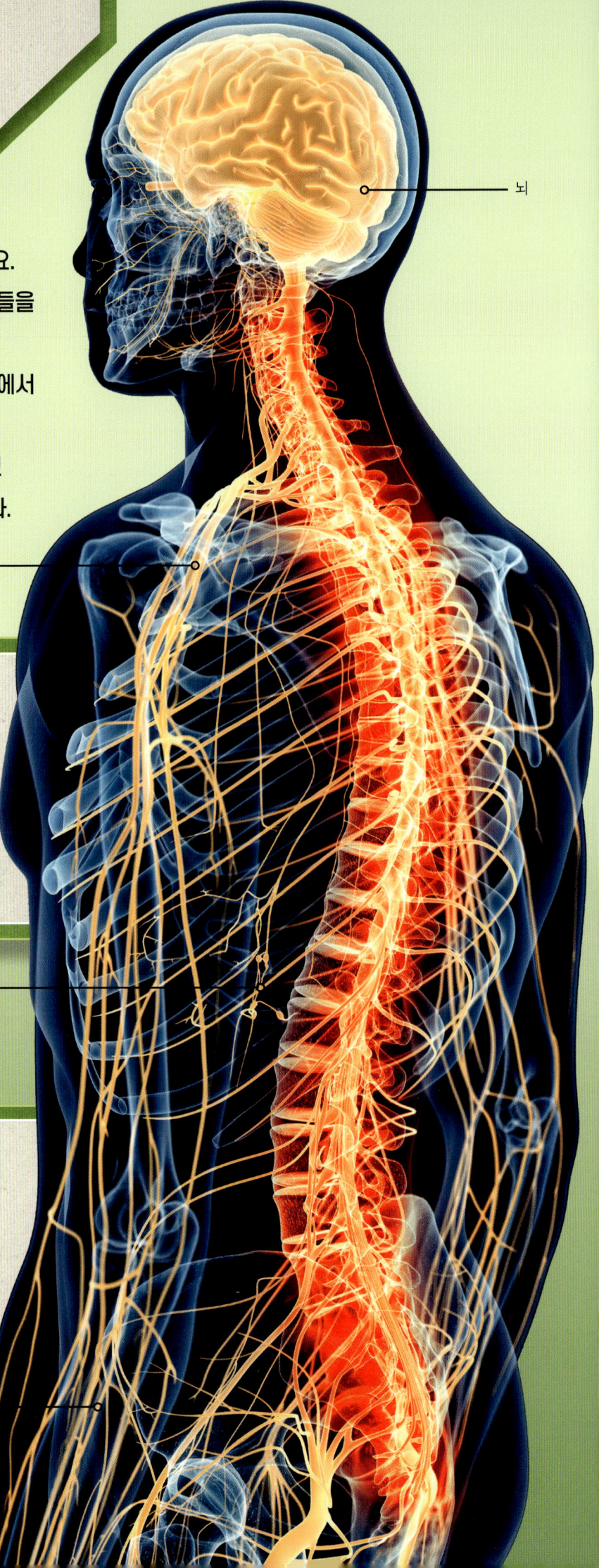

척수는 뇌 아랫부분부터 등 아랫부분까지 쭉 이어져요. 신경과 세포가 밀집한 척수는 뇌와 몸의 나머지 부위들을 서로 연결하는 주요 통로입니다. 말초신경을 통해 들어오는 감각 신호들을 받아들여 뇌로 보내거나, 뇌에서 신호를 판단한 뒤 어떻게 반응해야 할지 말초신경에 신호를 전달하는 역할을 해요. 또한 뇌를 거치지 않고 신호를 판단해서 순간적인 자극에 반사운동을 합니다.

뇌

목의 아랫부분에서 갈라져 나온 척수신경이 양팔로 뻗어가요.

척수의 길이와 모양

성인의 척수 길이는 평균 42~45센티미터로 원기둥 형태의 구조이지만, 끝이 뾰족하여 원뿔 모양을 이루고 있어요. 위쪽은 머리뼈 안의 숨뇌로 이어지고 아래쪽은 허리뼈 높이 정도에서 끝나요. 등줄기를 따라 수십억 개의 신경세포가 모여 있고 아랫부분으로 내려갈수록 점차 가늘어져요.

척수의 중간부분에서 갈라져 나온 척수신경이 가슴과 몸통으로 뻗어가요.

나뭇가지처럼 뻗은 척수신경

척수신경은 등줄기를 따라 이어지는 척수의 양쪽으로 쌍을 이루며 갈라져 나와요. 척수에서 몸 곳곳으로 뻗어 있는 척수신경은 뇌에서 나오고 뇌로 들어가는 신호를 중계합니다.

척수의 아랫부분에서 갈라져 나온 척수신경이 다리로 뻗어가요.

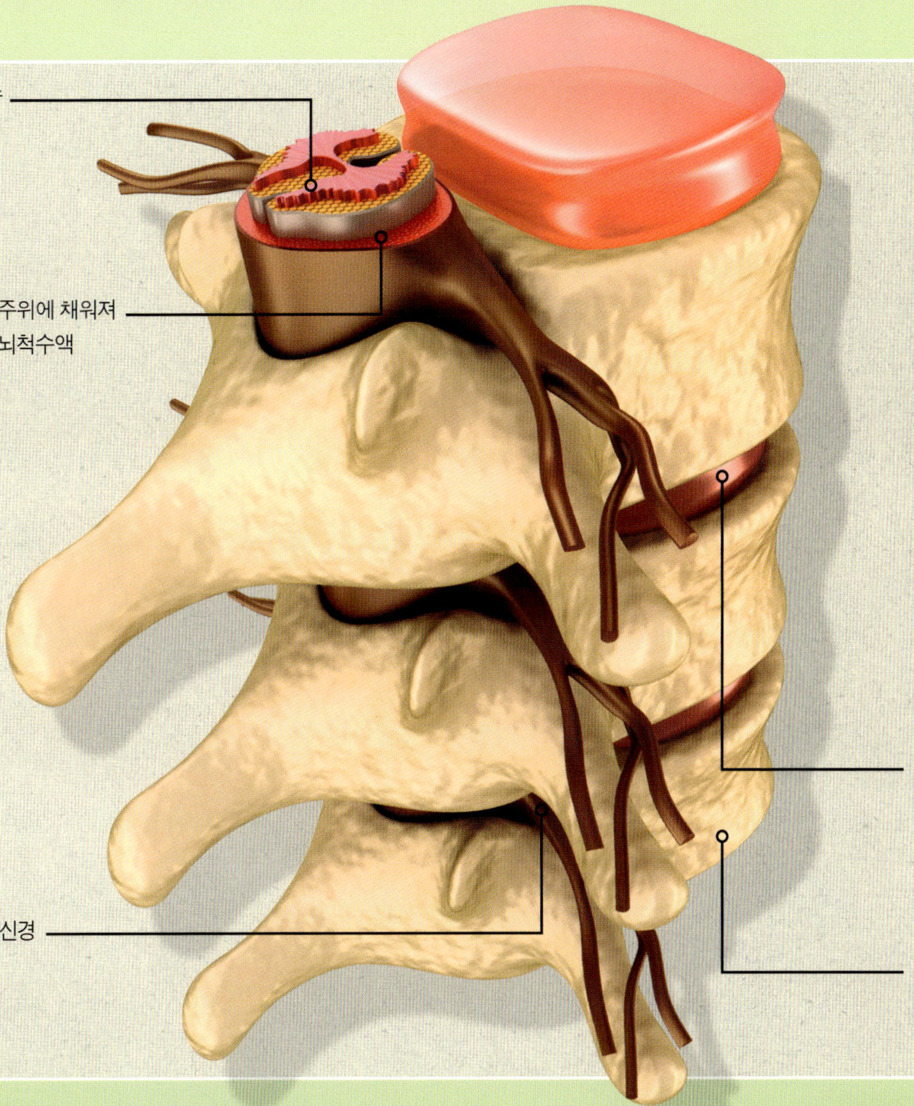

척수 보호하기

섬세한 척수는 등줄기를 형성하는 척주 안에서 다치지 않도록 보호받아요. 또 척수 주위에 뇌척수액이 채워져 있어서 안전히 보호받죠. 뇌척수액은 외부 환경의 변화나 물리적 충격으로부터 뇌와 척수를 보호하고 현상을 유지하는 역할을 해요. 이 체액이 쿠션 역할을 하며 척수가 받는 충격을 완화해요. 또 혈액에서 척수의 신경세포로 영양분을 공급하고, 반대로 신경세포에서 혈액으로 노폐물을 제거하도록 도와줍니다.

- 척수
- 척수 주위에 채워져 있는 뇌척수액
- 척수신경
- 추간판은 척주 사이사이에서 충격을 완화하고 척주가 조금이나마 움직일 수 있게 해요.
- 척추뼈

회백질과 백질

척수의 단면을 보면 어두운색의 알파벳 H처럼 생긴 회백질이 있고, 옅은 흰색의 백질이 회백질 주위를 둘러싸고 있어요. 백질은 말이집이 감싸고 있는 축삭들로 이뤄졌어요. 말이집이 흰색이라 연하게 보이죠. 회백질은 말이집이 없는 신경세포체로 이뤄져 상대적으로 어둡게 보입니다.

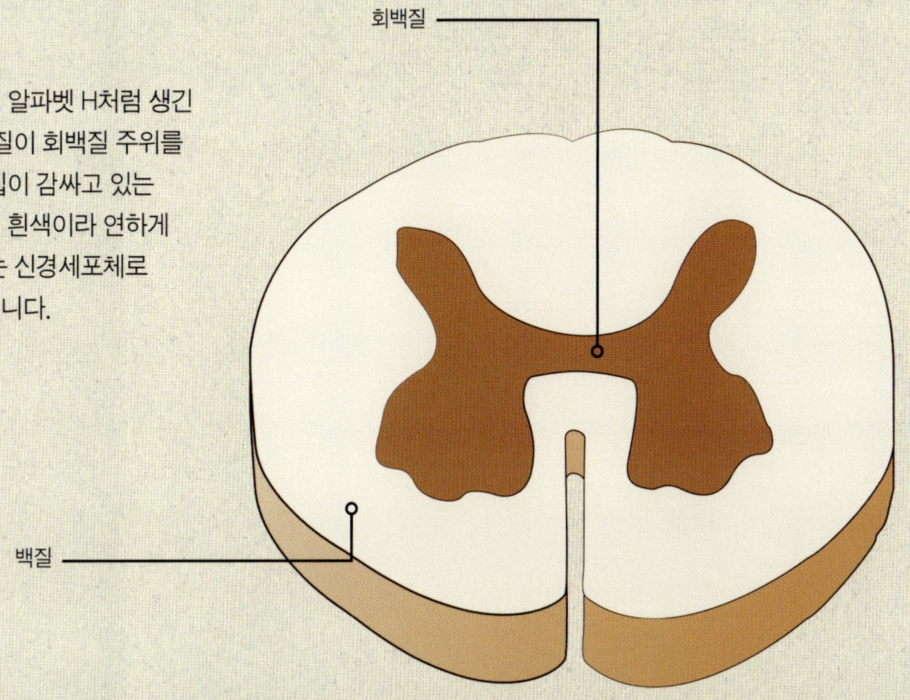

- 회백질
- 백질

순간적인 반사 반응

척수를 지나는 모든 신호가 곧바로 뇌에 전달되는 것은 아니에요. 뇌가 판단하는 과정을 거치지 않고 외부의 자극에 반사적으로 반응하기도 해요. 이러한 반사 반응은 척수가 조정해요. 의식하지 못하는 사이에 몸이 먼저 움직이고 나중에 알아차리는 것이죠.

반사활

모든 반사 반응은 몸이 손상을 입기 전에 신속하게 방어하도록 도와요. 손가락의 통증 수용기와 같은 몸속의 수용기가 보내는 신호는 감각신경을 따라 척수까지 전달됩니다. 신호는 척수 안의 연합신경을 거쳐 운동신경으로 이동하고, 통증의 원인으로부터 손가락을 얼른 떼어 내라는 신호를 팔 근육에 보냅니다. 이러한 특정한 반사에 관여하는 신경의 경로를 '반사활'이라고 해요. 더불어 척수는 뇌에 신호를 보내서 손가락에 통증이 생겼음을 인지할 수 있도록 합니다.

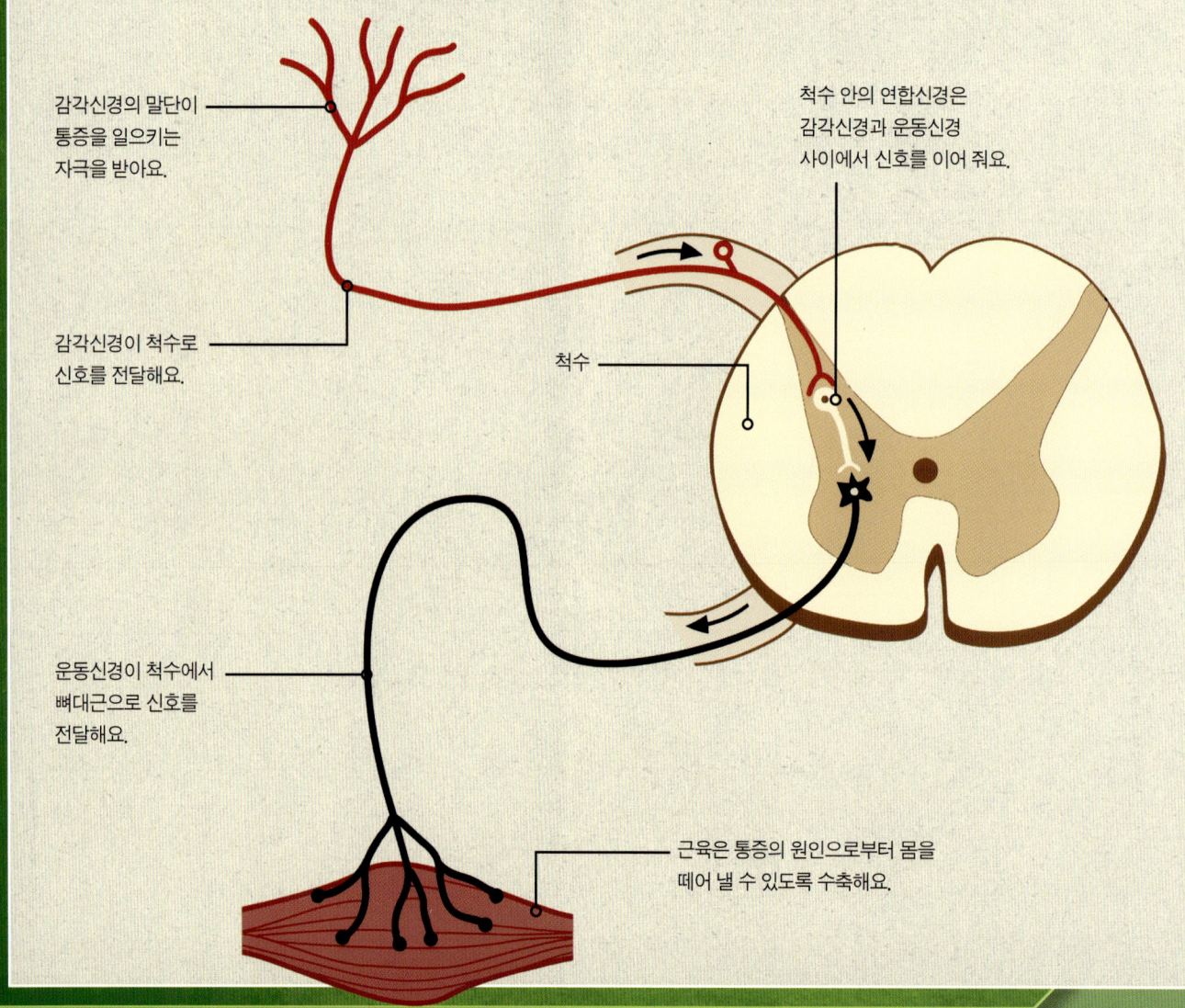

감각신경의 말단이 통증을 일으키는 자극을 받아요.

척수 안의 연합신경은 감각신경과 운동신경 사이에서 신호를 이어 줘요.

감각신경이 척수로 신호를 전달해요.

척수

운동신경이 척수에서 뼈대근으로 신호를 전달해요.

근육은 통증의 원인으로부터 몸을 떼어 낼 수 있도록 수축해요.

반사 반응의 종류

구역반사(구개반사)
구역반사는 목구멍 안쪽을 건드리면 일어나는 현상입니다. 목 안쪽에 있는 근육이 반사적으로 수축해서 구역 반응이 나타나는 것이에요. 이물질이 더 깊이 들어가 질식하는 것을 막기 위한 우리 몸의 자연스러운 현상이에요. 칼이나 도구를 목구멍으로 집어넣는 공연을 선보이는 사람들은 구역 반사를 극복해야 하는 어려움이 있어요.

동공반사
동공반사는 빛의 밝기 정도에 따라 동공의 크기가 작아지거나 커지는 현상입니다. 눈 한가운데 있는 동공의 크기는 들어오는 빛의 양에 따라 자동으로 조정됩니다. 눈에 들어오는 빛이 약하면 동공이 커지고 빛이 강하면 동공이 작아져요. 또 급격하게 가까운 곳을 보는 경우에도 반사적으로 작아진답니다.

신생아 반사 반응
갓 태어난 아기들은 여러 종류의 반사 반응을 보여요. 자동적이고 무의식적인 행동 반응 현상이에요. '빨기 반사'는 입천장을 건드리면 빨기 시작하는 반응이에요. 아기들이 영양을 섭취할 수 있도록 돕는 반사 반응이죠. 물속으로 잠수하면 숨을 멈춰서 허파에 물이 들어가지 못하도록 막는 '숨 정지 반사'도 있고, 손바닥을 건드리면 주먹을 쥐는 '쥐기 반사'도 있어요.

하품
하품은 저절로 숨을 깊이 호흡하는 반응이에요. 피곤하면 더 자주 일어나죠.

뻗침반사(신장반사)
우리 몸을 똑바로 유지하기 위해 반사 반응을 일으키는 경우가 있어요. 자기도 모르는 사이에 근육이 수축하죠. 다른 사람이 무릎뼈 바로 밑을 두드리면 이 반응이 나타납니다. 무릎 위의 넓다리 앞쪽에 있는 네갈래근이 수축하면서 발을 들어 올려요.

자극에 저절로 대응하는 자율신경계

자율신경계는 대뇌의 지배를 거의 받지 않고 생명 유지에 필요한 기능을 자율적으로 수행해요. 심장박동, 소화액 분비, 혈관 운동, 체온 조절 등 우리가 스스로 조절할 수 없는 기능을 담당해요. 몸 안팎에서 벌어지는 일에 어떻게 반응할지 몸 곳곳에 명령을 보내는데, 대부분 우리가 인식하지 못한 사이에 무의식적으로 일어납니다.

자율신경계의 다양한 활동

의식이 따르지 않는 '불수의적 활동'은 신체 기관의 활동과 관련됩니다. 기관들은 신경계의 한 부분인 자율신경계의 통제를 받아요. 자율신경계는 몸의 활동을 준비하거나, 과하게 활동하는 신체 부위를 진정시키는 일을 해요. 다음에 나오는 모든 활동은 자율신경계의 통제가 일어나는 예시입니다.

밥 먹을 준비

맛있는 음식을 보거나 그 냄새를 맡으면 입안에 침이 고이기 시작해요. 침샘이 음식을 맞이할 준비를 하는 거죠. 동시에 배 속에서 꼬르륵 소리가 날 수도 있어요. 이건 장의 근육들이 우리가 먹을 음식물을 소화시킬 준비를 하느라 수축하기 시작했다는 의미이기도 해요.

춥거나 더울 때

추위를 느끼면 자율신경계는 특정한 행동을 유발해서 몸을 따뜻하게 만듭니다. 몸털을 바짝 세우면 털 사이에 공기를 가둘 수 있어 열 손실을 줄여 줘요. 이것이 소름이 돋은 상태입니다. 또 근육이 빠르게 수축하고 이완하기 시작하면 몸이 떨리면서 열이 발생해 따뜻해져요. 반대로 더위를 느끼면 자율신경계는 땀샘을 자극해서 땀이 더 많이 나도록 해요. 그럼 땀이 증발하면서 몸에서 열이 발산됩니다.

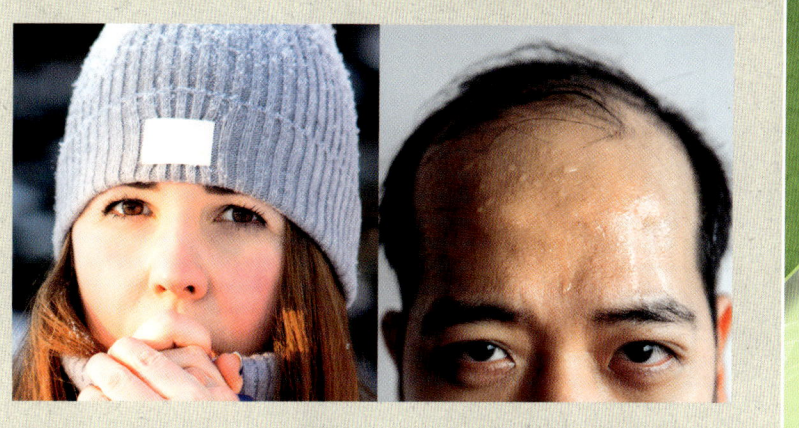

심장박동과 호흡 조절

우리의 움직임이 얼마나 활발하냐에 따라 자율신경계가 심장과 허파의 활동 속도를 조절해요. 만약 우리가 운동을 하는 중이라면 근육은 더 많은 산소와 영양소를 필요로 하게 돼요. 그러면 더 많은 산소와 영양소를 옮기기 위해 더 빠르고 깊게 호흡을 하게 되지요. 심장 역시 온몸에 더 많은 혈액을 공급하기 위해 더 빠르게 뛰면서 심장박동수가 증가합니다.

소변이 마려운 느낌

방광에서 나가는 출구는 고리 모양의 두 근육으로 닫혀 있어요. 두 근육 중 하나는 자율신경계가 조절하고, 다른 하나는 스스로 의식해서 조절해요. 방광을 조절하는 법을 익히려면 몇 년이 걸릴 수 있기 때문에 아직 어린 아기들에게는 기저귀가 필요합니다.

수면이 이뤄지는 과정

하루 동안 수고한 우리의 몸은 규칙적인 휴식과 재충전이 필요해요. 그건 우리가 잠이 들었을 때 가능해요. 하지만 잠든 순간에도 여전히 뇌는 활발히 일하며 수면 주기의 여러 단계를 거친답니다. 이 단계들은 각각의 특성을 가지며 신체와 정신 건강에 큰 영향을 미칩니다.

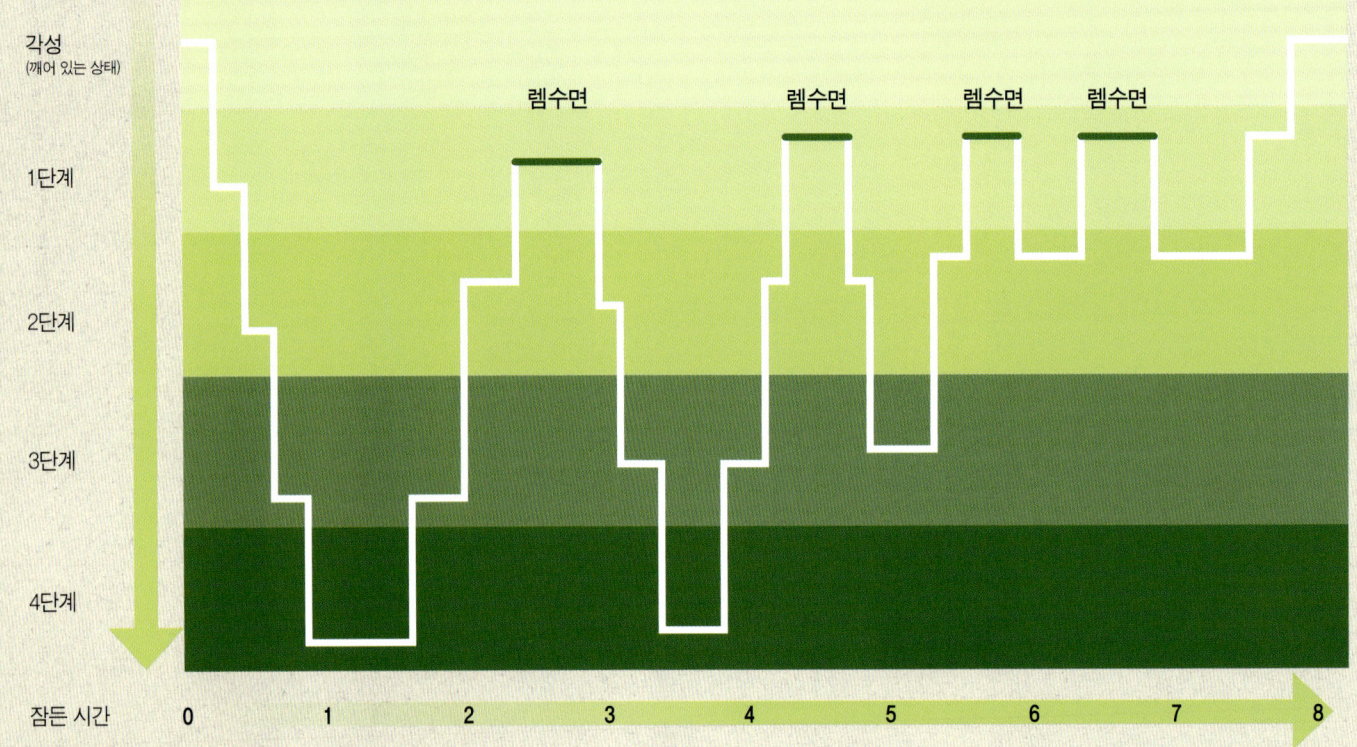

수면 주기

우리는 긴 수면에 빠져 있는 동안 여러 단계의 수면 주기를 거쳐요. 약 80~120분 길이의 수면 주기를 계속 반복합니다.

각성   - 주변을 인식할 수 있는 단계입니다.
1단계 - 얕은 잠에 든 몽롱한 상태로, 보통 약 5분 이내로 지속됩니다.
2단계 - 심장박동수와 호흡수가 줄어들고 체온이 떨어지며 안구가 가만히 있는 상태입니다
3단계 - 얕은 잠과 깊은 잠의 중간 단계로, 심장박동수와 호흡수가 줄어들고 체온과 혈압이 떨어집니다.
4단계 - 가장 깊은 잠을 자는 단계로, 심장박동수와 호흡수가 깨어 있을 때보다 20~30퍼센트 낮을 수 있어요. 보통 약 30분간 지속됩니다.
렘수면 - '렘(REM)'은 급속한 안구 운동을 뜻하는 용어로 눈꺼풀 아래 눈이 빠르게 움직이는 게 특징이에요. 이 단계에서 주로 꿈을 꿉니다.

수면 시간

우리에게 필요한 수면 시간은 나이가 들수록 줄어들어요. 갓 태어난 아기는 하루에 16시간 정도 잠을 잡니다. 성인의 권장 수면 시간은 7~9시간이에요. 일상생활을 잘 유지하려면 적정 시간의 수면을 취하는 것이 좋답니다.

수면이 부족하면 주의력과 기억력이 떨어져요. 피로가 쏟아지면서 낮에도 졸리기 쉬워요. 또한 스트레스 수치와 혈압이 올라갈 수 있어요. 수면이 부족한 상태가 오랫동안 계속되면 당뇨병, 비만, 심장마비, 심부전, 뇌졸중 등 장기적인 질환으로 이어질 수 있답니다.

꿈

우리가 왜 꿈을 꾸는지 확실한 이유는 밝혀지지 않았어요. 일반적으로 하룻밤 동안 3~4번의 꿈을 꾸고 꿈 하나당 약 10분 이상 지속됩니다. 꿈속에서 우리는 하늘을 나는 것과 같은 현실 불가능한 일이나 기이한 상황을 경험합니다.

기억은 어떻게 저장될까?

어제 했던 일이 기억나나요? 작년이나 재작년은 어떤가요? 우리의 뇌는 깨어 있는 매 순간 정보를 수집하느라 바쁘답니다. 그중 일부만 기억해서 뇌 속의 특수한 기억 센터에 보관하고 원하지 않는 부분은 지워 버립니다.

장기 기억

장기 기억은 오랫동안 뇌에 저장되는 기억으로 평생 지속될 수도 있어요. 인상적인 경험이나 반복적인 자극이 있을 때 만들어지며, 과거 경험이나 다양한 지식이 뇌의 여러 부분에 나눠서 간직됩니다. 예를 들어 흥미진진했던 사건에 관한 기억은 해마와 겉질의 일부에 저장되고, 악기 연주나 자전거 타기와 같은 기술에 관한 기억은 소뇌에, 사실에 관한 기억은 관자엽에 저장됩니다.

기억을 담당하는 뇌의 영역

기억을 형성하고 저장하는 일은 뇌의 한 부분에서 단독으로 담당하지 않아요. 여러 영역이 함께 작동하며 각기 다른 역할을 수행합니다.

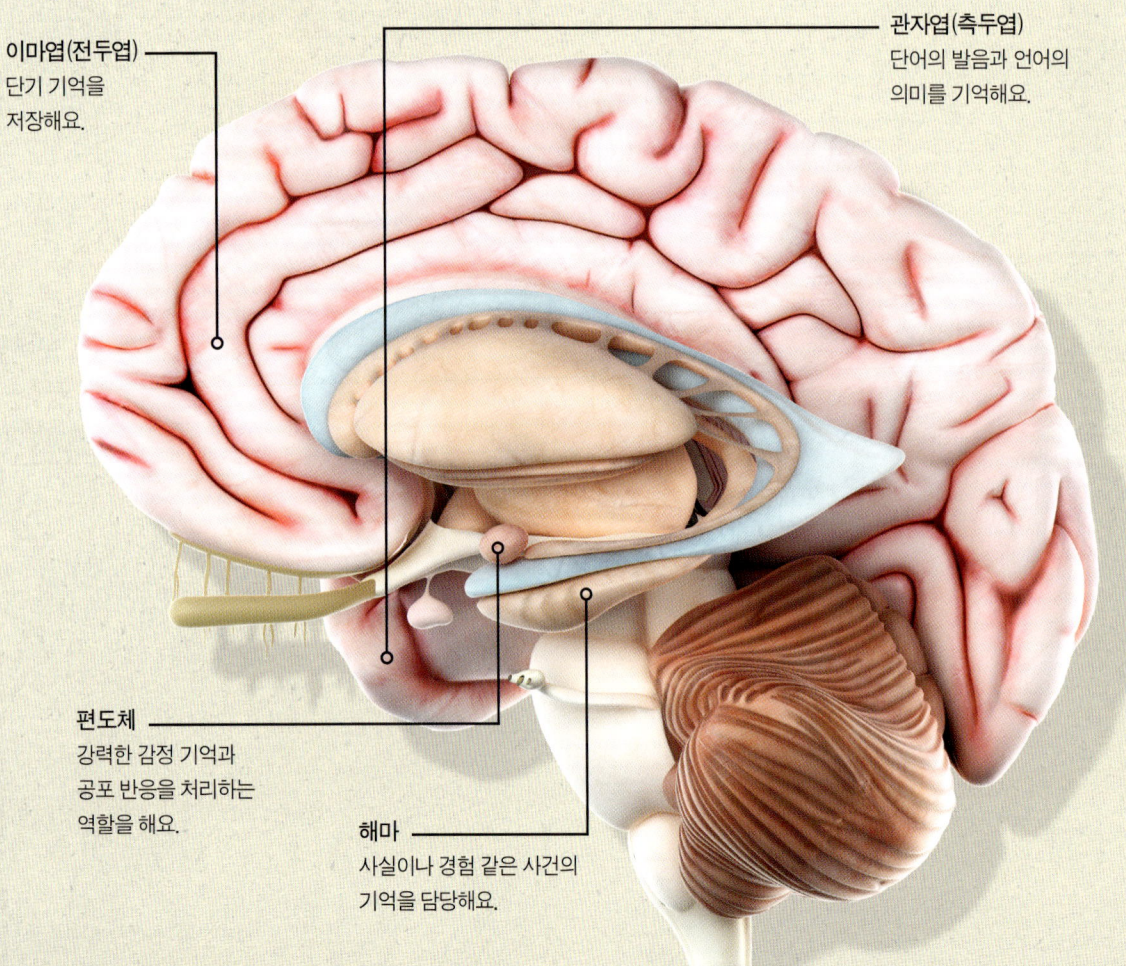

이마엽(전두엽)
단기 기억을 저장해요.

관자엽(측두엽)
단어의 발음과 언어의 의미를 기억해요.

편도체
강력한 감정 기억과 공포 반응을 처리하는 역할을 해요.

해마
사실이나 경험 같은 사건의 기억을 담당해요.

시냅스

우리가 무언가를 경험할 때면 신호는 특정한 패턴으로 뇌세포를 자극해요. 그런 뒤 해당 경험을 기억할 때면 그때와 똑같은 패턴으로 신호를 유발하죠. 이 패턴을 자주 자극하면 해당 경험을 기억하기가 더 쉬워진답니다.

단기 기억

최근에 일어난 사건으로 형성된 기억 중에는 영원히 저장할 만큼 그리 중요하지 않은 기억도 있어요. 그 기억들은 몇 초만 유지되다가 다시 떠올려지지 않으면 뇌가 삭제해요. 점심 메뉴나 읽고 있는 책 속의 세세한 부분 등이 단기 기억에 해당할 수 있어요.

다양한 지능과 성격

뇌는 몸을 제어하는 동시에 감정, 생각, 느낌, 기억을 관장하며 성격을 형성해요. 그렇게 우리 각자의 인격이 만들어져요.

왼손으로 글씨를 쓰는 왼손잡이는 우뇌를 더 많이 사용해요.

수학적 지능
수학 문제를 쉽게 풀고 퍼즐을 잘 맞추는 사람은 논리적 뇌가 발달했어요. 가전이나 컴퓨터 등의 사용법도 잘 파악해요.

언어적 지능
언어적 지능이 높은 사람은 말이나 글을 다루는 언어 능력이 뛰어나요. 책이나 신문 등 문자 자료에서 얻는 정보를 잘 이해해요.

신체적 지능
신체적 지능이 높은 사람은 운동 능력이 뛰어나고, 신체적 표현도 잘해요. 손재주가 필요한 활동에 능한 사람도 여기에 포함되죠.

지능
지능이란 단순히 사실이나 수치를 많이 기억한다는 의미만은 아니에요. 지능의 종류는 아주 다양합니다.

대인 관계적 지능
대인 관계적 지능이 높은 사람은 사회적 관계에서 어려움이 적고 상대방을 잘 공감하고 이해해요.

공간적 지능
사물이나 상황을 시각화하는 능력이 뛰어나요.

좌뇌와 우뇌

뇌의 바깥 부분은 좌우 두 쪽으로 나뉩니다. 좌뇌는 오른쪽 몸을 제어하고 우뇌는 왼쪽 몸을 제어해요. 보통 한쪽 뇌가 더 우세한 경향을 보이는데, 그건 우리가 좌우 중 어느 한쪽의 손과 발을 더 선호해서 사용한다는 뜻이기도 해요.
좌뇌와 우뇌는 보통 각기 다른 임무를 맡고 있어요.

좌뇌는 논리적이고 이성적이에요. 사실적, 현실적인 것을 선호하며, 수학적 사고 능력과 언어 습득 능력이 뛰어나요. 분석적으로 문제를 해결하며 계획적으로 행동한답니다. 반면 우뇌는 감성적이고 창조적이에요. 상상력이 풍부하고 직관적으로 문제를 해결하며, 새로운 것을 선호하고 예술적인 성향이 강합니다.

외향적 혹은 내성적

우리는 각자의 인격에 따라 매우 다양한 성격을 가지고 있습니다. 외향적인 사람은 자신감이 넘치고 다른 사람과 어울리는 걸 좋아하며 사교적이에요. 내성적인 사람은 이와 반대의 모습을 가지고 있어요. 매우 예민하고 쉽게 화내는 신경질적인 사람이 있다면, 차분하고 편안한 성격을 가진 사람도 있죠. 상냥하고 남들과 잘 어울리는 사람이 있다면, 논쟁을 자주 벌이는 사람도 있습니다. 성실한 성향을 가진 사람은 믿음직하고 부지런하며 늘 최선을 다합니다.

빛을 받는 시각 기관

시각은 눈을 통해 빛의 자극을 받아들이는 감각 작용으로 인간에게 가장 중요한 감각입니다. 눈을 통해 바깥 세계로부터 얻는 정보는 그 어떤 감각 기관과 비교해도 훨씬 많아요. 그런데 눈이 빛을 모으기는 하지만 물체의 상이 형성되고 해석되는 과정은 머리 뒤편에 있는 뇌의 한 부분에서 이루어진답니다.

안구의 안쪽은 투명한 물질인 '유리체액'으로 채워져 있어요.

시신경이 안구 밖으로 나가는 지점은 빛을 감지하는 세포가 없어서 '맹점'이라고 부릅니다.

빛에 반응해 사물을 볼 수 있는 시각세포예요. 막대 모양으로 빛의 명암을 감지하는 간상세포와 원뿔 모양으로 색 감지를 하는 원뿔세포가 있어요.

흰자위막은 안구의 바깥층을 형성하는 흰색 막입니다.

수정체는 두께를 조절하여 상의 초점을 맞추는 데 도움을 줍니다.

홍채는 이완하거나 수축하여 동공의 크기를 조절해요.

눈의 내부

빛은 각막을 통과해 열린 구멍인 동공을 통해 안구 안으로 들어가요. 동공은 커졌다 작아졌다 하면서 빛이 더 들어오거나 덜 들어오게 조절할 수 있어요. 빛은 수정체를 통과해 안구의 뒤쪽에 있는 망막에 도달해요. 망막에는 빛을 감지하는 수백만 개의 감각세포가 있어요. 빛이 감각세포에 도달하면 신경 신호가 시신경을 통해 뇌로 전달됩니다.

시각을 느끼는 과정

망막에 도달한 신호는 시신경을 따라 뇌 뒷부분인 뒤통수엽에 위치한 시각 겉질 영역으로 전달됩니다. 이곳에서 정보를 해석하고 상을 형성합니다.

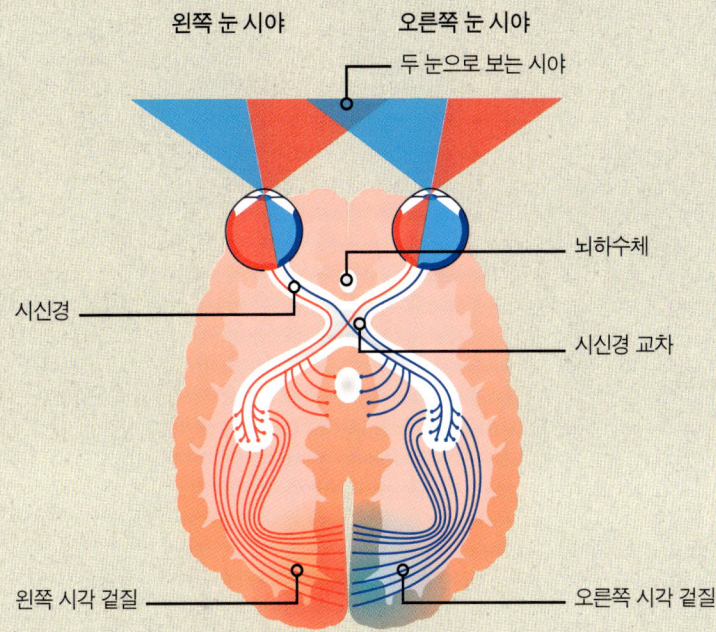

왼쪽 눈 시야 | 오른쪽 눈 시야
두 눈으로 보는 시야
뇌하수체
시신경
시신경 교차
왼쪽 시각 겉질 | 오른쪽 시각 겉질

안구 앞쪽에 있는 투명한 덮개인 각막은 초점을 맞추는 역할을 도맡아요.

3차원으로 보는 방법

왼쪽 안구와 오른쪽 안구는 약간 떨어져 있어서 각자 만드는 상이 조금 달라요. 뇌는 이러한 두 가지 상을 합쳐서 3차원 외부 세계의 상을 만들어 냅니다.

두 눈으로 보는 상 | 왼쪽 눈으로 보는 상 | 오른쪽 눈으로 보는 상

눈 건강 지키기

시금치, 케일 등 짙은 녹색 잎채소와 연어, 고등어 등 지방이 풍부하게 들어 있는 생선을 먹으면 눈 건강에 도움이 됩니다. 또한, 정기적으로 시력을 정기적으로 검진해서 문제가 생기기 전에 예방하는 것도 중요해요.

알쏭달쏭 착시 현상

우리에게 가장 중요한 감각으로 꼽히는 시각은 속임수에 잘 넘어가는 감각이기도 해요. 위치를 헷갈리기도 하고 아예 존재하지 않는 것을 마치 본 듯 착각하기도 한답니다. 시각에 관해서 생기는 이런 착각을 '착시'라고 해요.

모호한 이미지

하나의 이미지인데 마치 서로 다른 두 이미지처럼 보이는 경우가 있어요. 예를 들어, 아래의 이미지는 서로를 바라보는 두 얼굴처럼 보이나요? 아니면 검은색 꽃병처럼 보이나요?

불가능한 이미지

이 3차원적 이미지들을 유심히 살펴보면 실제로는 존재할 수 없는 입체라는 걸 알 수 있어요. 부분적으로 보면 말이 되지만 하나의 물체로 합쳐 보면 불가능한 이미지입니다.

색채 감각

망막에 분포한 원뿔세포로 빛의 여러 가지 색을 감지할 수 있어요. 원뿔세포에는 빨강, 초록, 파랑을 감지하는 세 종류의 세포가 있습니다. 뇌에서 각각의 색을 조합하여 무지개 색을 만들어 내죠. 그런데 빨강과 초록 등 특정 색들 간의 차이를 구분하지 못하는 색맹인 사람들도 있어요. 또 네 종류의 원뿔세포로 훨씬 다양한 색을 감지할 수 있는 사색형 색각을 지닌 사람들도 있답니다.

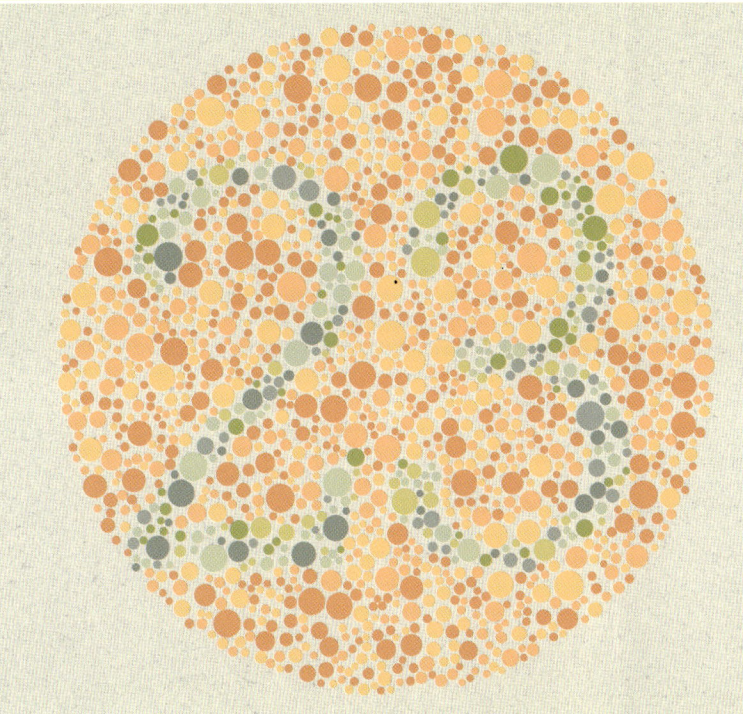

색맹이 아니라면 왼쪽의 점 그림에서 숫자 23을 알아볼 수 있어야 해요.

움직이는 이미지

정지된 이미지인데도 마치 움직이는 것처럼 느끼는 경우가 있어요. 빛에 민감한 세포들이 아주 빠르게 전환되는 패턴을 활용해서 실제로 움직이는 이미지라고 뇌가 착각하게 만들죠. 영화와 TV 속 이미지는 프레임이라고 부르는 정지된 그림을 빠르게 연속적으로 배열해서 움직이는 듯한 착각을 일으켜요. 영화나 스트리밍 동영상 콘텐츠는 초당 24프레임의 속도로 노출되며, 고화질이거나 슬로모션을 활용한 영화는 초당 48프레임 혹은 최대 300프레임의 속도를 사용합니다.

말에 올라탄 기수의 정지된 이미지들을 아래에 연속적으로 배열했어요. 이 이미지들을 아주 빠르게 재생하면 마치 말 위에 올라탄 기수가 달리며 점프하는 것처럼 보일 거예요.

늘 열려 있는 청각 기관

청각은 소리를 느끼는 감각이에요. 머리 양옆에 달린 '바깥귀(외이)'는 귀의 바깥쪽 부분으로 청각에 관여하는 신체 기관입니다. 고막과 가운데귀를 보호하며 소리를 받아 고막에 전달해요. 몸 밖에 있는 바깥귀는 소리에 민감하게 반응하는 기관이 있는 머리뼈 안쪽으로 이어집니다.

귀의 내부

음파는 바깥귀의 귓바퀴로 모아져 귓속으로 전달됩니다. 바깥귀길을 통해 귓속으로 들어온 음파는 고막에 닿아 진동합니다. 이때 작은 귓속뼈 세 개인 망치뼈, 모루뼈, 등자뼈가 진동하면서 달팽이관 입구의 얇은 막까지 닿아요. 그럼 돌돌 말린 모양의 달팽이관 안의 액체에도 진동이 전달되고, 그 안의 미세한 털들이 흔들리면서 신경 신호가 발생해 뇌로 전달됩니다.

소리의 높낮이

소리의 높고 낮음은 소리의 진동수(초당 음파가 진동하는 횟수)에 따라 달라집니다. 진동수가 많을수록 높은 소리고, 진동수가 적을수록 낮은 소리지요. 진동수의 단위는 '헤르츠'이며 기호는 Hz로 표기해요. 사람은 보통 약 20~2만 헤르츠 사이의 소리를 감지할 수 있어요.

다양한 소리의 크기

소리의 크기는 '데시벨'이라는 단위로 측정해요. 데시벨은 어떤 양의 상대적인 크기를 나타내는 단위로 기호는 dB로 표기해요. 데시벨이 높을수록 소리가 큽니다. 0데시벨은 우리가 들을 수 있는 가장 작은 소리이고, 20데시벨은 나뭇잎이 바스락거리는 소리죠. 130데시벨은 귀가 고통스러워지기 시작하는 소리이고, 25미터 상공의 비행기가 지나가는 소리는 폭발음과 비슷한 크기인 140데시벨에 달합니다.

140 dB	130 dB	120 dB	110 dB	100 dB	90 dB	80 dB	70 dB	60 dB	50 dB	40 dB	30 dB	20 dB	10 dB	0 dB
폭발음	제트엔진 소음	경찰차 사이렌	관현악 연주	헬리콥터 소음	드라이어 소음	트럭 소음	도로변 소음	대화 소리	빗소리	기계 작동음	속삭임 소리	나뭇잎 소리	호흡 소리	

청각의 중심부

달팽이관에서 도달한 신호는 청신경을 따라 뇌의 관자엽에 있는 청각 겉질로 전달됩니다. 이곳에서 신호는 소리로 해석되죠. 청각 겉질은 소리가 어느 방향에서 오는지 감지할 수 있어요. 소리의 방향에 따라 두 귀에 각각 도달하는 음파의 속도가 약 500분의 1초 차이가 나고, 소리의 크기도 약간 다르기 때문입니다.

세반고리관
달팽이관
가운데귀와 코 인두를 연결하는 유스타키오관은 목구멍까지 이어져요.

청력 보호하기

귀는 우리의 생각보다 굉장히 민감해 소음에 손상되기 쉬워요. 시끄러운 공간에 오랫동안 머물 때는 귀마개를 끼고, 헤드폰으로 음악을 들을 때 소리를 지나치게 키우지 않도록 해야 합니다. 소음에 노출되는 상황을 최대한 피하는 게 좋아요. 청력이 손상된 사람은 보청기를 착용하거나 인공 달팽이관을 이식하는 방법으로 도움을 받을 수 있어요.

맛의 감별사, 미각 기관

미각은 맛을 느끼는 감각이에요. 음식 속의 화학물질이 침에 녹아 우리의 혀를 자극하며, 수천 가지 다양한 맛의 세계를 알려 줘요. 혀의 표면, 입천장, 목구멍과 후두덮개의 일부는 미각 수용기인 맛봉오리로 덮여 있어요.

혀를 확대해서 보면 표면에 작은 돌기가 솟아 있어요. '혀유두' 또는 '설유두'라고 해요. 이 돌기 때문에 혀의 질감이 꺼끌꺼끌하게 느껴져요.

맛봉오리(미뢰)

우리가 맛을 느낄 수 있는 건 혀 속의 아주 작은 기관인 '미뢰' 덕분이에요. 미각세포 여러 개가 모여 미뢰를 이루는데, 그 모양이 꽃봉오리처럼 생겨서 '맛봉오리'라고도 해요. 음식 속의 맛 입자는 입안에서 녹아 맛봉오리에 내려앉아요. 그러면 자극을 받은 미각세포가 그 신호를 뇌로 보내서 어떤 맛인지 감지할 수 있답니다.

- 맛구멍
- 수용세포
- 미각털
- 신경섬유
- 뾰족한 돌기인 실유두입니다.
- 크고 둥근 돌기인 성곽유두입니다.
- 맛봉오리(미뢰)
- 신경섬유
- 근육층

혀의 맛봉오리, 근육, 신경이 담긴 단면도

다섯 가지 맛

맛봉오리는 기본적으로 다섯 가지 맛을 감지할 수 있어요. 이 맛들이 섞여서 다양한 음식의 맛을 내죠. 기본 맛은 단맛, 신맛, 짠맛, 쓴맛의 네 종류로 알려졌어요. 이후에 감칠맛도 맛 중 하나인 것으로 밝혀져 추가되었답니다. 감칠맛은 음식물이 입에 당기는 맛으로 해산물, 고기, 발효 식품 등에서 느낄 수 있답니다.

단맛
사탕, 과일, 꿀 등 당이 많이 든 음식에서 느끼는 맛이에요.

신맛
식초나 레몬 등이 만들어내는 시큼한 맛이에요.

짠맛
간장, 베이컨 등 소금이 많이 든 음식에서 느끼는 맛이에요.

쓴맛
커피, 초콜릿 등이 만들어내는 씁쓸한 맛이에요.

감칠맛
고기, 치즈, 버섯 등이 만들어내는 맛으로 풍미가 느껴져요.

미각 수용기

보통 약 1만 개의 맛봉오리가 혀와 입 주위에 존재해요. 그런데 후각과 미각은 밀접한 관계가 있어요. 후각도 미각에 영향을 미치기 때문이죠. 혀는 맛을 확인하고 코의 신경들은 냄새를 확인해요. 두 감각들 모두 뇌로 소통하며, 뇌는 정보를 통합하여 맛을 인식하죠. 그래서 우리는 코감기에 걸리면 맛을 느끼지 못할 때가 있답니다.

몸을 보호하는 미각

미각은 음식을 즐길 수 있도록 도와줄 뿐만 아니라 해로운 것으로부터 우리 몸을 보호하는 역할도 합니다. 위험한 물질에는 역하게 쓴맛이나 톡 쏘는 맛이 있어서 미각에 불쾌한 느낌을 주는 경우가 많아요. 그런 맛은 입안에 통증을 주거나 몸에 해롭기 때문에 뱉어내기도 한답니다.

냄새를 전하는 후각 기관

후각은 냄새를 맡는 감각이에요. 냄새를 내는 기체 분자가 콧속 윗부분에 있는 후각 상피세포를 자극하여 뇌에 신호를 전달해요. 덕분에 세상의 다양한 냄새를 감지할 수 있어요. 꽃들이 풍기는 기분 좋은 향기, 맛있는 음식 냄새, 해로울지도 모를 지독한 악취 등 온갖 냄새를 맡을 수 있답니다.

후각 신호가 뇌로 전달됩니다.

후각의 중심부

신경 신호는 후각 망울에서 뇌의 1차 후각 겉질로 전달되어요. 후각 겉질은 뇌의 중심고랑과 그 옆에 있는 관자엽의 일부에 해당합니다. 이곳에서 신호가 해석되고 비로소 냄새 맡기가 이루어지는 셈이죠.

코의 내부

코를 킁킁거리며 숨을 들이마시면 머리뼈 안쪽에 있는 코안의 지붕으로 공기가 들어와요. 이곳에 도착한 냄새 분자는 코안의 지붕을 덮은 끈적한 점액에 녹아들어요.

세상의 온갖 냄새

코에 있는 수많은 수용세포는 저마다 특정 냄새에 반응해요. 성인은 최대 1만 가지의 냄새를 감지하고 구별할 수 있어요. 그런데 인간의 코에 약 2500만 개의 수용세포가 있다면 사냥개의 코에는 약 2억 2000만 개가 있답니다.

후각 망울

후각 수용기

코안의 지붕은 수용세포로 덮여 있고, 이 세포의 끝에는 미세한 털처럼 생긴 섬모가 달려 있어요. 이 섬모가 점액에 녹아든 냄새 분자를 끌어모으면 수용세포가 신경 신호를 보내요. 신호는 코안의 지붕을 타고 후각 망울까지 이동합니다.

코안

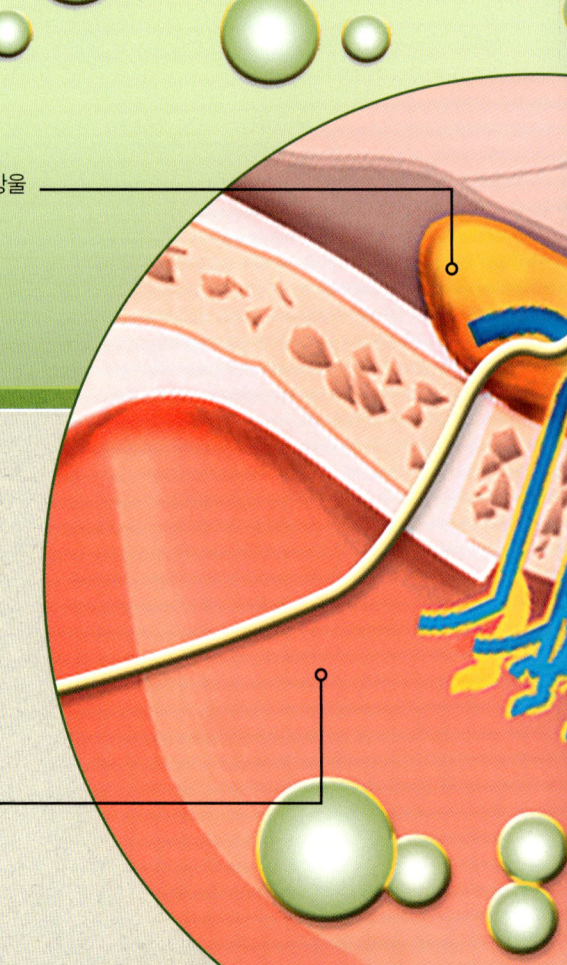

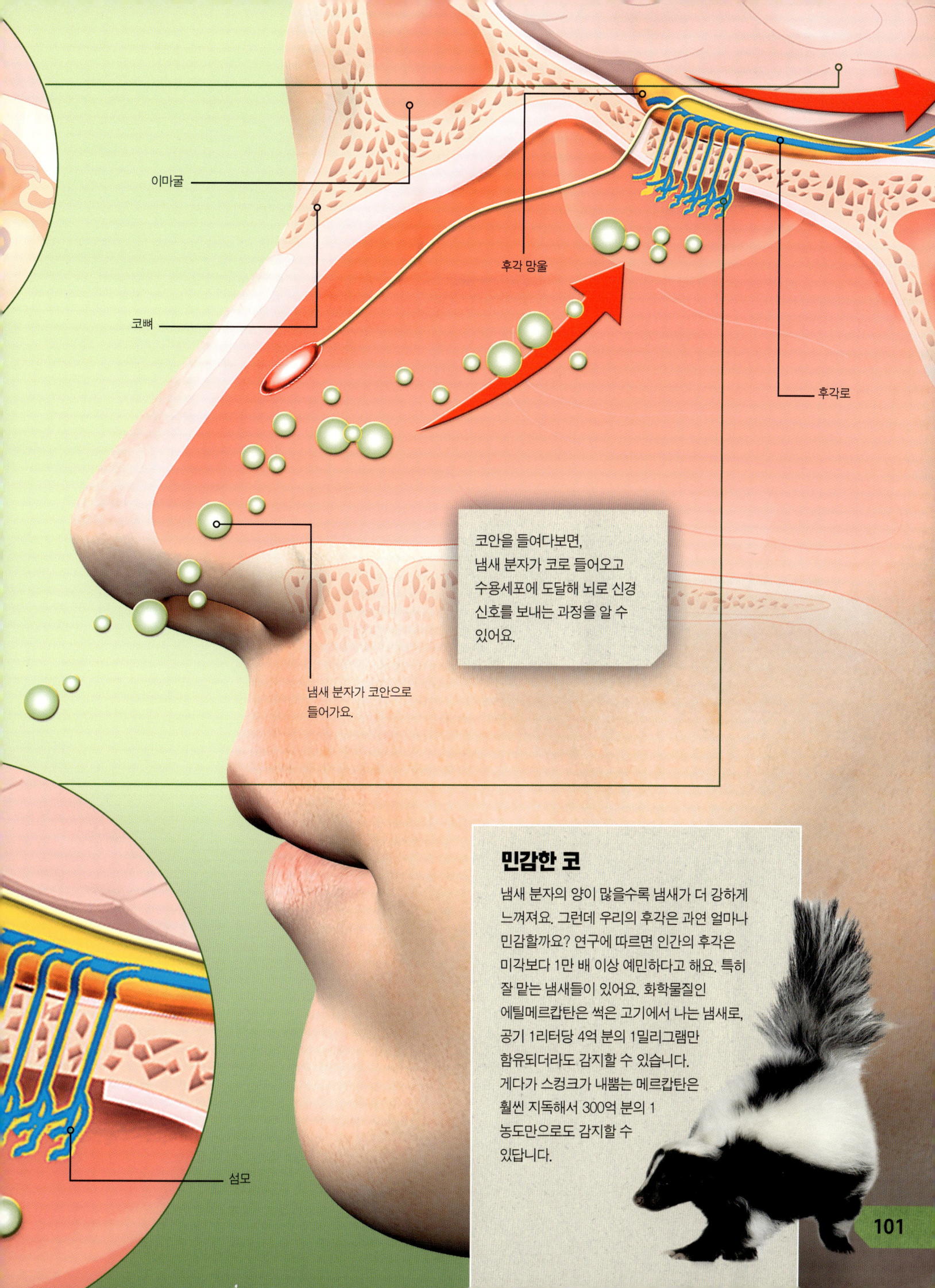

이마굴

코뼈

후각 망울

후각로

코안을 들여다보면, 냄새 분자가 코로 들어오고 수용세포에 도달해 뇌로 신경 신호를 보내는 과정을 알 수 있어요.

냄새 분자가 코안으로 들어가요.

섬모

민감한 코

냄새 분자의 양이 많을수록 냄새가 더 강하게 느껴져요. 그런데 우리의 후각은 과연 얼마나 민감할까요? 연구에 따르면 인간의 후각은 미각보다 1만 배 이상 예민하다고 해요. 특히 잘 맡는 냄새들이 있어요. 화학물질인 에틸메르캅탄은 썩은 고기에서 나는 냄새로, 공기 1리터당 4억 분의 1밀리그램만 함유되더라도 감지할 수 있습니다. 게다가 스컹크가 내뿜는 메르캅탄은 훨씬 지독해서 300억 분의 1 농도만으로도 감지할 수 있답니다.

섬세한 촉각 기관

촉각은 피부에 닿아서 느껴지는 감각이에요. 우리의 피부는 수백만 개의 감각 수용기로 가득 차 있어요. 간질간질한 깃털의 가벼운 촉감, 누군가에게 무겁게 눌리는 압박감, 날카롭고 위험한 물건에 찔리는 통증 등 다양한 감각에 반응합니다.

민감한 촉각

인간의 촉각은 굉장히 민감해요. 두 표면의 높이가 겨우 분자 한 층만큼 달라도 감지할 수 있답니다.

피부 감각 수용기

피부 수용기는 피부의 표피 아래 진피층에 위치해요. 온도, 접촉, 압력, 통증의 다양한 촉각 자극을 받아들이고 인지해요. 이렇게 다양한 감각 정보를 중추신경계로 전달하는 역할을 한답니다.

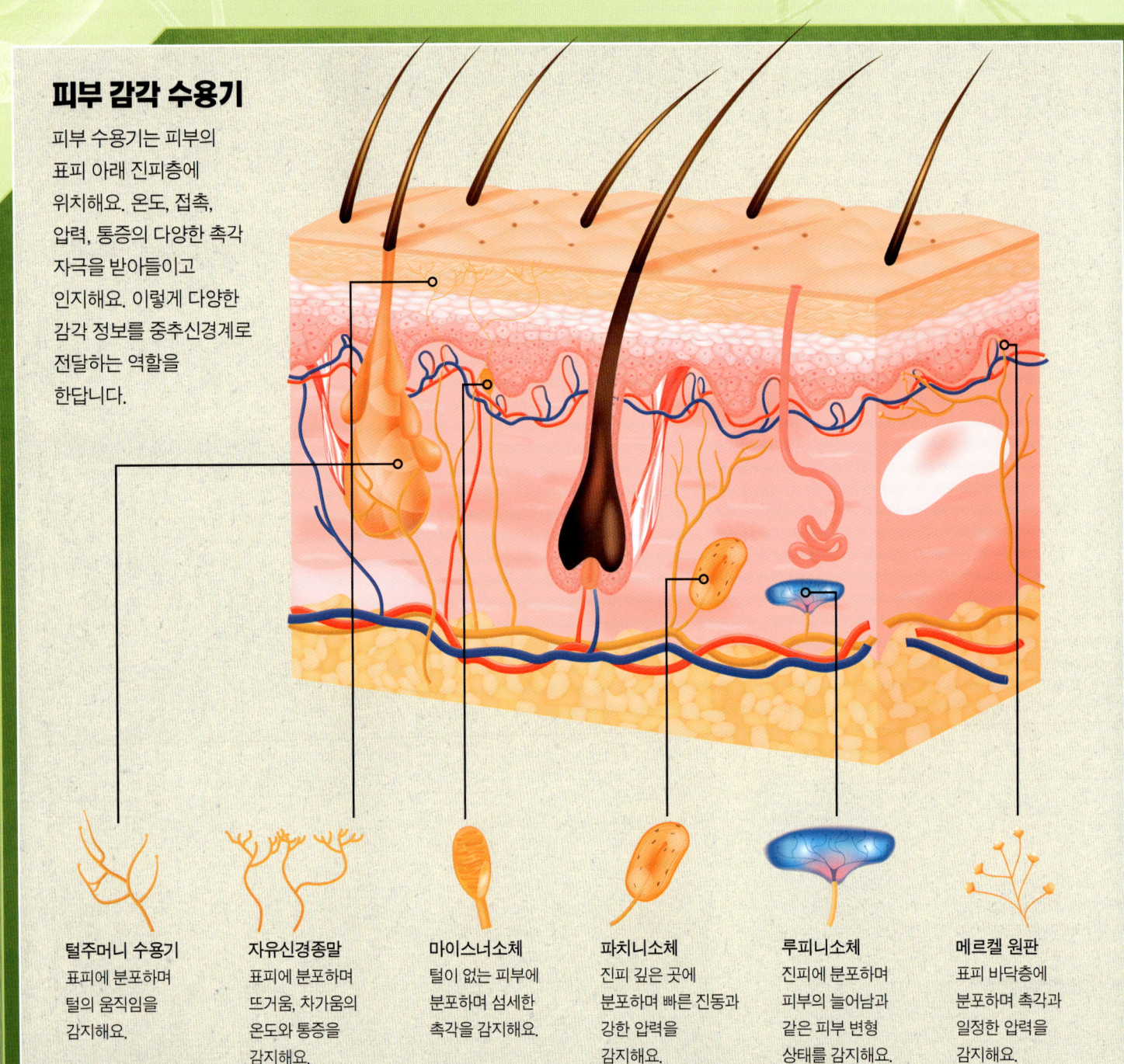

털주머니 수용기
표피에 분포하며 털의 움직임을 감지해요.

자유신경종말
표피에 분포하며 뜨거움, 차가움의 온도와 통증을 감지해요.

마이스너소체
털이 없는 피부에 분포하며 섬세한 촉각을 감지해요.

파치니소체
진피 깊은 곳에 분포하며 빠른 진동과 강한 압력을 감지해요.

루피니소체
진피에 분포하며 피부의 늘어남과 같은 피부 변형 상태를 감지해요.

메르켈 원판
표피 바닥층에 분포하며 촉각과 일정한 압력을 감지해요.

통증

통증은 신체가 다쳐서 느끼는 '육체적 고통'과 감정의 괴로움을 느끼는 '정신적 고통'으로 나눌 수 있어요. 통증은 우리를 괴롭게 만들죠. 하지만 몸이 스스로를 보호하는 유용한 방법이에요. 뜨겁거나 날카로운 것이 닿으면 반사 반응이 일어나 심한 상처를 입기 전에 통증의 원인으로부터 해당 부위를 떼어 냅니다. 이미 상처를 입은 부위는 한동안 따갑고 아플 거예요. 만지게 되면 통증이 심해지고 덧나기 때문에 상처가 아물 때까지 최대한 자극하지 않는 게 좋아요.

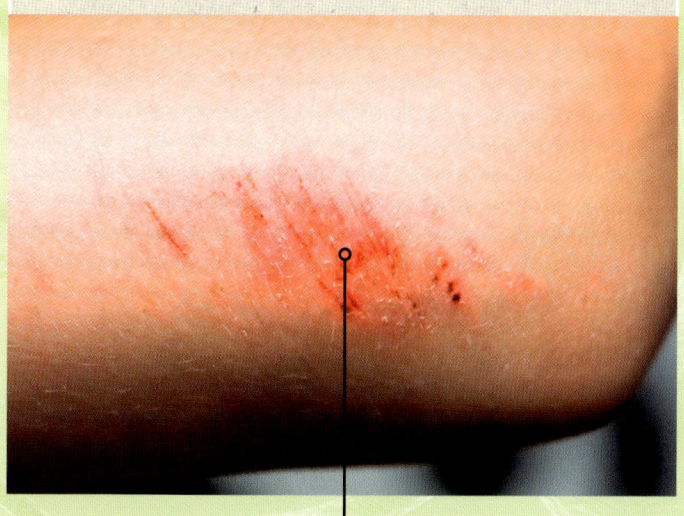

긁힌 상처를 자극하면 따갑고 덧나기 때문에 아무는 시간이 더 길어져요. 올바른 상처 관리와 예방이 필요해요.

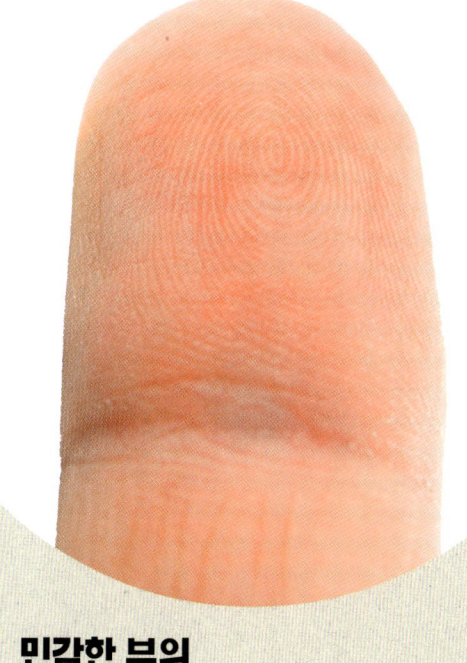

민감한 부위

촉각 수용기가 상대적으로 많이 몰려 있어서 민감도가 높은 신체 부위들이 있어요. 섬세한 곳이라서 각별히 보호해야 하는 부위, 주변 세계를 만져서 감지해야 하는 부위 등이 그러하죠. 예를 들어 손가락 끝의 피부에는 등 피부에 비해 훨씬 많은 촉각 수용기가 몰려 있어요. 입술 역시 예민하게 느끼는 촉각 수용기로 외부 자극에 대해 더욱 민감하게 반응해요.

감각 겉질

촉각 신호는 기다란 띠처럼 생긴 뇌 부위인 감각 겉질로 전달됩니다. 감각 겉질은 신체 부위별로 담당하는 영역이 나뉘고 더 민감한 영역은 덜 민감한 영역보다 면적이 넓습니다.

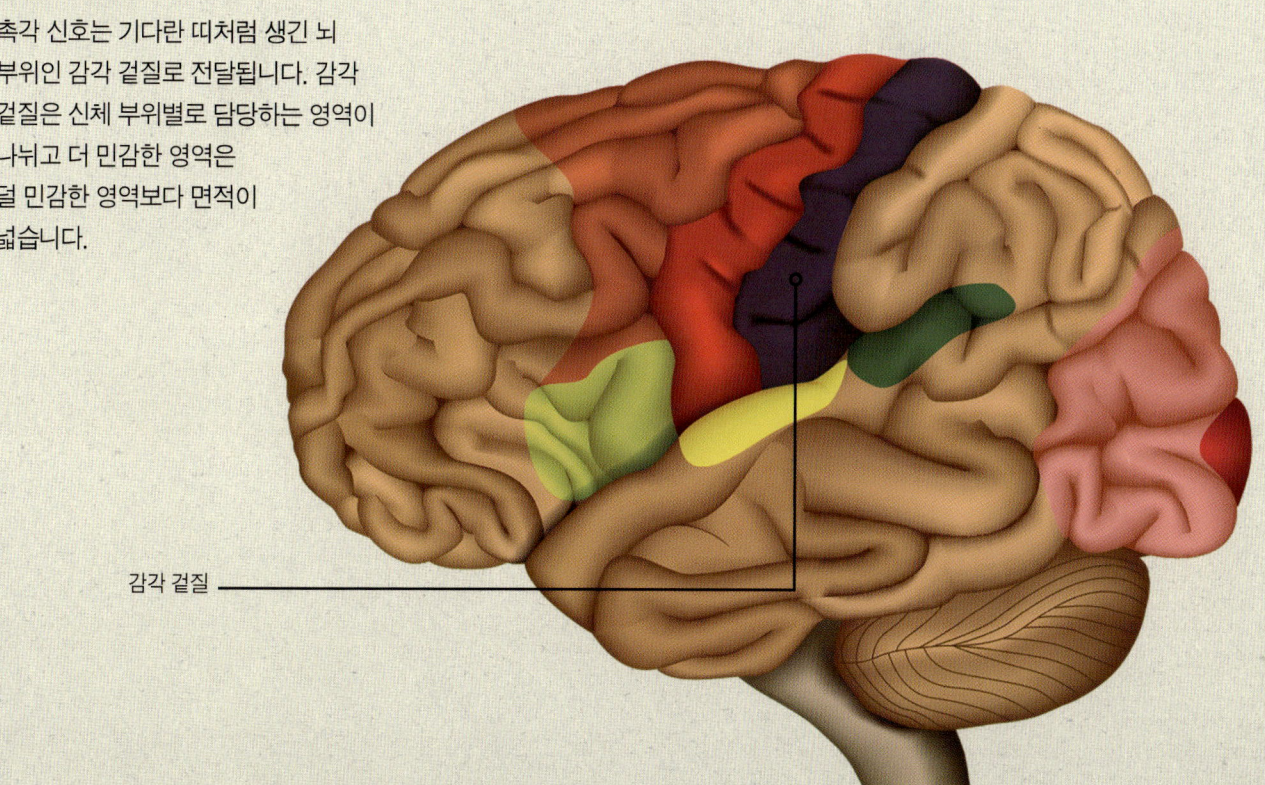

감각 겉질

균형을 느끼는 감각

한 다리로 서 있는 동작을 시도해본 적 있나요? 까다롭지만 불가능하진 않아요. 머릿속에는 특수한 균형 감각 기관이 있어서 우리가 기우뚱거릴 때면 근육을 조정해 똑바로 설 수 있도록 도와줍니다.

인간의 다양한 감각

우리에게는 시각, 청각, 후각, 미각, 촉각의 오감이 있어요. 과학자들은 이 외에도 수많은 감각이 존재한다고 설명해요. 다양한 감각은 놀라울 정도로 민감해서 우리 몸에서 무슨 일이 일어나고 있는지 알려 주는 중요한 역할을 한답니다.

귀의 내부

양쪽 귀의 달팽이관 옆에는 세반고리관이 있습니다. 세반고리관은 세 개의 반원형 관으로 이루어져 있고, 그 안은 림프액으로 채워져 있습니다. 각각의 관은 서로 직각을 이루며 연결되어 있답니다. 세반고리관은 3차원 공간의 모든 회전 운동 방향과 가속을 느낄 수 있습니다. 머리를 기울이면 관 속의 림프가 움직이고, 민감한 세포는 이 움직임을 감지하죠. 그럼 세포는 뇌에 신호를 보내 어느 쪽이 위쪽이며, 이에 따라 몸은 어떻게 움직이고 있는지 알려 줍니다.

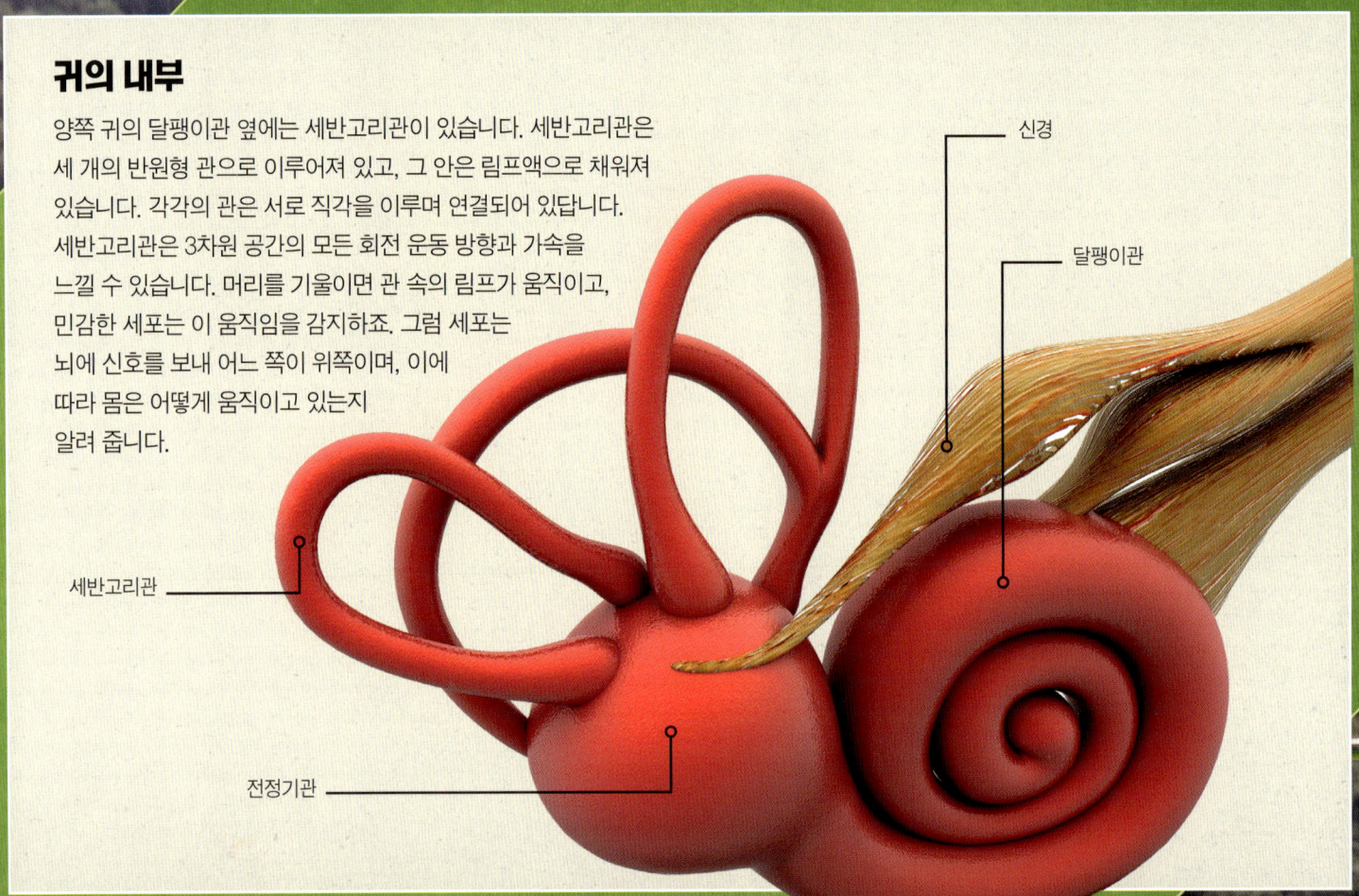

신경
달팽이관
세반고리관
전정기관

고유 수용성 감각

평형감각은 몸 곳곳에 있는 또 다른 수용기로부터 많은 도움을 받아요. 이를 '고유 수용체'라고 해요. 고유 수용체는 근육, 힘줄, 관절에 있어요. 눈으로 보지 않더라도 신체 부위의 위치를 파악하고 뇌에 신호로 전달합니다.

멀미

속귀가 뇌에 보낸 움직임 신호와 눈으로 보이는 것이 일치하지 않으면 멀미를 느낄 수 있어요. 예를 들어 계속 흔들리는 배 안에 머물고 있으면 밖에서 무슨 일이 벌어지는지 제대로 볼 수 없으니 멀미가 나기 쉽죠. 이때 수평선을 바라보면 눈이 보내는 신호와 속귀가 보내는 신호가 일치해서 멀미를 막을 수 있답니다.

회전의 어지러움

아주 빠른 속도로 회전하면 속귀의 림프가 출렁거려요. 회전을 멈춘 뒤에도 진정되기까지 시간이 걸리죠. 그 결과로 뇌가 혼란스러운 신호를 많이 받아 어지러움을 느끼게 됩니다. 빠르게 회전하는 동작이 많은 댄서나 아이스 스케이팅 선수는 속귀의 림프가 출렁거리는 양을 줄여야 해요. 이를 위해 고개가 최대한 오랫동안 한 방향을 향하도록 유지하는 방법을 배웁니다.

내분비계의 역할

내분비계는 '호르몬'이라는 특수한 화학물질을 생산하는 세포와 기관 등으로 이루어진 계통이에요. 호르몬은 혈액을 타고 온몸으로 전달되며 우리 몸의 곳곳을 제어해요. 호르몬은 신경 신호보다 작용 시간이 오래 걸리긴 해도 우리 몸에 커다란 영향을 미칩니다.

솔방울샘
생체 리듬을 유지하며 수면에 영향을 미쳐요.

부갑상샘
갑상샘의 뒤쪽에 위치하며 몸속에 있는 칼슘과 인산염의 농도를 조절해요.

갑상샘
목 앞 중앙에 위치해요. 섭취한 영양물질을 분해해 에너지를 만들고, 필요하지 않은 물질을 몸 밖으로 내보내는 신진대사 조절에 관여해요.

샘과 호르몬
호르몬을 생산하는 기관과 샘을 통틀어 '내분비계'라고 해요. 다양한 신체 기능과 과정을 조절하는 데 중요한 호르몬을 생산해요. 뇌를 비롯해 가슴, 배 등의 몸통에 주로 위치합니다.

부신
몸의 대사와 혈압, 몸속에 있는 포타슘과 소듐의 농도에 관여해요.

이자
혈액 속 당의 농도를 조절해요.

생식샘
남성의 생식기관인 '고환'과 여성의 생식기관인 '난소'를 뜻해요. 고환은 정자와 성호르몬을 분비하고, 난소는 난자와 성호르몬을 분비해요.

시상하부
뇌하수체에서 나오는 몇몇 호르몬의 분비를 조절해요.

뇌하수체
뇌의 가운데 위치하며 성장에 관여하는 호르몬이에요. 다른 내분비기관의 호르몬 분비를 조절하는 호르몬을 생산해요.

가슴샘
특정한 유형의 면역 세포를 처리하는 데 도움을 줍니다.

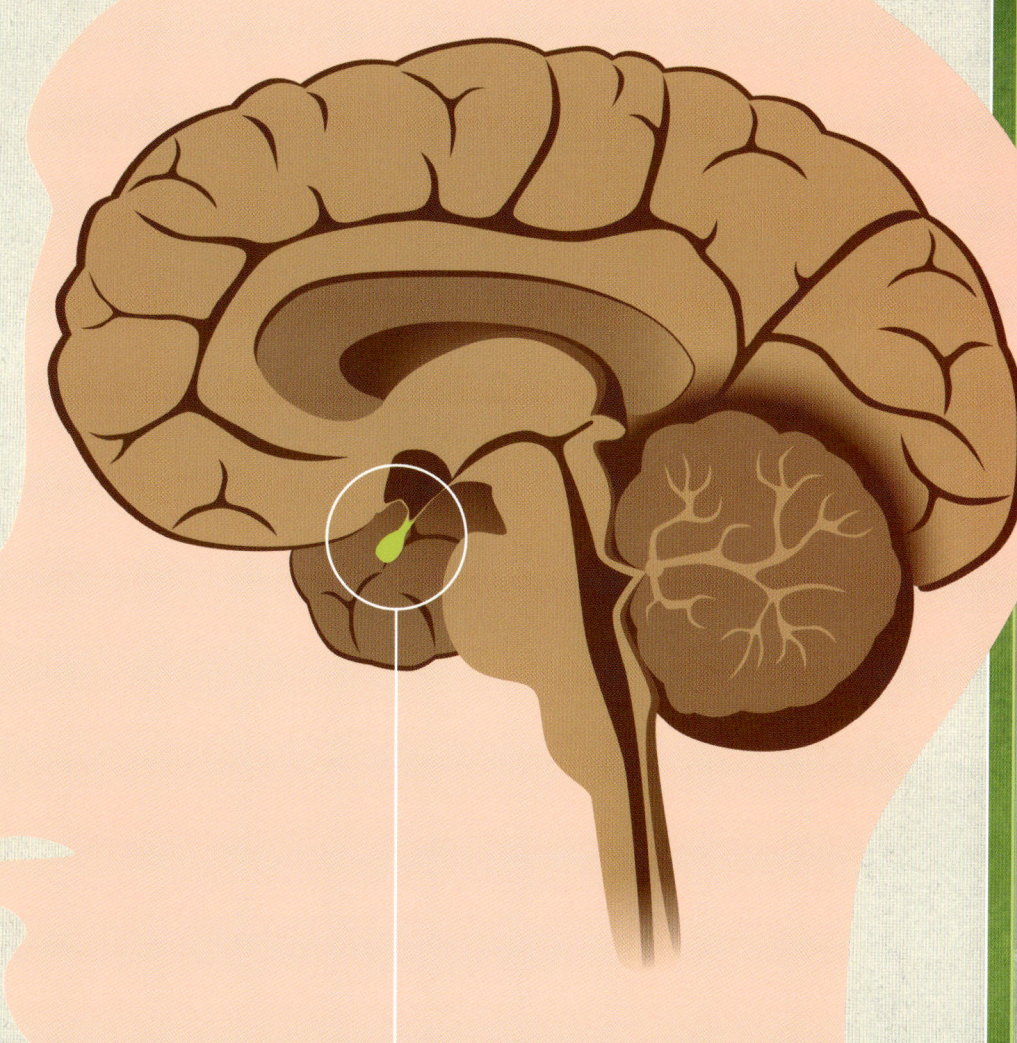

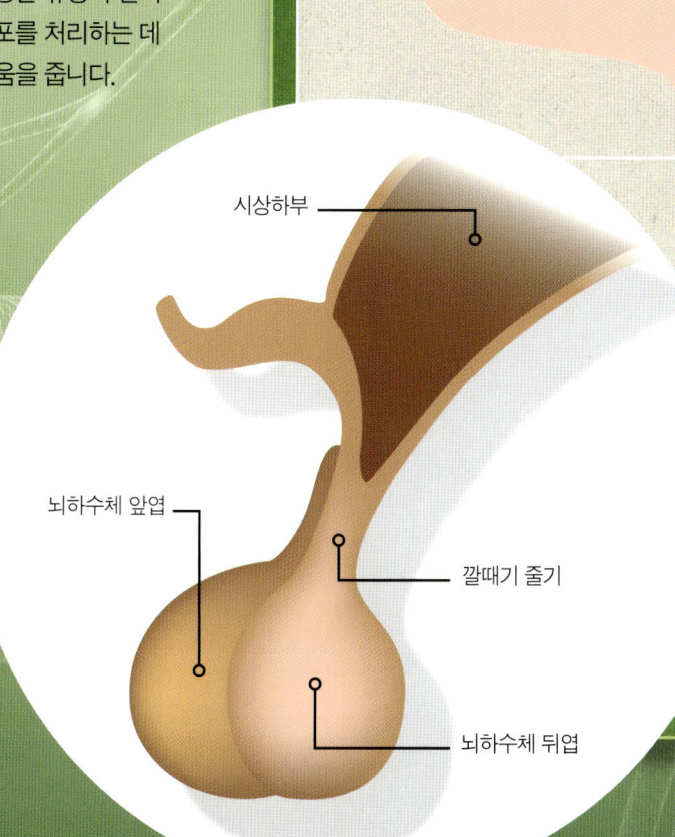

시상하부
뇌하수체 앞엽
깔때기 줄기
뇌하수체 뒤엽

뇌하수체
뇌 안쪽에 자리한 뇌하수체는 내분비계에서 주요한 역할을 하기 때문에 '주분비선'이라고도 해요. 뇌하수체가 생산하는 호르몬은 몸 곳곳에 있는 다른 내분비기관의 작용을 조절하고 성장, 혈압, 체내 화학반응, 스트레스 지수, 체수분 지수, 모유 생산, 여성호르몬 등에 관여합니다.

호르몬의 반응 속도

호르몬이 반응하는 속도는 대체로 느리지만 모든 호르몬이 그렇진 않아요. 예를 들어 우리는 별안간 위험할 수 있는 두려운 상황에 맞닥뜨리면 몸이 빠르게 대응합니다. 눈앞의 위험에 맞서는 반응이나 혹은 도망갈 준비를 하는 호르몬이 생산된답니다.

왼쪽 부신
오른쪽 부신
왼쪽 콩팥
오른쪽 콩팥

아드레날린

아드레날린은 콩팥의 위쪽 부신 속질에서 분비되는 매우 극적인 호르몬이에요. 긴급한 상황이나 스트레스를 받는 상황에서 신체의 반응을 유발해요. 심장박동 증가, 동공 확장, 혈당 증가 등의 작용을 해요. 그래서 아드레날린은 강심제, 지혈제, 천식 진정제 등으로 쓰인답니다. 아드레날린의 영향으로 순간적으로 폭발하는 히스테리적 힘을 발휘해서 자동차를 들어 올린 사람들이 있었을 정도입니다.

부신

부신은 등 좌우에 있는 콩팥 위쪽에 위치해요. 부신이 자극을 받으면 '아드레날린'과 '노르아드레날린'이라는 두 가지 호르몬이 분비되면서 우리 몸이 대응할 준비를 합니다.

방광

대응할 준비

아드레날린(에피네프린)과 노르아드레날린(노르에피네프린)이 혈액으로 들어오면 매우 빠르게 많은 효과를 일으켜요.

혈관의 어느 부분은 수축해 좁아지고 어느 부분은 확장하며 넓어져요. 그렇게 혈류의 방향이 조정되면서, 혈관 속 산소와 영양소가 가장 필요한 곳으로 전달됩니다.

에너지를 소모하는 과정인 소화가 일시적으로 중단됩니다.

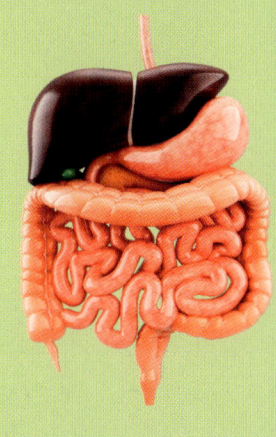

근육으로 흐르는 혈액의 양이 늘어요.

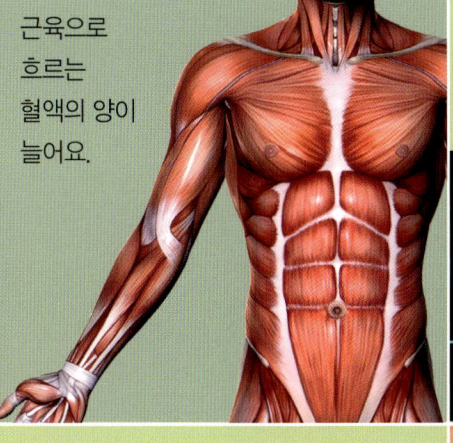

심장박동수가 증가하고 혈압이 높아져요.

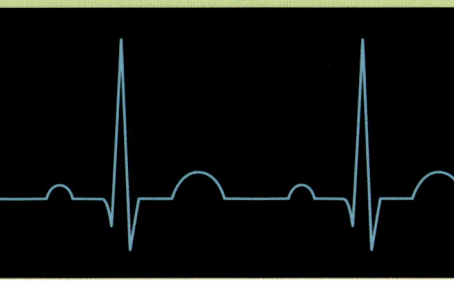

호흡수가 늘어서 몸속으로 산소가 더 많이 들어와요.

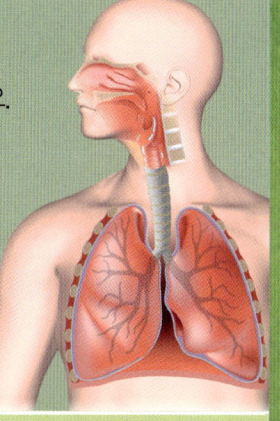

동공이 커져서 더 잘 볼 수 있어요.

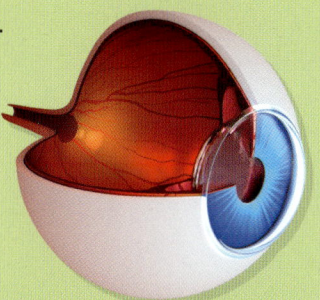

활발히 움직이면 땀이 나면서 몸 밖으로 열을 배출해요.

간의 효소가 간에 저장되어 있던 포도당을 혈액으로 내보내요.

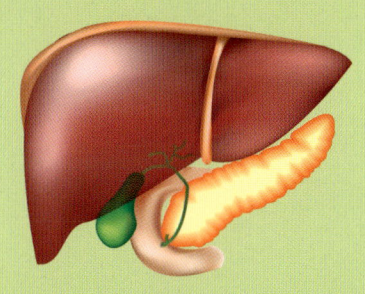

진정하기

아드레날린과 노르아드레날린이 영향을 발휘하는 시간은 매우 짧아요. 간은 단 3분 만에 아드레날린을 처리해서 비활성 상태로 만들 수 있어요. 또 스트레스에 대응하는 호르몬인 '코르티솔'이 만들어져요. 코르티솔은 혈당 조절, 염증 감소, 수면에 도움을 줍니다. 그리고 탄수화물, 지방, 단백질 대사를 조절해 에너지 사용을 최적화해요. 이처럼 코르티솔은 우리 몸의 다양한 기능을 조절하는 중요한 역할을 합니다.

혈당을 조절하는 원리

이자는 소화계뿐만 아니라 내분비계에서 일하는 기관이기도 해요. 랑게르한스섬은 혈액 속의 당 농도를 조절하는 데 도움이 되는 호르몬을 생산하고 내보내요.

이자(췌장)

이자 안에는 '랑게르한스섬'이라는 특수한 세포 덩어리가 있어요. 이 부위에서 호르몬인 '글루카곤'과 '인슐린'을 생산해 혈액 속으로 곧장 전달하죠. 몸에서 혈당을 낮춰야 할 때는 인슐린이 분비되고, 반대로 혈당을 높여야 할 때는 글루카곤이 분비됩니다. 랑게르한스섬은 이자 안에 최대 200만 개까지 존재하지만 무게는 이자 전체의 1퍼센트에 불과합니다.

랑게르한스섬

알파세포
혈당량을 높이는 글루카곤 분비

베타세포
혈당량을 낮추는 인슐린 분비

쓸개

이자

작은창자

글루카곤

글루카곤은 혈액 속의 당 농도가 떨어지면 생산되는 호르몬입니다. 간, 피부밑 지방조직 등을 자극해서 저장되어 있던 포도당을 혈액으로 내보내게 하고, 아미노산 등의 영양분을 분해하여 포도당으로 만들어요. 이러한 작용으로 몸속의 혈당 농도를 정상 수치로 높이고, 신체의 안정적인 에너지를 공급합니다.

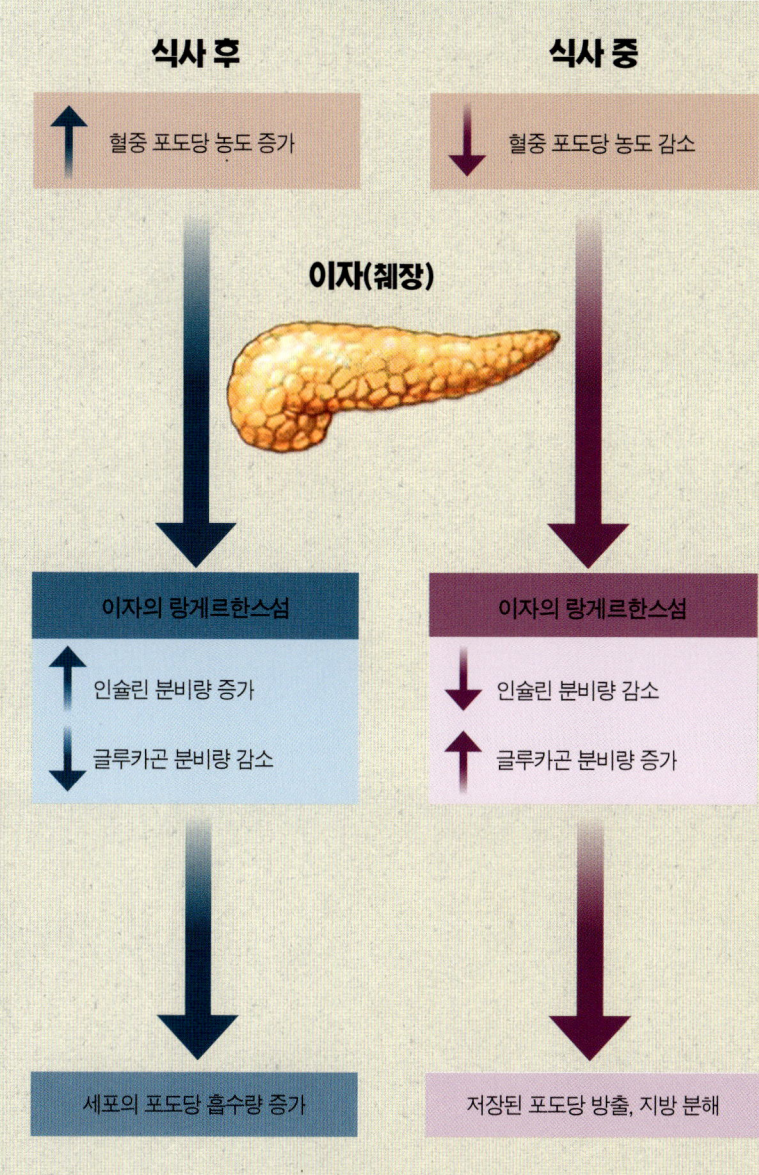

인슐린

인슐린은 혈액 속의 당 농도가 올라가면 생산되는 호르몬입니다. 포도당을 몸이 저장할 수 있는 형태인 지방산, 글리코겐 등으로 바꾸도록 자극해요. 또한 다른 영양분이 포도당으로 바뀌지 않도록 제한하기도 하죠. 이렇게 인슐린은 혈당 농도를 정상으로 돌아올 때까지 낮춥니다. 인슐린과 글루카곤은 더불어 작용하면서 혈액 내 포도당, 즉 혈당 농도를 정상 수치로 유지하는 중요한 역할을 합니다.

당뇨병

당뇨병은 혈액 내 포도당의 농도가 지나치게 높아지는 질환이에요. 소변에 당이 섞여 나온다는 의미에서 당뇨병이라는 이름이 붙었어요. 당뇨병은 원인과 증상에 따라 두 가지로 나눌 수 있답니다.

제1형 당뇨병

몸의 면역계가 인슐린을 생산하는 세포를 파괴해 혈당 농도가 증가하면서 발병합니다.

제2형 당뇨병

몸에서 인슐린이 충분히 분비되지 않거나 인슐린이 분비되더라도 몸속 세포들이 반응하지 않으면서 발병합니다.

두 종류의 당뇨병 모두 인슐린을 복용하는 방법으로 조절할 수 있어요. 제2형 당뇨병은 인슐린을 추가하는 대신에 식이요법만으로 조절할 수 있는 경우도 있어요.

혈당 농도가 너무 낮아지면 저혈당증이 일어날 수 있어요. 단기적으로는 당이 들어 있는 간식이나 음료로 보충하고, 장기적으로는 세심한 식이요법으로 조절할 수 있습니다.

당뇨병 환자는 정기적으로 혈당 수치를 검사해요.

평생 나오는 성장호르몬

성장호르몬은 뇌의 뇌하수체에서 분비되는 호르몬으로, 개체의 성장과 그 외의 물질대사 조절 기능을 담당합니다. 유아동기와 청소년기에는 뼈가 길어지고 근육과 기관이 커집니다. 이처럼 성장호르몬은 뼈와 근육의 성장을 도와 몸이 자라도록 합니다. 성장이 끝난 성인의 신체에서는 뼈를 단단하게 하고, 지방 분해를 촉진하는 역할을 합니다.

뇌하수체

뇌하수체에서 생산되는 성장호르몬은 혈액을 통해 장기나 조직으로 퍼질 수 있도록 화학적 메신저 역할을 해요. 뇌하수체 안의 세포들은 기본적인 신체 기능을 조절하는 데 도움이 되는 성장호르몬을 혈액 속으로 내보냅니다.

뇌하수체

뇌하수체는 뇌 아랫부분인 시상하부의 바로 밑에 있어요.

성장호르몬의 역할

성장호르몬은 생애 전반에 걸쳐 몸속 거의 모든 곳에 영향을 미쳐요. 성장기에는 뼈를 자라게 하고 근육을 만들어 신장 증가를 도와요. 더불어 근육 조직과 기관을 키우는 역할도 해요. 성인의 경우에는 뼈를 더 단단하게 만듭니다. 또한 지방 분해를 돕고 노화를 방지합니다. 성장 호르몬의 대표적인 기능은 다음과 같아요.

- 단백질의 생산을 촉진해서 근육 조직의 성장에 도움을 줘요.
- 저장된 지방을 에너지원으로 쓰도록 촉진해요.
- 주요하게 미치는 영향 중 하나는, 성장호르몬은 간 등의 말초 조직에서 또 다른 호르몬을 생산해 뼈의 성장을 촉진합니다.

성장호르몬의 수치가 가장 높은 시기는 유년기예요. 특히 사춘기에는 성호르몬이 뇌하수체를 자극해 훨씬 많은 성장호르몬을 생산하게 하죠. 따라서 성장 속도의 개인차가 크긴 하지만 10대 청소년기에는 대부분 급성장기를 겪습니다. 성인기에 이르러 성장을 멈추면 성장호르몬 수치는 크게 떨어져요.

얼마나 자랄까?

우리가 성장할 수 있는 정도는 개인마다 생산해 내는 성장호르몬의 양에 따라 달라져요. 생활 습관, 건강 상태, 운동 등 여러 요소에 의해 영향을 받을 수 있어요. 그런데 성장호르몬이 과도하게 생산되면 키가 지나치게 커지는 '거인증'이 유발될 수 있어요. 세계에서 가장 큰 사람으로 기록된 미국인 로버트 워들로는 키가 2미터 72센티미터에 달했죠. 반대로 성장호르몬이 부족하면 뼈 성장이 느려져 평균보다 키가 작은 '왜소증'이 유발될 수 있어요.

로버트 워들로가 자신의 아버지 옆에 서 있는 모습

신체 보호하기
림프계 및 면역계

우리 몸은 항상 공격 받고 있어요. 부딪히거나 넘어지면서 상처가 생기고 세균이나 바이러스의 침입을 받지요. 하지만 다행히도 우리는 상처를 치료하고 몸속의 침입자를 물리치는 다양한 메커니즘을 갖추고 있습니다.

백혈구는 유해 미생물이 몸속에 침입하면 알아차리고 잡아먹는 세포예요. 침입자가 우리 몸에 심각한 해를 입히기 전에 해치우는 역할을 하죠. 또 새로운 침입자가 들어올 때마다 잘 기억했다가 다시 침입하면 바로 퇴치할 수 있도록 면역계를 준비시킵니다.

혹시 방어에 실패했더라도 의학의 힘을 빌릴 수 있어요. 질병에 맞서 싸우거나 질병을 예방하는 약을 먹고, 심각한 경우에는 손상된 신체 부위를 치료하는 수술을 받기도 하죠. 인공관절처럼 아예 손상된 부위를 대체하는 방법도 있어요.

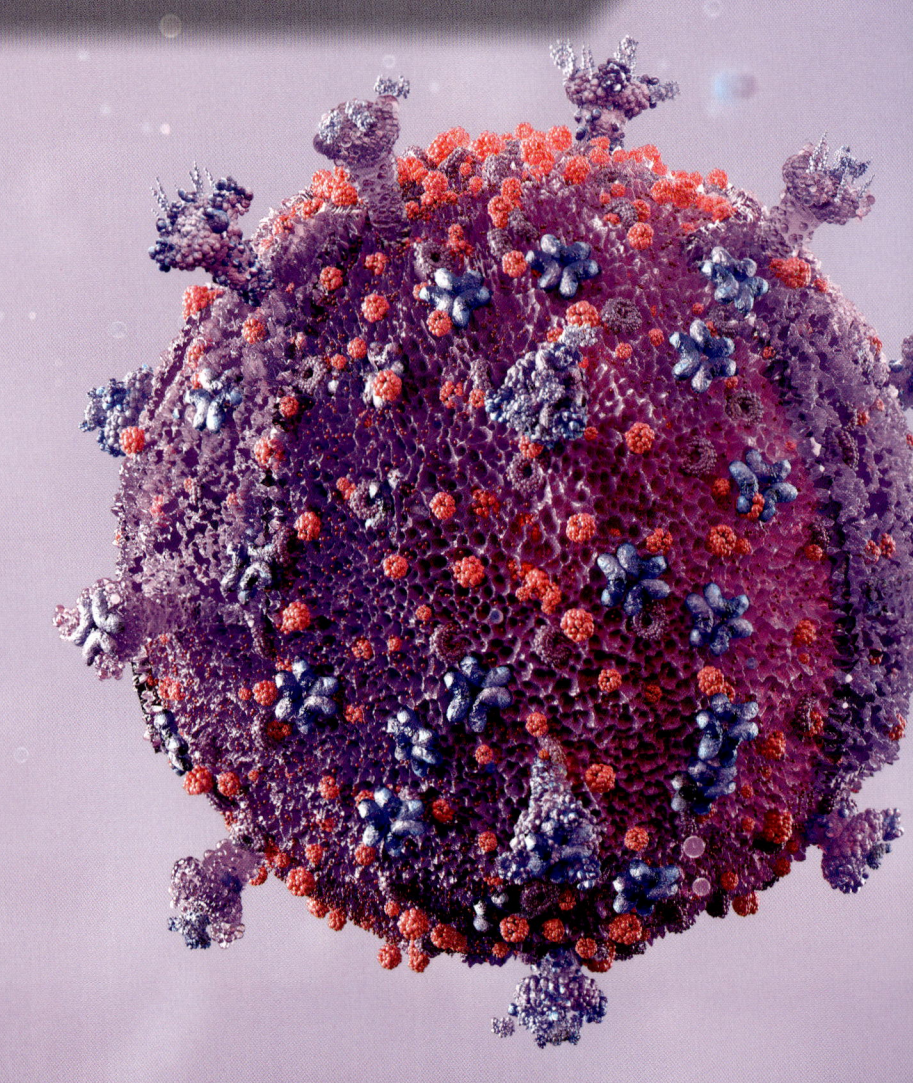

바이러스는 다른 생물체의 세포에 기생하고 세포 안에서만 증식할 수 있는 미생물이에요. 바이러스는 침입한 생물체의 세포를 파괴하며, 바이러스의 양이 많으면 질병을 일으킬 수 있습니다.

우리 몸의 일차 장벽

미생물이 우리 몸으로 침투하면서 마주하는 첫 번째 장벽은 몸의 외부층이에요. 또 위벽처럼 기관의 안쪽을 형성하는 층도 장벽의 역할을 합니다.

기침은 최대 시속 80킬로미터의 속도로 약 3000개의 물방울을 배출하고, 재채기는 시속 약 160킬로미터의 속도로 10만 개의 물방울을 배출해요.

피부 장벽

피부는 우리 몸을 보호하는 외부 장벽이에요. 상처로 방어막이 뚫리지 않는다면 좀처럼 침투하기 어렵죠. 피부의 표면은 얇은 피지층으로 덮여 있어요. 피지는 피지샘에서 생산되는 기름 물질로 지방막을 형성해요. 피부와 털을 탄력 있게 유지하고 피부에 서식하는 수백만 마리의 유익균을 지켜요. 이 유익균은 해로울 가능성이 있는 세균으로부터 우리를 보호하는 역할을 합니다.

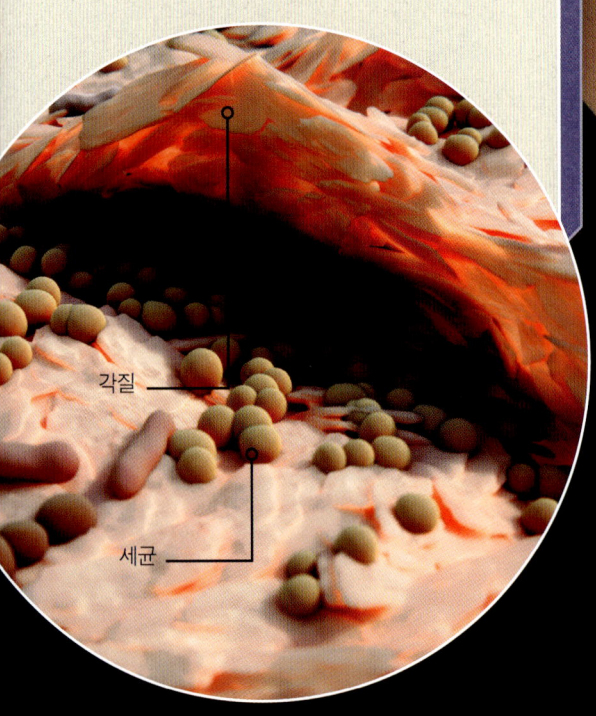

각질
세균

기침과 재채기

기침과 재채기는 호흡기에 이물질이 침입한 것을 저지하는 반사작용이에요. 코와 목 안쪽은 숨을 쉴 때마다 미생물이 들어와 접촉하게 되는 부위예요. 그런데 무언가 코와 목의 내벽을 자극하면 기침이나 재채기가 일어나고 그로 인해 자극 물질은 몸 밖으로 배출됩니다.

구토

몸이 자극을 받거나 이상이 있을 때, 또는 해로운 것을 먹었을 때 구역질이 날 수 있어요. 위장 근육이 강하게 수축하면서 내용물을 식도로 밀어 올려서 입 밖으로 토해 내도록 만들어요. 위암, 위궤양, 급성위염처럼 병이 될 수도 있어요.

점액

몸속에 존재하는 수많은 내벽은 끈적한 점액으로 덮여 있어요. 코와 목, 식도도 마찬가지예요. 먼지와 세균을 붙잡아서 기침이나 재채기로 배출해 우리 몸을 지켜요. 또는 세균들이 점액에 붙어 식도를 타고 위장으로 넘어가면 강력한 위산에 의해 제거됩니다.

열

세균이 몸으로 들어와 감염시킨다면 우리는 열을 발생시켜서 대응합니다. 병원균에 저항하는 과정에서 평균 섭씨 36~37도 이상으로 체온이 올라가게 됩니다. 높은 열은 세균의 증식 속도를 느리고 만들고, 감염에 맞서 싸우는 세포를 돕습니다.

눈물

눈물샘은 규칙적으로 눈물을 분비해서 눈을 촉촉하게 유지합니다. 먼지를 비롯한 이물질이 눈에 들어가면 눈물관이 자극을 받게 됩니다. 그럼 더 많은 눈물을 분비해서 원인이 되는 이물질을 씻어내요. 또 눈물에는 몇몇 세균을 공격해서 제거하는 화학물질이 들어 있습니다.

생명을 지키는 혈액응고

혈관 밖으로 나온 피가 굳어지는 현상을 '혈액응고'라고 해요. 작은 상처에도 출혈이 생길 수 있어요. 출혈을 제때 멈추지 못하면 위험해요. 혈액에는 혈소판과 혈전을 생성하는 화학물질이 들어 있어서 상처를 막고, 혈액이 새지 않도록 지혈해 줍니다.

상처가 치유되는 과정

상처가 생기면 혈관 벽의 근육이 수축해 혈관이 좁아져요. 그러면 이 부위로 향하는 혈액의 흐름이 느려져 혈액이 새어나가는 양이 제한되는 혈관 수축 작용이 일어나요.

혈소판은 골수에서 만들어진 작은 세포 조각입니다. 혈관 밖으로 나와 조직과 접촉하면 끈적끈적해져요. 그러다 서로 엉겨 붙으면서 상처 부위를 덮습니다.

이것만으로 상처를 막지 못하면 '피브린'이라는 섬유 가닥(섬유질) 같은 단백질이 생성됩니다.

이 섬유 가닥은 적혈구를 가둘 수 있는 섬유망을 형성해요. 섬유망이 수축하면서 혈액세포를 꽉 누르고 굳혀 단단한 혈전으로 만들어 상처를 덮습니다.

적혈구

피브린

혈소판

우리 몸에 출혈이 생기면 반사적으로 혈관이 수축하고 혈소판이 모이게 됩니다. 혈소판이 서로 엉겨 붙으면서 혈전을 만드는 효소가 분비되고 피를 멎게 해요. 그렇기 때문에 일반적인 경우에는 혈액 속에서 혈전이 형성되지 않아요.

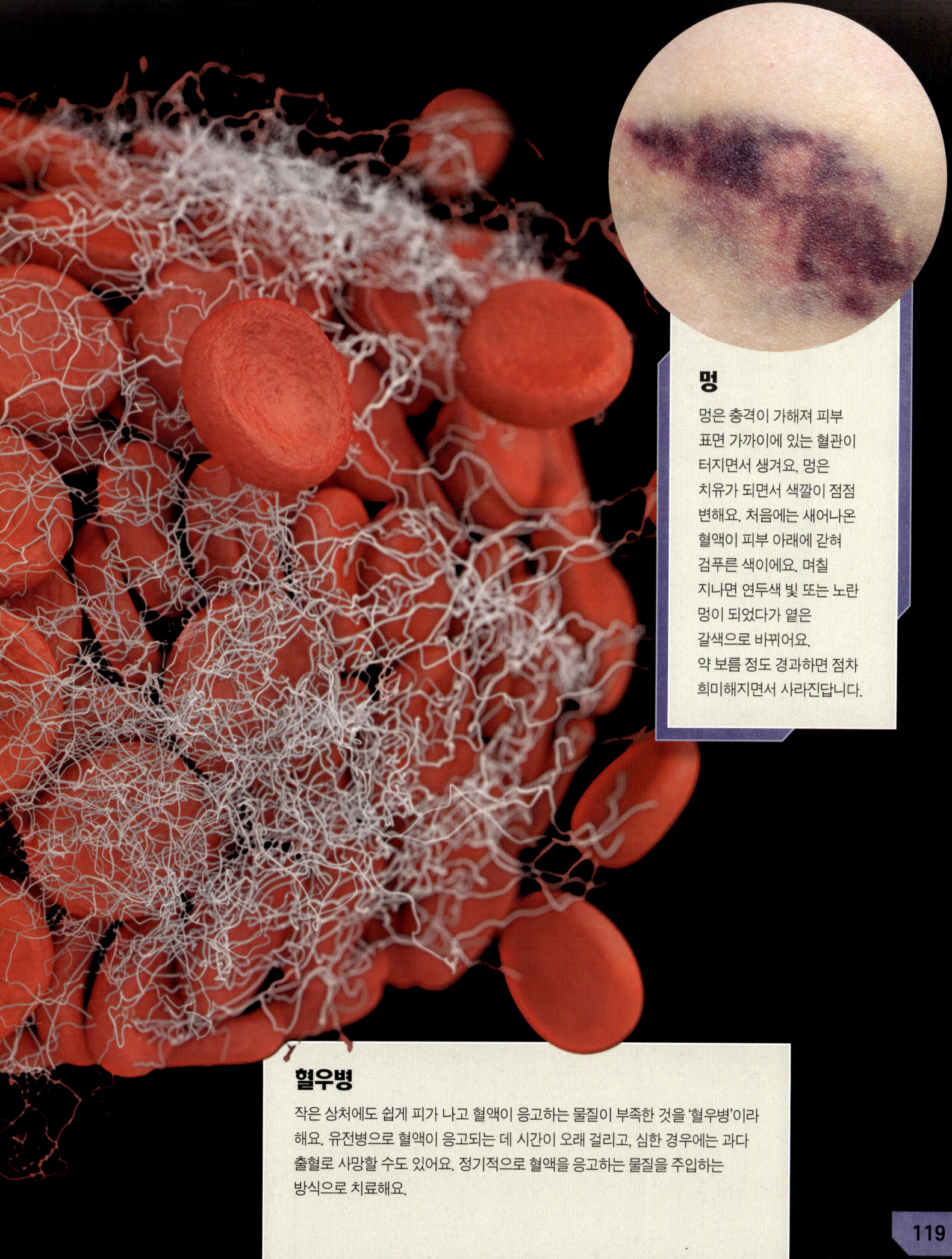

멍

멍은 충격이 가해져 피부 표면 가까이에 있는 혈관이 터지면서 생겨요. 멍은 치유가 되면서 색깔이 점점 변해요. 처음에는 새어나온 혈액이 피부 아래에 갇혀 검푸른 색이에요. 며칠 지나면 연두색 빛 또는 노란 멍이 되었다가 옅은 갈색으로 바뀌어요. 약 보름 정도 경과하면 점차 희미해지면서 사라진답니다.

혈우병

작은 상처에도 쉽게 피가 나고 혈액이 응고하는 물질이 부족한 것을 '혈우병'이라 해요. 유전병으로 혈액이 응고되는 데 시간이 오래 걸리고, 심한 경우에는 과다 출혈로 사망할 수도 있어요. 정기적으로 혈액을 응고하는 물질을 주입하는 방식으로 치료해요.

온몸을 도는 림프계

림프계는 림프관, 림프샘, 다른 림프 기관으로 구성되며, 림프는 림프계를 따라 흐르는 액체예요. 우리 몸의 세포들은 특수한 액체에 둘러싸여 있어요. 림프계는 림프를 배출하는 배수구의 역할을 합니다. 림프는 모세림프관으로 들어갔다가 모세림프관끼리 합류해 더 굵은 림프관으로 들어가요. 그리고 작은 콩 모양의 조직인 림프샘을 통과합니다. 림프샘은 림프관 중간 중간에 위치하며 해로운 병원체와 여러 이물질을 공격하고 제거해요.

림프샘

림프관

림프(림프액)

성인의 몸에는 약 2리터의 림프가 흐르고 있습니다. 림프는 체내의 림프계에서 순환하는 무색의 액체예요. 혈액과 비슷하지만 적혈구나 일부 단백질은 포함하지 않아요. 림프에 침입한 병원체를 공격할 백혈구는 포함되어 있어요. 림프는 림프관 안을 흐르며 혈액과 세포 조직 사이의 물질대사를 돕고 노폐물을 걸러 낸답니다.

림프의 이동

모세림프관으로 들어간 림프는 더 굵은 림프관으로 흘러들었다가 심장 바로 위의 정맥으로 들어가면서 비워집니다. 정맥을 통해 노폐물이 배출되는 구조를 가지고 있기 때문이에요.

필요 이상으로 늘어난 조직액이 모세림프관으로 들어가요.

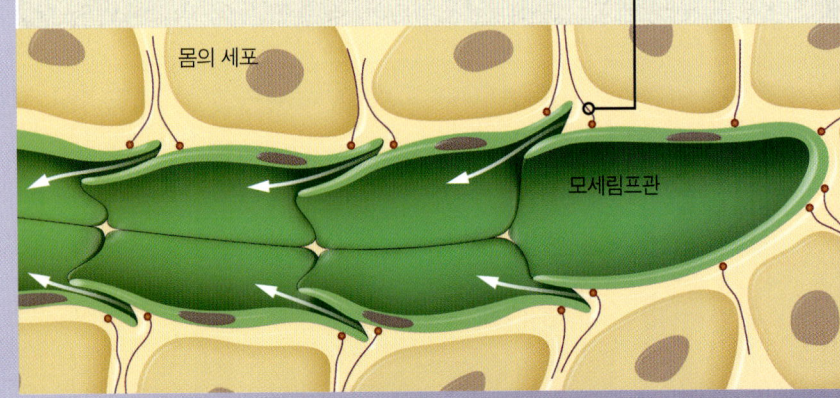

몸의 세포

모세림프관

가슴샘과 지라

림프계를 구성하는 기관들도 있어요. 가슴에 있는 가슴샘은 백혈구의 하나인 림프구가 발달하는 곳입니다. 지라는 몸 왼편의 위장 가까이에 있으며, 혈액을 걸러내고 백혈구를 성숙시키는 데 도움을 줘요.

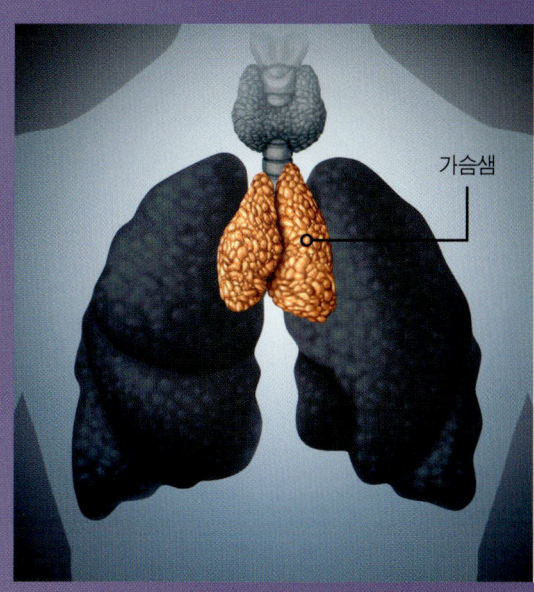

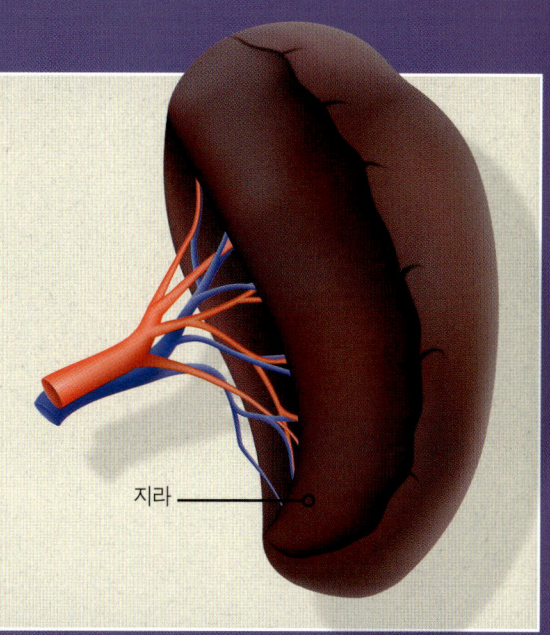

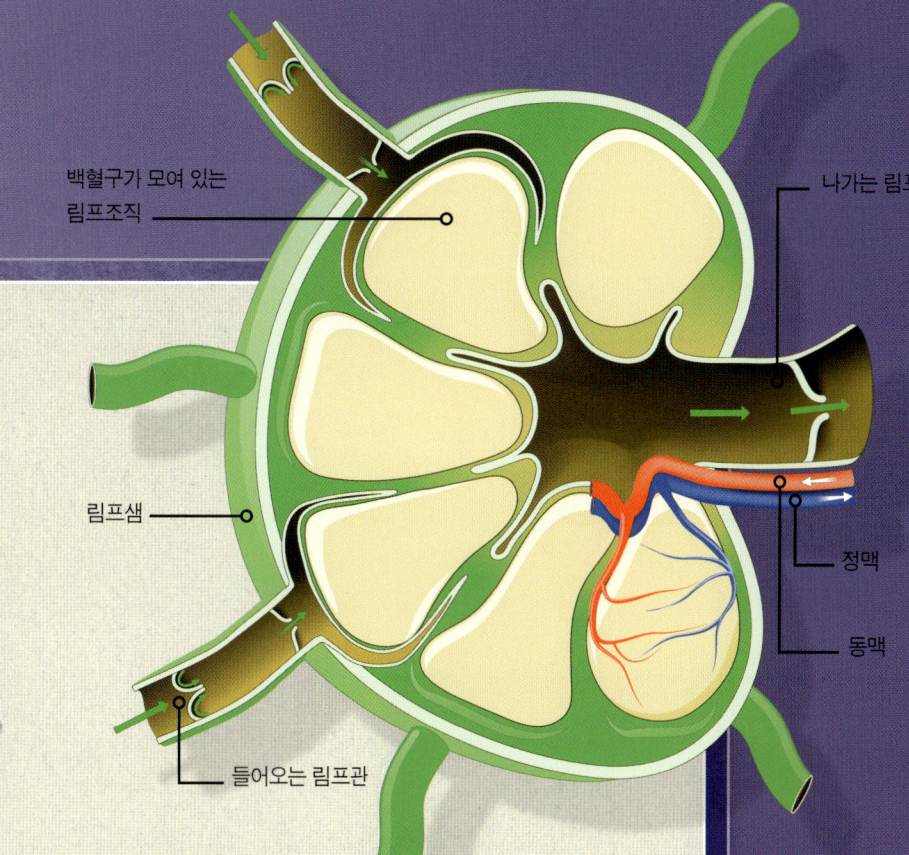

부어오르는 림프샘

우리 몸에 감염된 곳이 생기면 림프샘의 활동이 늘어나면서 부어오르는 증상을 보여요. 턱 바로 뒤와 귀 아래에 림프샘이 모여 있는 곳을 만져 보면 부어오른 상태를 알 수 있죠.

림프샘

림프계에는 길이가 최대 2.5센티미터인 작은 콩 모양의 림프샘이 곳곳에 흩어져 있어요. 림프샘은 림프에 섞인 해로운 병원체를 걸러 냅니다. 또 병원체를 공격하고 제거할 수 있는 백혈구를 저장하기도 합니다.

림프 순환의 원리

심장이 온몸으로 혈액을 밀어내는 순환계와 달리, 림프계는 중심 역할을 하는 펌프가 없습니다. 그 대신에 몸의 움직임에 따라 림프관이 압력을 받으면 림프가 밀리면서 림프계를 돌아요. 관 속에는 림프가 잘못된 방향으로 흐르는 일이 없도록 막아 주는 판막이 있어요.

세균을 해치우는 백혈구

백혈구는 혈액 속의 세포 구성 성분 가운데 하나로 골수, 지라, 림프샘에서 만들어져요. 적혈구보다 크지만 모양을 바꿔서 혈관 밖으로 빠져나올 수 있어요. 몸속 세포와 조직을 돌아다니고 주의 깊게 살피면서 면역 기능을 수행해요. 병의 원인이 되는 병원체를 제거하고 죽은 세포와 손상된 조직을 깨끗이 치우며 우리 몸을 보호해요.

백혈구

바이러스

백혈구의 종류와 개수

백혈구는 여러 종류가 있으며 대표적으로 호중구, 대식세포, 림프구가 있어요. 적혈구와 다르게 모두 세포핵을 갖고 있어요. 골수에서 만들어지고 림프계의 림프샘에서 성숙해요. 보통 성인의 정상 백혈구 수치는 혈액 1세제곱밀리미터당 4000~1만 1000개의 백혈구가 존재해요. 하지만 감염이 일어나면 2만 5000개까지 증가합니다.

호중구

호중구는 우리 몸에 있는 백혈구의 50~70 퍼센트를 차지해요. 병원체를 제거하고 상처 주변으로 몰려들어 감염에 맞서 싸웁니다. 면역 기능을 수행하고 나면 대부분 스스로 사멸하고, 그때 누런색의 고름을 만들어 내요.

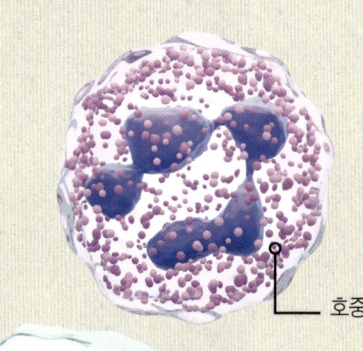

호중구

대식세포

대식세포는 혈액 속의 병원체를 제거하고 상처 주변에서 손상된 조직의 잔해물을 먹어 치워요.

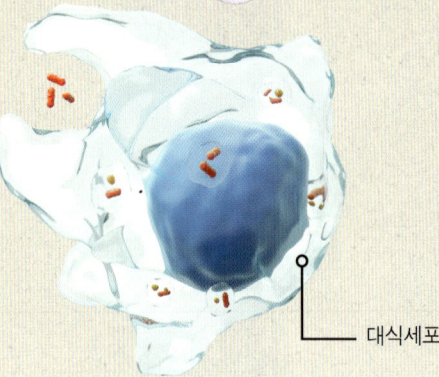

대식세포

림프구

림프구는 다양한 방식으로 병원체를 제거합니다. 병원체에 독성 물질을 주입해서 죽이는 유형, 특수한 표지자인 항체를 만드는 유형 등이 있어요. 항체는 병원체에 달라붙고 다른 백혈구들을 끌어모아서 병원체를 제거합니다.

림프구

백혈구는 세포막을 사용해 바이러스를 감싸서 파괴해요. 세균을 먹어치우는 식세포 작용을 통해 외부 침입자를 제거하고 몸의 건강을 유지합니다.

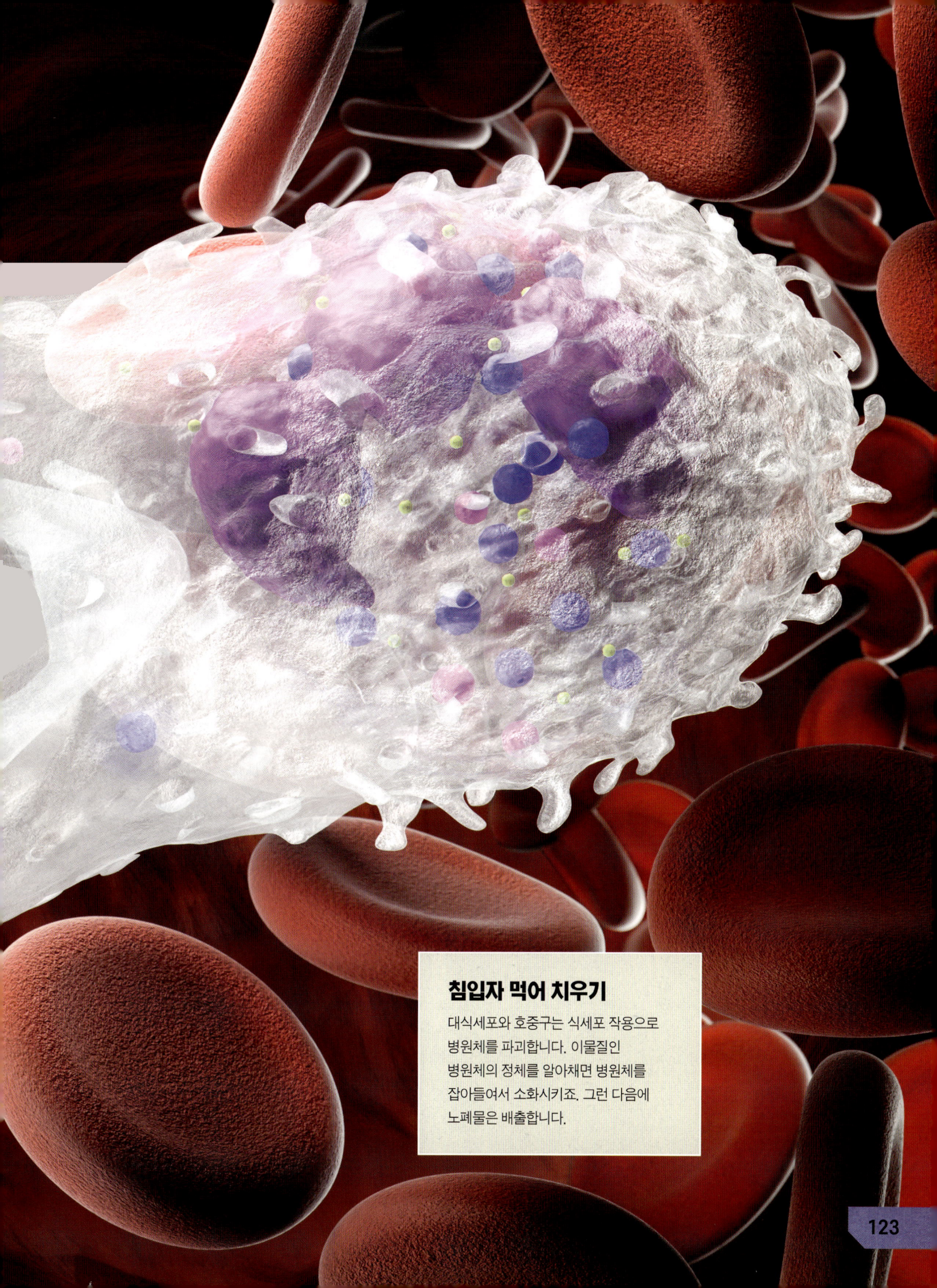

침입자 먹어 치우기

대식세포와 호중구는 식세포 작용으로 병원체를 파괴합니다. 이물질인 병원체의 정체를 알아채면 병원체를 잡아들여서 소화시키죠. 그런 다음에 노폐물은 배출합니다.

우리 몸의 방어막, 면역계

면역계는 손상이나 질병으로부터 우리 몸을 스스로 보호하기 위해 대응하는 기관 및 세포를 의미해요. 병원체 대부분은 우리 몸의 외부 방어막으로 차단되지만, 몇몇은 몰래 몸속으로 침투하는 데 성공해요. 그러면 몸의 면역계가 병원체의 존재를 식별하고 제거해서 우리에게 해를 끼치지 못하도록 막는 역할을 합니다.

병원체의 공격

우리 몸은 굉장히 다양한 종류의 병원체로부터 공격 받아요. 무좀을 일으키는 곰팡이, 말라리아 원충을 비롯한 기생충, 식중독을 일으키는 세균, 일반적인 감기나 코로나바이러스, 감염증의 원인인 바이러스 등이 있습니다.

항체

항체

우리 몸의 면역계는 병원체를 식별하기 위해 특수한 화학물질인 항체를 사용해요. 백혈구가 만든 항체는 특정 병원체에 달라붙죠. 그러면 면역계의 또 다른 일원이 이 병원체를 발견해 공격할 수 있습니다.

항체들은 혈액 속으로 보내져서 병원체에 달라붙어요. 병원체가 기능하지 못하도록 무력화시켜요.

침입자 표시하기

몸속으로 침입한 병원체는 증식하다가 일부는 림프계로 들어가 림프샘으로 이동합니다. 림프샘에서 수많은 항체 세포가 병원체와 마찰하다가 그중 하나가 병원체를 식별하고 달라붙죠. 그럼 이 항체는 빠르게 증식하고 새 세포들은 항체를 많이 생성해요. 항체들은 혈관으로 들어가 다른 병원체에 달라붙어요.

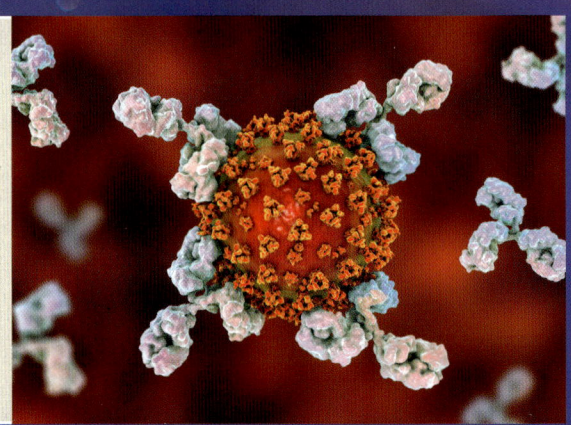

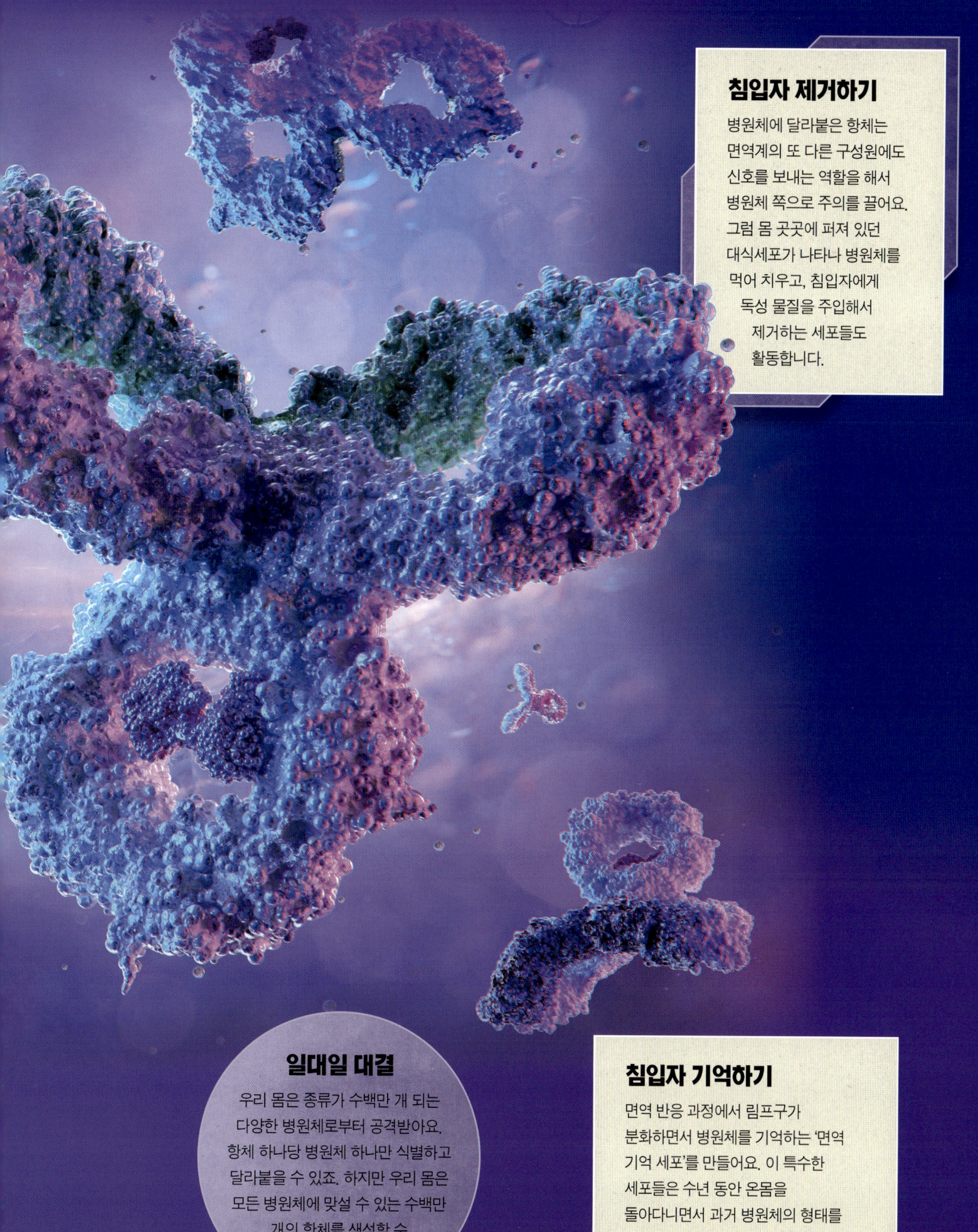

침입자 제거하기

병원체에 달라붙은 항체는 면역계의 또 다른 구성원에도 신호를 보내는 역할을 해서 병원체 쪽으로 주의를 끌어요. 그럼 몸 곳곳에 퍼져 있던 대식세포가 나타나 병원체를 먹어 치우고, 침입자에게 독성 물질을 주입해서 제거하는 세포들도 활동합니다.

일대일 대결

우리 몸은 종류가 수백만 개 되는 다양한 병원체로부터 공격받아요. 항체 하나당 병원체 하나만 식별하고 달라붙을 수 있죠. 하지만 우리 몸은 모든 병원체에 맞설 수 있는 수백만 개의 항체를 생성할 수 있답니다.

침입자 기억하기

면역 반응 과정에서 림프구가 분화하면서 병원체를 기억하는 '면역 기억 세포'를 만들어요. 이 특수한 세포들은 수년 동안 온몸을 돌아다니면서 과거 병원체의 형태를 기억할 수 있어요. 동일한 병원체가 다시 침입하면 과거보다 재빠르게 공격할 수 있답니다.

알레르기 반응

면역계는 외부의 공격으로부터 우리 몸을 보호하지만, 과하게 반응해 해롭지 않은 물질까지 공격하는 경우가 있어요. 코를 훌쩍이는 가벼운 반응부터 심각하게 생명을 위협하는 반응까지 다양한 증상을 일으킬 수 있죠. 이러한 과민 반응에 의해 나타나는 여러 증상을 '알레르기'라고 해요.

알레르기 물질

알레르기를 일으키는 물질인 '알레르겐'은 공기 중에 포함되어 있어요. 그렇기 때문에 숨을 쉬거나 손으로 만졌을 때 공기와 접촉하는 눈, 코 등에서 주로 반응이 일어나요. 일반적인 알레르겐으로는 꽃가루, 견과류, 벌레 물림 등이 있어요. 증상으로는 피부 가려움증, 발진, 부어오름, 구토, 설사, 소화기 질환, 호흡기 증상 등 강도에 따라 다양하게 나타나요.

꽃에 붙어 있는 수술에서 수백만 개의 꽃가루 알갱이가 떨어져 나와요. 공중으로 흩뿌려지면서 콧구멍으로 들어옵니다. 주로 봄과 여름에 꽃가루가 많이 날려요.

히스타민

일부 알레르겐이 몸속으로 들어오면 특정 백혈구의 표면에 있는 항체에 달라붙어요. 그럼 백혈구가 터지면서 염증을 유발하는 화학물질인 '히스타민'을 방출해요. 면역 체계가 비정상적으로 반응하기 때문에 히스타민은 주변의 조직을 마치 감염이라도 된 듯 붓고 아프게 만듭니다.

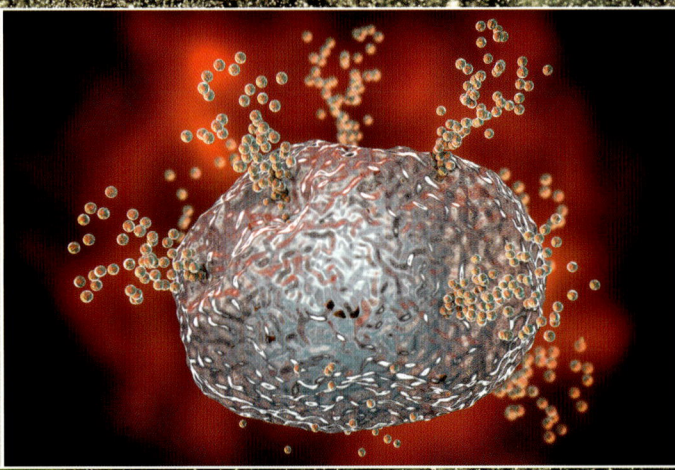

다양한 알레르기

알레르겐에 따라 다양한 알레르기 반응이 나타나요. 꽃가루는 코와 입 안쪽의 조직을 자극해 콧물과 눈물이 흐르는 증상을 일으켜요. 천식 환자의 기도로 알레르겐이 들어오면, 기도가 수축하고 점액이 과하게 생성되어 호흡이 어려워집니다. 특정 벌레에 쏘이거나 달걀, 견과류 등을 섭취하는 경우에도 발생할 수 있어요. 알레르기 반응이 심각하게 나타나면 온몸에 영향을 끼치고 심장마비를 일으킬 수도 있어요. 이처럼 특정 물질에 과도하게 반응하면서 몸 전체에 나타나는 급성 알레르기를 '아나필락시스'라고 합니다.

검사 및 치료

알레르기 반응을 일으키는 원인을 파악하기 어려울 수도 있어요. 그럴 때 의사들은 피부 테스트를 해요. 피부에 다양한 종류의 물질을 소량 바른 뒤에 어떤 물질이 피부를 붓거나 아프게 만드는지 파악하는 방식이에요. 그러면 어떤 치료법으로 증상을 치료할지 알 수 있어요.

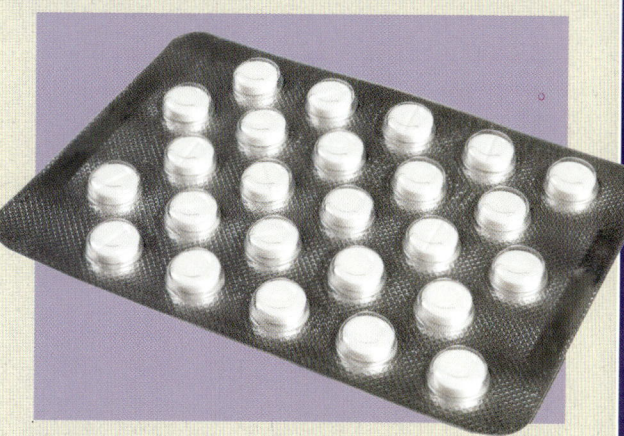

꽃가루 알레르기가 있는 사람은 '항히스타민제'를 복용해요. 몸에서 나오는 히스타민의 효과를 상쇄할 수 있어요.

천식 환자는 기도를 확장시켜 호흡을 원활하게 할 수 있도록 도와주는 특수한 흡입제를 사용해요.

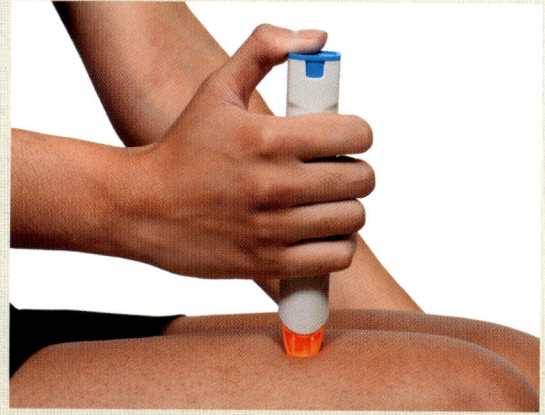

전신에 걸쳐 발생하는 급성 알레르기 반응인 아나필락시스가 일어날 수 있는 사람들은 늘 '아드레날린'을 들고 다녀야 해요. 혹시라도 알레르겐과 접촉하면 몸에 아드레날린을 주사해야 합니다. 아드레날린은 몸의 알레르기 반응을 줄여 줍니다.

의학이 바꾼 역사

초기 의학적 치료는 과학적 연구보다는 종교적 믿음과 철학에 가까웠어요. 당시 치료법으로 거머리를 이용해 환자의 피를 빼내는 시술, 드릴로 환자의 머리뼈에 구멍을 뚫는 시술 등이 있었을 정도죠. 이러한 치료법은 거의 성공하지 못했고 결국 환자에게 위험하다는 판명을 받게 되었어요.

의학의 발전

오랜 세월 동안 우리는 인간의 몸을 연구해 왔어요. 몸이 어떻게 작동하며 문제가 생겼을 때 어떻게 고쳐야 할지 알아내려고 노력했죠. 다음은 의학의 역사에서 획기적인 의미를 갖는 사건들입니다.

기원전 2600년경
인류 최초의 의사로 알려진 고대 이집트의 임호테프는 200여 가지의 질병을 진단하고 치료하는 법을 설명했어요.

서기 130~216년경
고대 그리스 의사 갈레노스는 해부학, 진단법, 치료법 등 우리 몸이 작동하는 방식에 관한 방대한 분량의 이론과 저서를 남겼어요. 그중에서 상당수가 잘못된 이론으로 밝혀지긴 했지만 약 1500년간 영향력을 유지했습니다.

1543년
벨기에의 의사 안드레아스 베살리우스는 근대 해부학의 창시자로 우리 몸의 해부학적 구조를 정확하게 서술한 《사람 몸의 구조에 대하여》를 출간했어요.

1780년
이탈리아의 의사 루이지 갈바니는 신경과 근육이 전기에 반응한다는 것을 발견해 이를 이용한 실험을 수행했어요.

1818년
영국의 의사 제임스 블런델은 최초로 사람의 혈액을 사용한 수혈에 성공했어요.

BCE 2600 — BCE 1000 — BCE 420 — CE 130~216 — CE 1020 — 1543 — 1628 — 1670 — 1780 — 1796 — 1818

기원전 1000년경
중국 상나라 시대부터 씨앗과 약초를 활용해서 약을 제조했다는 증거가 발견되었어요.

기원전 420년
'현대 의학의 아버지'로 불리는 고대 그리스의 의사 **히포크라테스**가 의사들을 위해 쓴 〈히포크라테스 선서〉는 오늘날까지 여전히 이어져 오고 있어요.

1628년
영국의 의사 윌리엄 하비는 혈액이 몸속에서 순환하는 원리를 발견했어요.

서기 1020년경
라틴명 '아비센나'라고도 불리는 아랍의 의사 이븐시나는 의학 교과서의 표준이 된 《의학전범》을 저술했어요.

1796년
영국의 의사 에드워드 제너는 천연두 백신을 개발했어요.

1670년
네덜란드의 과학자 안토니 판 레이우엔훅은 **초기 형태의 현미경**으로 적혈구, 정자 등 우리 몸의 세포와 다양한 미생물을 관찰했어요.

렌즈

128

1928년
영국의 과학자 **알렉산더 플레밍**은 항생물질인 페니실린을 발견했어요.

1853~1856년
플로렌스 나이팅게일과 **메리 제인 시콜**은 크림 전쟁에서 영국군을 치료하는 군 간호사로 일하면서 현대 간호학의 기틀을 마련했어요.

1867년
영국의 외과 의사 조지프 리스터는 수술 과정에서 감염을 줄이기 위해 소독액을 분무했어요.

1967년
남아프리카공화국의 외과 의사 크리스천 버나드는 최초로 심장 이식에 성공했어요.

1980년
천연두가 전 세계적인 백신 프로그램을 통해 퇴치된 최초의 질병이 되었어요.

2013년
미국 매사추세츠 종합병원에서 콩팥을 배양하는 데 최초로 성공했어요.

1844 1853~1856 1857 1867 1895 1928 1953 1967 1978 1980 2003 2013 2015

1844년
아일랜드의 의사 프란시스 린드는 속이 빈 주사기용 바늘을 발명했어요.

1857년
프랑스의 과학자 **루이 파스퇴르**는 미생물이 전염병을 일으킬 수 있다는 사실을 증명했어요.

1895년
독일의 과학자 빌헬름 뢴트겐은 엑스레이를 발견했어요.

1953년
영국의 과학자 프랜시스 크릭, 로잘린드 프랭클린, 제임스 왓슨은 DNA의 구조를 발견했어요.

1978년
세계 최초의 시험관 아기인 루이스 조이 브라운이 영국에서 태어났어요.

2003년
국제 과학 연구진인 게놈 프로젝트가 인간의 유전자 지도를 완성했어요.

2015년
중국에서 3D 프린터를 활용한 인공 머리뼈 및 두피 이식에 최초로 성공했어요.

예방접종의 중요성

우리 몸의 면역계는 감염병을 예방하기 위해 백신의 도움을 받을 수 있어요. 백신은 몸속의 항체를 자극해서 감염된 세포를 식별하고 제거하면서 질병과 싸울 수 있도록 돕고, 인공적으로 면역성을 만들어요.

조기 예방

발열, 두통, 몸살을 일으키는 천연두는 위험성이 높은 질병으로, 18세기에는 감염된 환자의 30퍼센트가 사망할 정도였어요. 이 질병에 맞서기 위한 초기 예방법 중에는 건강한 사람을 천연두에 미리 노출시키는 '인두법'이 있었습니다. 예를 들어 15세기 중국에서는 천연두 환자의 상처 딱지를 가루로 만들어서 코로 흡입하거나, 피부에 문질러 후천 면역을 획득하는 방법을 사용했어요.

제너와 천연두

영국의 의사 에드워드 제너는 1796년에 최초로 천연두 백신을 개발했어요. 천연두와 유사하지만 훨씬 덜 해롭고 사람들의 면역 반응을 일으킬 수 있는 '우두 바이러스'를 활용했어요. 우두에 걸린 소의 고름을 접종하는 방법으로 당시에 반대하는 사람들도 많았어요. 제너의 백신은 천연두를 전염시킬 가능성이 없었기 때문에 앞선 방법들보다 안전했습니다.

수많은 생명을 살리는 백신

세계보건기구(WHO)에 따르면 백신은 매년 세계 곳곳에서 약 200~300만 명의 생명을 구한다고 해요.

의료진은 주사로 백신을 접종해요. 주사 외에도 입으로 약물을 투여하거나 코안을 향해 약물을 분무하는 방식도 있어요.

백신의 유형

백신은 작용하는 방식에 따라 다양한 유형으로 나뉘어요.

- '약독 백신'은 질병의 원인이 되는 세균이나 바이러스를 약하게 만들어서 그대로 투여하는 백신이에요. 이 백신 속 미생물은 심각한 수준의 질병을 일으키진 않지만, 우리 몸의 면역 반응을 유발할 수 있는 능력을 가지고 있어요. 일부 접종자들은 가볍게 앓고 지나가기도 합니다. 홍역, 풍진, 소아마비, 유행성이하선염(볼거리) 등에 쓰입니다.

- '불활성 백신'은 열이나 화학물질로 바이러스나 병균 등을 그대로 죽여서 만든 백신이에요. 이 백신을 접종하면 우리 몸은 바이러스가 침투해 위협하는 것으로 간주해요. 저항하면서 면역을 형성하고 감염 질환을 예방합니다. 물론 이미 죽은 바이러스이기 때문에 인체에는 해를 끼치지 않아요. 광견병, 콜레라, 장티푸스, 인플루엔자 등에 쓰입니다. 오늘날 우리가 맞는 백신 대부분이 불활성 백신에 해당된답니다.

- '소단위 백신'은 유해 물질의 바깥막에 있는 단백질이나, 병원체 중 항원으로 인식되는 부분만을 사용해 만든 백신이에요. 때문에 병을 일으키는 원인을 갖고 있지 않아 안정성이 높은 편입니다. 파상풍, 디프테리아, 백일해 등에 쓰입니다.

- 최근에 개발된 백신 중에는 유해 미생물의 유전자 정보를 써서 면역 반응을 자극하는 방식도 있습니다.

백신이 거둔 성과

백신은 수많은 질병의 감염률을 낮추는 데 성공했고 그 결과로 수백만 명의 생명을 구했어요. 천연두는 매우 위험한 질병이지만 전 세계적인 백신 프로그램 덕분에 지금은 퇴치되었죠. 소아마비의 발병률 역시 급감하여 1988년에 보고된 수가 35만 건에 달했다면 2019년에는 175건에 불과했습니다.

또 다른 몸, 인공기관

신체 부위가 손상되거나 닳게 되면 인공기관으로 대신할 수 있어요. 단순히 미용 목적의 인공기관도 있고 신체 부위의 기능을 재현하도록 설계된 인공기관도 있습니다.

가장 오래된 인공기관

역사상 가장 오래된 인공기관은 나무와 가죽으로 만든 인공 발가락이랍니다. 고대 이집트 미라에서 발견되었고 2700년 이상 오래된 것으로 추정해요.

인공 팔다리

초기의 인공기관에는 역청질(주로 아스팔트 도로 포장에 쓰이는 물질) 혼합물로 만든 인공 눈, 나무와 철을 깎아서 만든 인공 팔다리 등이 있었어요. 최근에 제작되는 인공기관은 탄소섬유, 실리콘 등의 신소재와 3D 프린팅 기술을 활용해서 실제의 신체 부위를 그대로 재현해 냅니다. 특히 착용자의 신경계에 직접 연결되는 인공기관은 생각만으로 장치를 제어할 수 있어요. 피드백을 전달 받을 수 있는 센서가 달려서 착용자가 적절히 대응할 수도 있답니다.

장기이식

우리 몸의 장기들은 기증자에게 받은 장기나 인공장기로 대체할 수 있어요. 줄기세포 등에서 배양한 장기까지 시도되고 있죠. 주로 이식의 대상이 되는 장기는 콩팥, 심장, 골수, 폐, 간 등이에요. 한편 팔다리와 얼굴 역시 성공적으로 이식된 바 있으며 심장판막이나 눈의 각막처럼 작은 부위도 이식할 수 있어요.

스포츠를 위한 인공기관

인공기관이라고 해서 신체 부위와 똑같이 생긴 것만은 아니에요. 스포츠에 적합하도록 설계된 특수 인공기관도 있죠. 달리기 선수용 인공 종아리도 있고, 역도, 골프, 야구, 낚시 등의 스포츠에 활용되는 인공 손도 있어요.

탄생과 노화
생애 주기와 관련된 기관들

수조 개에 달하는 세포들이 모여서 만들어진 우리의 몸은 단 하나의 세포에서 출발했어요. 남자의 생식세포와 여자의 생식세포가 합쳐진 결과물인 '수정란'이 우리의 시작점입니다. 수정란은 약 38주(10개월) 동안 세포분열을 통해 성장하고 발달해 마침내 아기로 탄생해요.

세상에 나온 아기는 수년간의 유년기를 지나며 팔다리가 길어지고 여러 신체 부위가 발달하면서 성숙해요. 10대 사춘기가 찾아오면 일생 중 몸이 가장 급격하게 성장해요. 이때 성호르몬이 분비되기 시작하면서 성적으로 성숙하며 생식 활동을 준비합니다.

사춘기의 급성장 이후에 18~20세가 되면 성장 과정이 완성됩니다. 이제 성인기가 시작되고 한창 왕성해진 몸은 생식 활동에 돌입할 준비를 마칩니다.

성숙의 시기가 지나면 이제 몸은 노화되기 시작해요. 노년기에 접어들수록 신체 조직 전반에 걸쳐 활력을 잃고 기능이 퇴화됩니다. 닳거나 손상된 부위가 치유되고 회복하는 시간이 오래 걸리며, 털은 가늘어지고 피부는 탄력이 떨어져 주름이 생기기 시작해요. 동시에 근육이 약해지며 관절이 굳고 뼈가 잘 부러지기도 해요. 시력이나 청력 등 감각 기관의 기능도 저하됩니다.

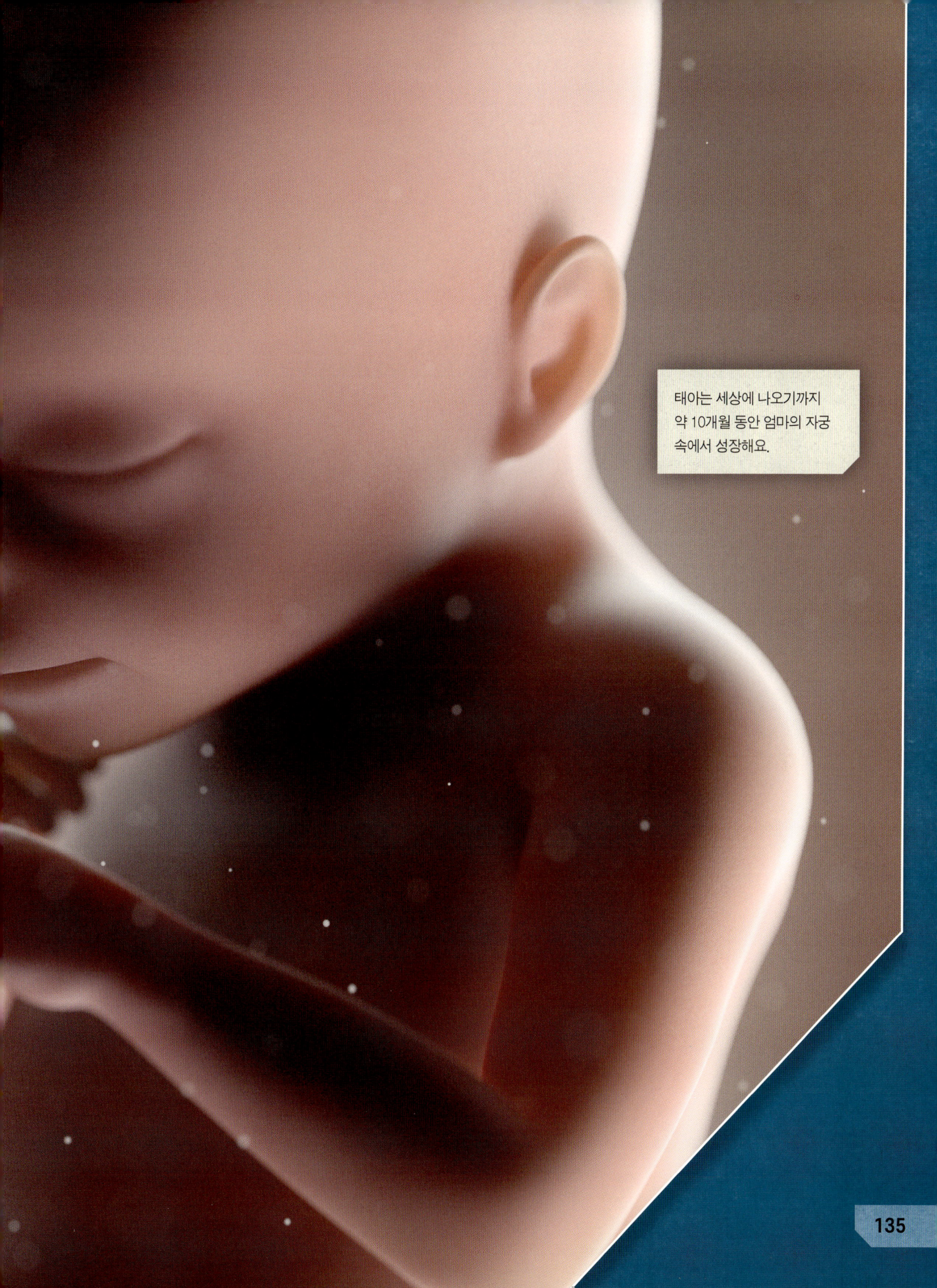

태아는 세상에 나오기까지 약 10개월 동안 엄마의 자궁 속에서 성장해요.

아이를 만드는 생식계

생식 기관의 목표는 엄마와 아빠의 유전자 정보를 모두 전달 받은 아이를 만드는 것이에요. 유전자 정보가 담긴 정자와 난자는 각각 남성과 여성의 생식 기관에서 생산됩니다.

방광
정낭
전립샘
정관
음경
부고환
고환

남성의 생식 기관

남성의 생식 기관은 두 개의 고환과 음경으로 구성되어요. 모두 몸 바깥으로 나와 있어서 체온보다 약간 서늘한 온도를 유지할 수 있어요. 그래야 고환에서 생산되는 정자에게 이상적인 환경이 만들어져요. 사춘기가 되면 남성호르몬인 '테스토스테론'의 분비량이 늘어서 고환의 정자 생산량도 늘어납니다.

정자

남성의 생식세포인 정자는 동그랗게 생긴 머리 안에 유전자 정보를 저장해요. 크게 머리, 중편, 꼬리의 세 부분으로 나눌 수 있어요. 머리 뒤에 달린 긴 꼬리는 정자가 난자를 향해 헤엄칠 때 힘차게 움직입니다.

꼬리 중편 머리

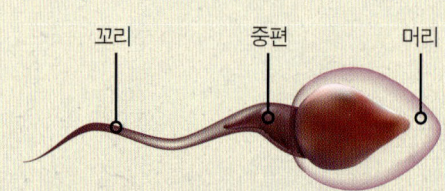

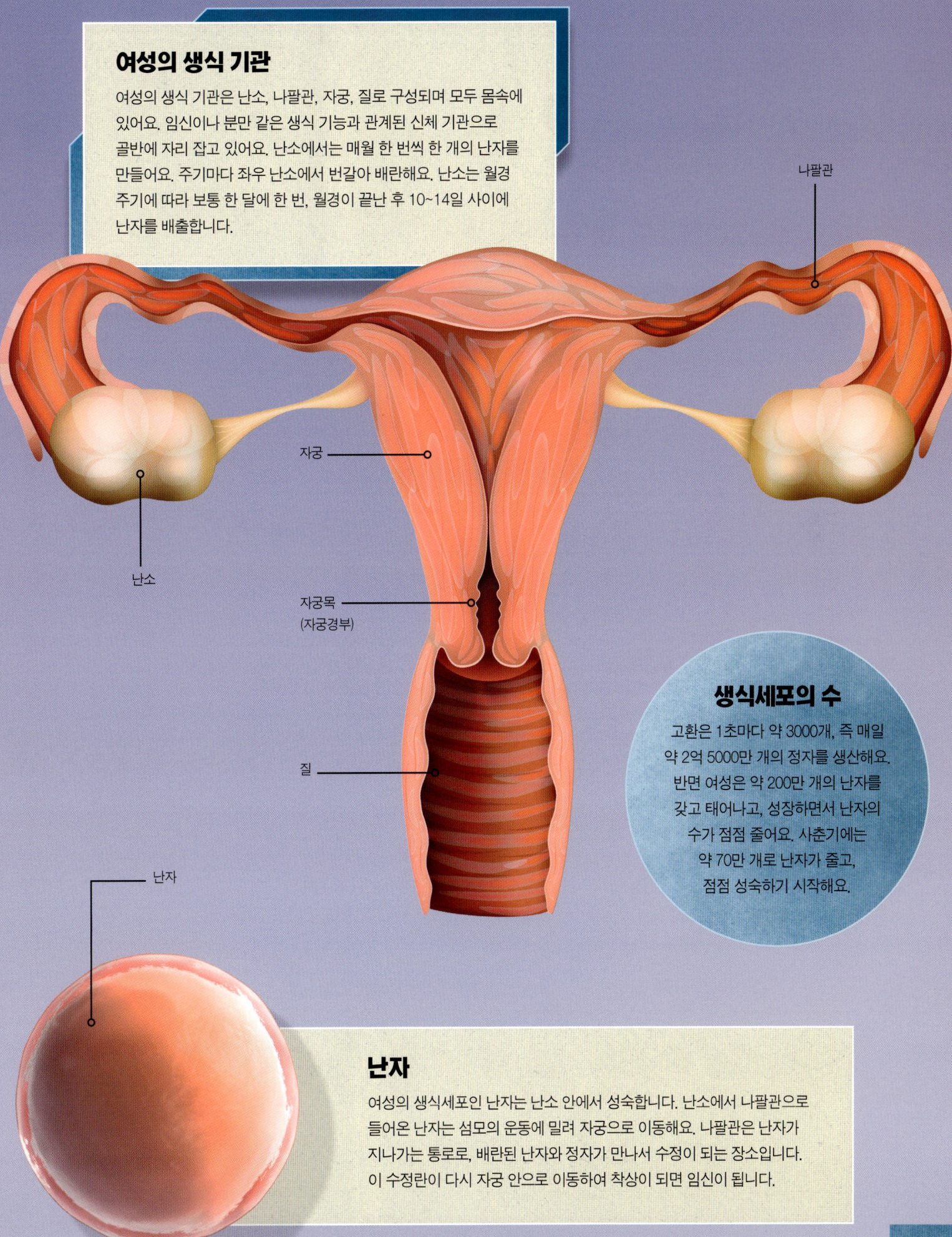

월경이 이루어지는 과정

월경은 성숙한 여성의 자궁에서 주기적으로 출혈이 발생하는 생리 현상이에요. 끊임없이 정자를 생산하는 남성의 생식 기관과 달리, 여성의 생식 기관은 약 28일에 걸친 월경 주기에 맞춰 난자를 배출해요. 보통 12~17세 사이에 시작하여 50세 전후까지 계속됩니다. 에스트로겐, 프로게스테론, 난포자극호르몬, 황체형성호르몬 등 호르몬 농도의 변화에 따른 반응입니다.

월경 주기

월경 주기는 월경 시작일 사이의 간격으로 보통 28일에서 길게는 40일, 짧게는 21일마다 반복됩니다. 사람에 따라 차이는 있지만 보통 3~7일간 지속됩니다. 이 기간에 양쪽 난소 중 하나에서 난자 한 개가 배출되고, 자궁벽이 두꺼워지며 수정란을 받아들일 준비를 해요. 간혹 두 개가 동시에 배출되기도 합니다.

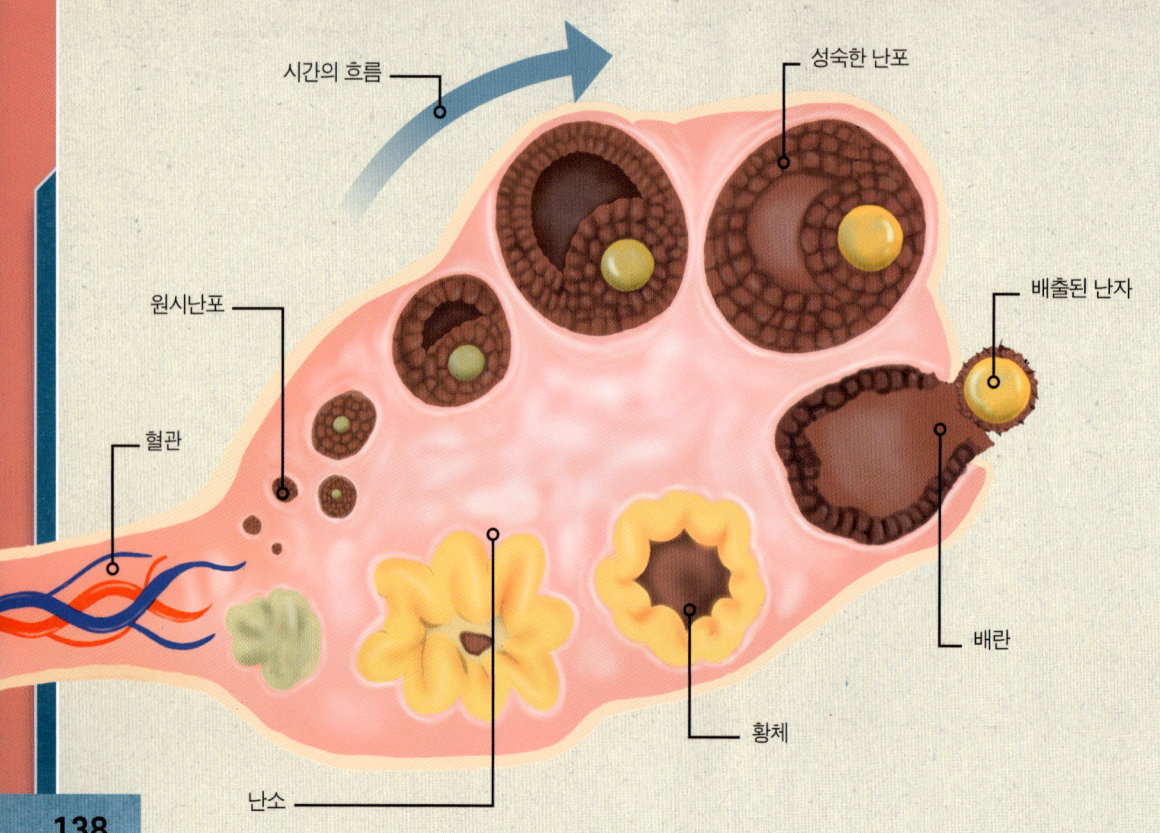

배란

월경 주기의 처음 며칠간은 난소 안의 난포가 성숙하기 시작해요. 매달 100~150개의 난자가 이 과정을 거치지만 보통은 그중 하나의 난자만이 성숙하는 데 성공해요. 월경 주기의 중간 단계쯤에 이르면 완전히 성숙한 난자가 난소를 출발해 나팔관을 지나 자궁으로 향하는 여정을 시작합니다. 이처럼 난소에서 난자가 배출되는 일을 '배란'이라고 해요.

난자는 사람의 몸에 있는 세포 중에서 가장 큰 세포로 지름이 0.1밀리미터 정도예요. 난소에서 배출된 난자는 나팔관을 통과해 이동해요. 나팔관 내벽의 섬모들은 난자와 수정란이 자궁으로 이동할 수 있도록 도와줍니다.

두꺼워지는 자궁벽

월경 주기가 시작되고 약 5일이 지나면 자궁벽의 안쪽인 자궁내막이 점점 두꺼워지면서 수정란을 받아들일 준비를 해요. 두꺼워진 내막에 수정란이 자리를 잡고 발달하면서 임신 과정이 시작되는 거예요. 하지만 일정 기간 내에 수정이 이루어지지 않으면 호르몬 분비가 감소하기 때문에 자궁 내막이 벗겨지면서 혈액과 조직이 자궁 밖으로 배출됩니다.

월경

난자가 수정되지 못해서 두꺼워진 자궁내막의 일부가 떨어져 나오면 월경이 시작됩니다. 이는 월경 주기의 다음 단계인 월경기로 넘어갔으며, 다시 새로운 난자가 발달할 차례라는 의미예요. 여성들은 월경하는 기간에 월경혈을 흡수할 용품으로 탐폰, 패드, 생리컵 등을 사용합니다.

생식세포의 만남, 수정

수정은 수컷의 생식세포와 암컷의 생식세포가 합쳐지는 과정이에요. 사람의 경우에는 정자와 난자의 결합이라고 해요. 정자는 난자에 비해 매우 작으며 꼬리를 이용해 스스로 움직일 수 있어요. 난자는 필요한 양분을 저장하고 있어 정자에 비해 매우 크고 스스로 움직일 수 없어요. 즉, 수정은 두 생식세포가 만나 결합하는 현상으로 수정란을 형성해요.

사정

남녀가 성관계를 할 때, 정자는 정낭과 전립샘에서 만들어진 액체인 정액과 섞여요. 정액은 정자가 난자를 향해 헤엄치는 동안 보호해주고 영양분도 공급하는 역할을 하죠. 남성의 정자가 들어 있는 정액을 여성의 질 안쪽으로 배출하는 과정을 '사정'이라 합니다.

헤엄치는 정자

한 번 사정할 때마다 4000만 개에서 3억 개 사이의 정자가 배출됩니다. 정자들은 배출되자마자 꼬리를 빠르게 움직여 자궁을 향해 헤엄치죠. 하지만 질과 자궁, 나팔관 안쪽의 환경은 꽤 까다로워서 아주 적은 수의 정자만이 난자에 도달하는 여정에 성공할 수 있어요.

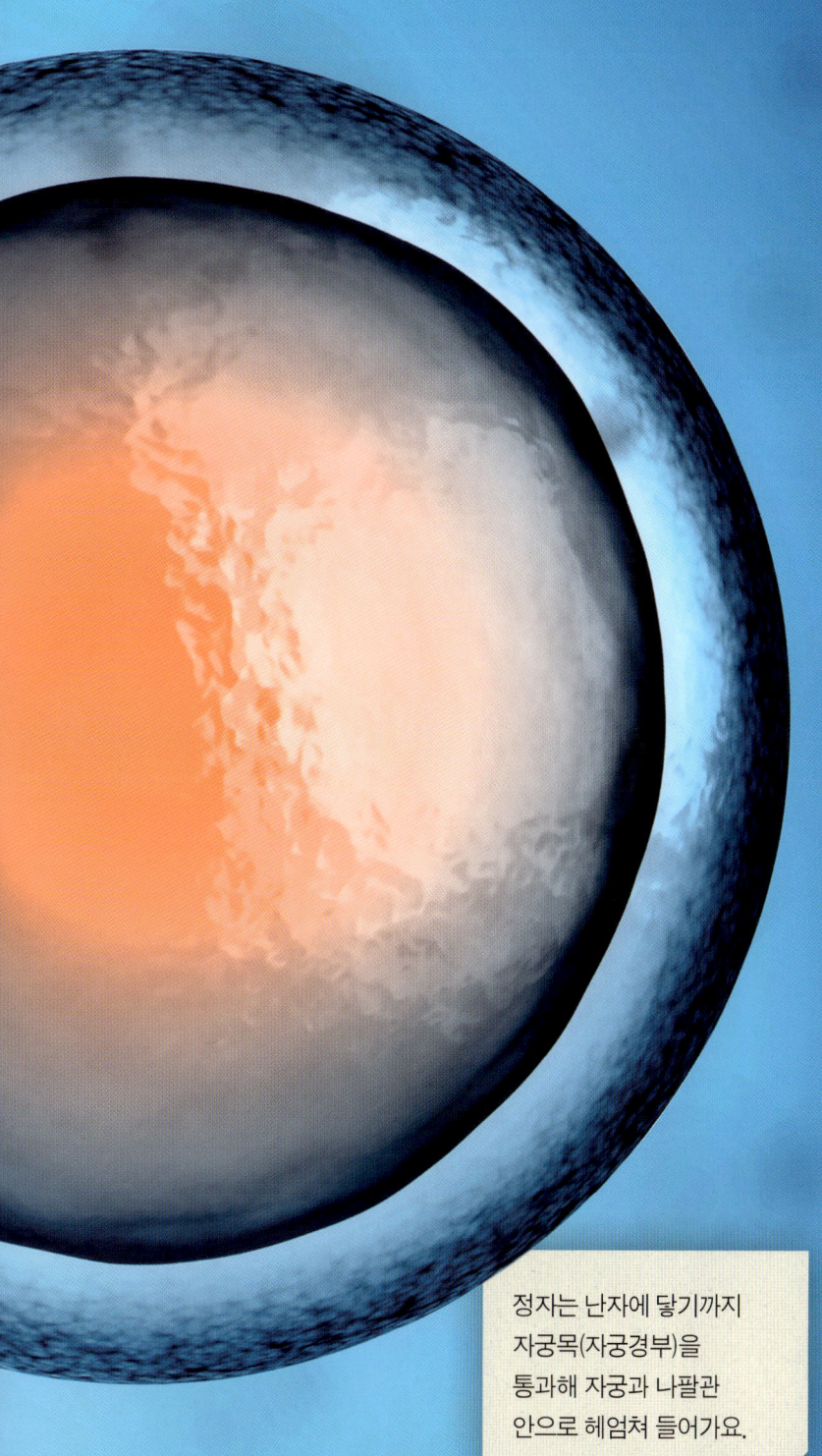

정자는 난자에 닿기까지 자궁목(자궁경부)을 통과해 자궁과 나팔관 안으로 헤엄쳐 들어가요.

수정 과정

정자들이 난자에 도달했더라도 아직 문제는 남아 있어요. 세 겹의 방어벽이 난자를 감싸고 있거든요. 이때 정자 머리의 첨체에서 나오는 화학물질과 뾰족하게 생긴 머리, 힘찬 꼬리의 움직임으로 방어벽을 파요. 그러다 정자 하나가 방어벽인 투명대를 뚫고 세포막에 도달하면 난자는 곧장 화학적 장벽을 만들어서 다른 정자가 못 들어오게 막아요. 이 반응은 하나의 난자에 다수의 정자가 들어와 비정상 수정이 일어나는 것을 막아 주는 역할을 해요. 정자의 핵이 난자의 핵 쪽으로 이동해요. 그렇게 정자의 유전 물질과 난자의 유전 물질이 합쳐지면서 마침내 수정이 완료되어 수정란이 됩니다. 이제 수정란은 자궁으로 향하는 여정을 이어 갑니다.

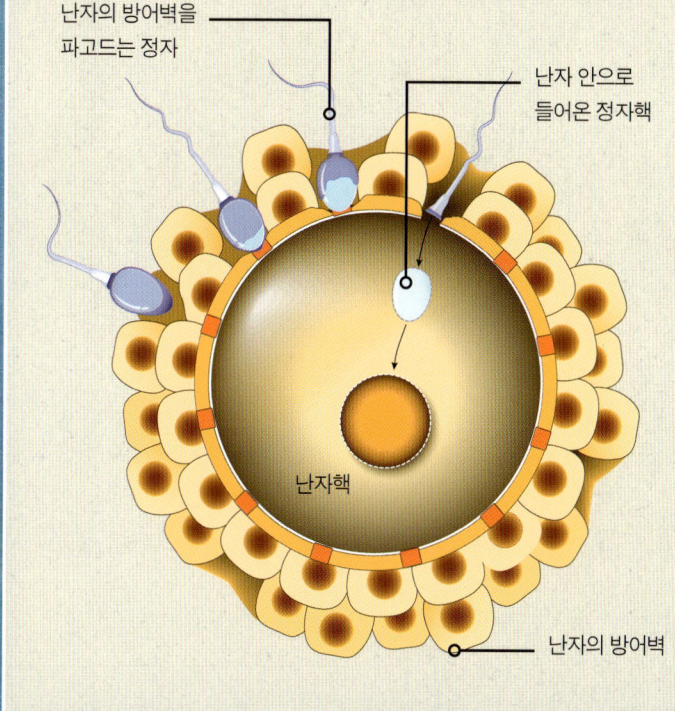

쌍둥이

하나의 난자와 하나의 정자가 결합한 후 세포분열 과정에서 수정란이 두 개로 분리되어 성장하면 '일란성 쌍둥이'가 태어나요. 두 개의 난자와 두 개의 정자가 각각 수정되어 성장하면 '이란성 쌍둥이'가 태어나요.

임신과 탄생

수정란은 약 10개월 동안 세포분열을 통해 배아가 되고 태아로 발달해요. 태아는 엄마의 보살핌을 받으며 점점 커지고 강해지면서 세상 밖으로 나갈 준비를 합니다.

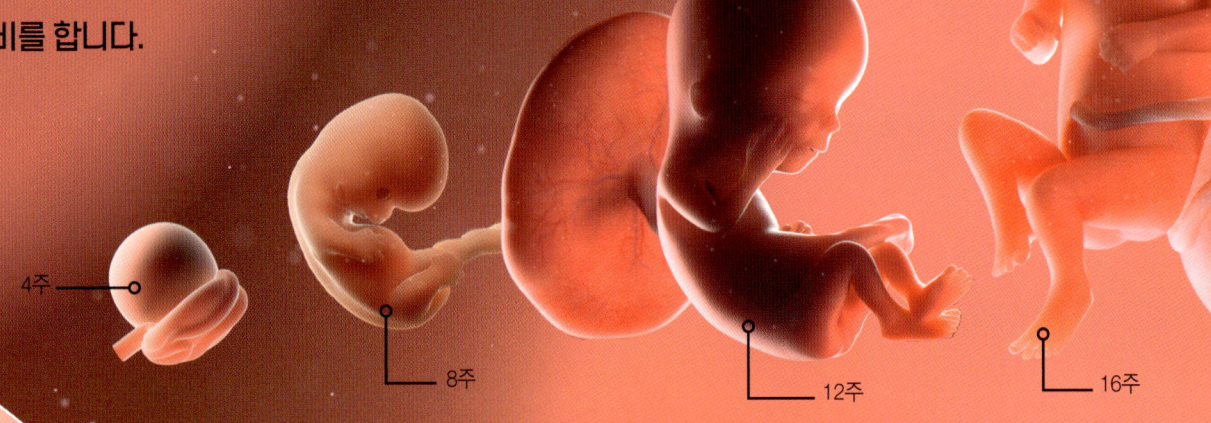

4주 · 8주 · 12주 · 16주

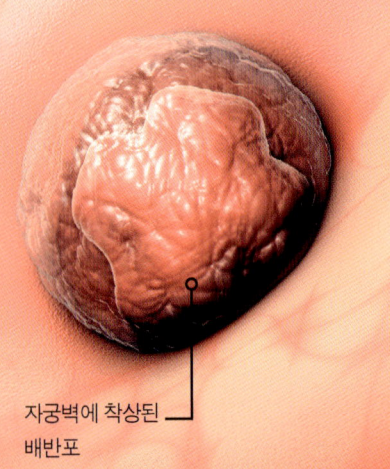

자궁벽에 착상된 배반포

4주
이제부터 배반포를 '배아'라고 불러요. 심장과 혈관에 이어서 폐, 위, 간을 비롯한 몸속 기관들이 발달하기 시작해요. 머리, 얼굴, 목 등의 외형이 만들어지는 시기예요.

8주
태아의 크기는 약 1.5센티미터 정도이고 눈꺼풀과 귀가 만들어져요. 팔과 다리의 모양이 뚜렷해지고 손가락과 발가락도 생기기 시작해요. 이 단계부터 '태아'라고 불러요.

12주
태아의 크기는 약 5센티미터 정도이고 몸을 움직이기 시작해요.

16주
태아의 크기는 약 11.5 센티미터 정도예요. 심장과 혈관이 다 자라고 눈을 깜빡거리며 엄지손가락을 빨기도 해요.

14일
수정란은 나팔관을 따라 이동하면서 세포분열을 거듭하고 속이 빈 공 모양의 '배반포'가 되어요. 배반포가 자궁에 도착하면 자궁벽의 두꺼운 내막에 착상하죠. 앞으로 몇 달간 이 세포는 팔과 다리, 머리 등 눈에 띄는 특징을 드러내며 발달할 거예요.

배꼽
신생아의 배 한가운데에 달려 있던 탯줄은 2주 안에 떨어져요. 그 자리에 남은 조그만 흔적이 바로 배꼽입니다.

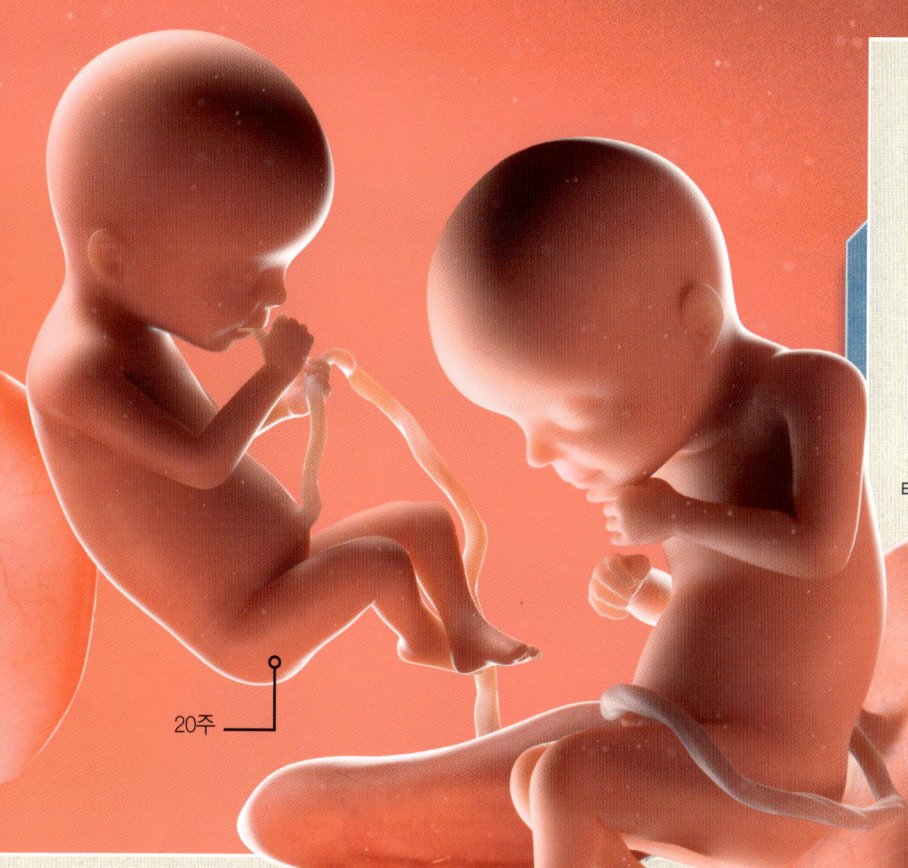

태반

태아는 자궁에서 성장하는 동안 엄마에게 산소와 영양분을 공급 받아요. 이는 엄마의 혈액으로부터 '태반'이라는 기관을 통해 전달되죠. 태반은 탯줄로 태아와 연결되어 있어요. 태아의 노폐물은 태반을 통해 엄마의 혈액으로 전달됩니다.

태반

20주

20주
손을 움켜쥘 수 있어요. 온몸이 희고 끈적끈적한 물질인 '태지'로 뒤덮여 있어요. 태지는 피부의 방수층 역할을 합니다.

28주
피부밑으로 점점 지방이 쌓이면서 피부 주름이 생겨요. 근육이 커지고 뇌가 빠르게 발달해요.

32주
머리부터 발끝까지 약 42 센티미터에 달하고 폐가 다 자라요. 손가락과 발가락을 꼼지락거리기도 하고, 팔과 다리 힘도 좋아져요.

32주

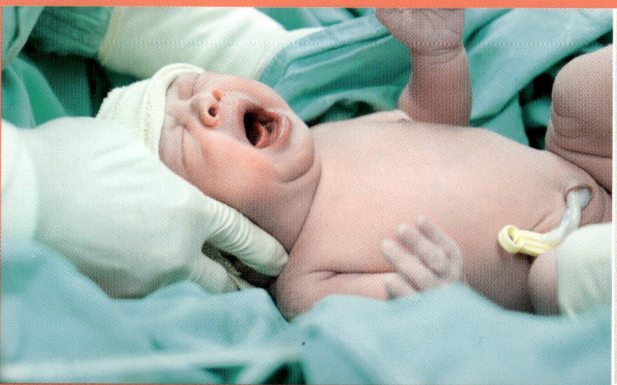

출산

수정된 날로부터 약 38주가 지나면 자궁 근육의 강력한 수축이 발생해요. 자궁 근육에 의해 다 자란 아기가 밀려나면서 질을 통과해 세상 밖으로 나와요. 탯줄을 자르면 아기는 첫 숨을 쉽니다.

사람의 성장 과정

사람은 아기로 태어나서 유아기부터 아동기를 지나 청소년기에 이르기까지 엄청난 성장을 이룹니다. 신체적, 인지적, 사회적 등 여러 측면으로 종합적인 발달이 이루어집니다. 사춘기에는 급격한 성장과 변화의 시기를 겪기도 합니다. 이 시기를 통과하며 차근차근 성인이 될 준비를 합니다.

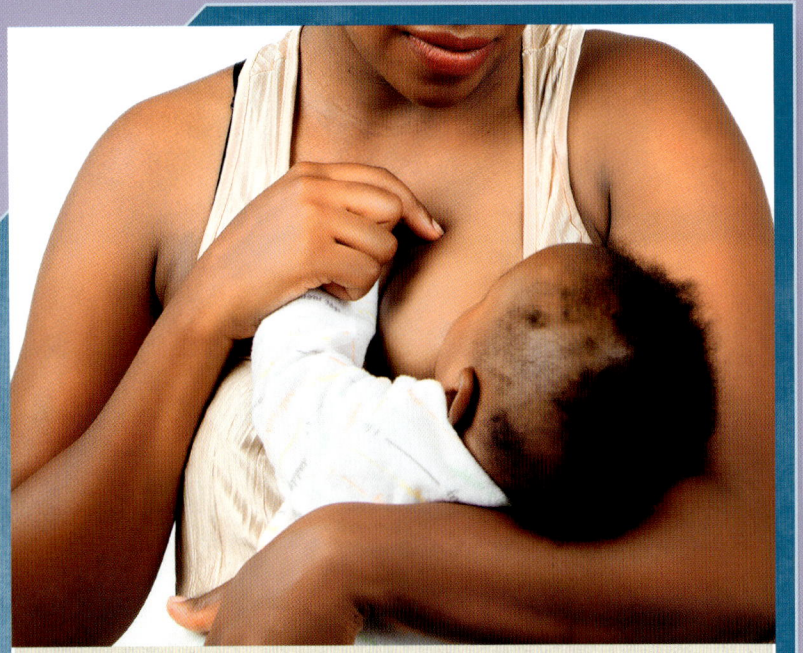

유아기

신생아는 절대적으로 부모에게 의존해요. 신체적으로 발달이 이루어지면서 완전히 의존적인 영아에서 유아로 성장해요. 이 시기에는 빠르게 성장하고 말하기와 걷기 등의 능력을 습득하며 발달하기 시작합니다.

모유

모든 포유류가 그렇듯 사람은 갓 태어난 아기에게 젖을 먹여서 키울 수 있어요. 젖은 엄마의 가슴에 있는 '유선'에서 생산됩니다. 유선은 사춘기에 발달하지만 임신하기 전까지는 기능을 하지 않아요. 출산하기 직전에 뇌하수체에서 분비되는 호르몬이 유선을 자극해 젖을 생산하게 만들어요.

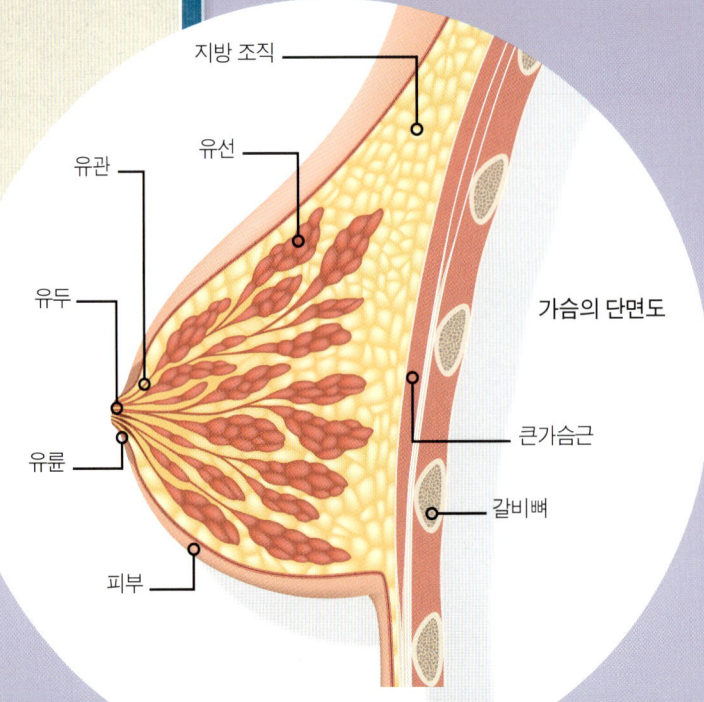

가슴의 단면도 — 지방 조직, 유선, 유관, 유두, 유륜, 큰가슴근, 갈비뼈, 피부

아동기

아동기는 몸과 뇌가 계속 성장하는 시기예요. 달리기, 공 던지고 받기, 자전거 타기 등의 신체적 능력과 읽기, 쓰기 등의 정신적 능력이 고루 발달해요. 또래와의 상호작용을 중요하게 여기고 사회성도 더 발달해요.

사춘기

10대가 되면 사춘기에 접어들어요. 성인이 되어 가는 시기로 격동적인 변화와 성장을 경험해요. 성호르몬의 분비량이 점점 증가히면서 이차 성징으로 신체의 변화가 나타나요. 공통적으로 음모와 겨드랑이 털이 자라요. 남자 아이들은 얼굴에도 수염이 나고, 목소리가 갈라지다가 저음으로 바뀌기도 합니다. 여자 아이들은 가슴이 커지고 골반이 넓어져요. 월경도 시작됩니다.

나이 드는 과정, 노화

노화는 시간이 흐르면서 나이가 많아짐에 따라 퇴행하는 현상이에요. 육체적, 심리적, 사회적인 능력이 점점 쇠퇴해요. 하지만 늙어 가는 것은 자연스러운 삶의 일부예요.

성인기

18~20세가 되면 성인기에 도달하면서 성장을 멈춰요. 체력과 생식 능력이 생애 최고 수준에 이르는 시기죠. 30대 중반까지 이 상태를 유지하다가 점점 노년기로 향하면서 활동력이 둔화되고 쇠퇴하기 시작합니다.

건강한 노화를 위해서는 규칙적인 운동, 균형 잡힌 식단, 사회적 활동 등이 필요해요.

노화 현상

나이가 들수록 우리 몸은 손상된 부위를 새로 복구하기까지 시간이 오래 걸려요. 노화는 대개 모든 신체 영역에서 징후를 보이기 시작하며 서서히 진행됩니다.

피부
피부 탄력이 떨어지고 주름이 생기기 시작해요.

머리카락
머리카락이 가늘어지고 희끗해지기 시작해요.

치아
치아와 잇몸 사이가 벌어지고 충치와 감염에 취약해져요.

눈과 귀
가까운 물체를 볼 때 초점이 잘 맞지 않고 청력이 떨어져요.

순환계
혈관이 탄력을 잃고 고혈압에 걸릴 위험성이 높아져요.

방광과 요로
방광의 탄력이 떨어져서 화장실에 자주 가는 번거로움이 생겨요.

뼈와 관절, 그리고 근육
뼈의 길이가 약간 줄어들고 밀도가 낮아져서 골절의 위험이 있어요. 근육의 힘과 지구력, 유연성이 떨어지기 시작해요..

기억력과 사고력
나이가 들수록 기억력과 사고력이 감퇴하기도 해요. 누군가의 이름이나 방금 일어난 일을 기억하는 데 어려움을 겪기도 합니다.

노화에 대비하기

노화를 완전히 막을 수는 없지만 대비할 수는 있습니다. 근육과 뼈, 순환계를 건강하게 유지하는 규칙적인 운동은 필수예요. 신선한 과일과 채소, 장 건강을 돕는 식이섬유, 뼈 밀도를 높이는 칼슘, 무기질 등 균형 잡힌 식단도 중요해요. 독서, 지적인 게임, 취미, 스포츠 등은 정신 건강에도 긍정적인 영향을 줍니다. 사교적 활동, 휴식과 수면, 예방접종 등은 기억력 감퇴 예방은 물론 스트레스와 우울증 관리에도 효과적이에요. 이처럼 건강한 식단과 생활 방식의 변화는 질병의 위험을 낮추고 노화를 늦추는 데 큰 도움이 됩니다.

유전암호의 비밀

우리의 모습을 만드는 생물학적 암호는 몸의 모든 세포(적혈구 제외)의 핵 속에 든 특수한 분자에 저장되어 있어요. 이 분자가 바로 '데옥시리보핵산', 즉 DNA 입니다.

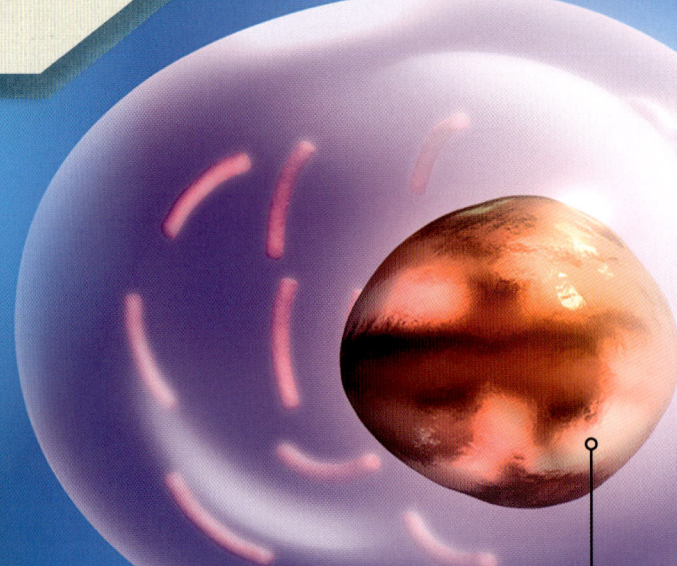

세포핵

염색체

세포 염색체

세포 하나의 핵 속에 든 염색체의 수는 각각 23쌍으로 총 46개입니다. 이 중 한 쌍은 성염색체로 남성과 여성을 구분 짓는 역할을 합니다. 수정란이 만들어질 때 어머니의 난자와 아버지의 정자로부터 각각 23개씩 물려받아요. 염색체는 수만 개의 유전자 정보를 담고 있으며 그로인해 우리는 성격, 외모, 지능, 질환 등의 고유한 특징을 타고납니다.

유전적 유사성

우리는 지구상의 모든 사람과 유전적으로 약 99.9퍼센트 유사해요. 수십억 년에 걸쳐 진화하면서 유전 정보는 크게 변화했지만, 여전히 지구상의 모든 생물은 유사한 유전 정보를 공유하고 있어요. 인간과 침팬지는 96퍼센트 정도의 유전적 유사성을 갖고 있어요. 인간과 고양이는 90퍼센트, 인간과 바나나는 60퍼센트 유사합니다.

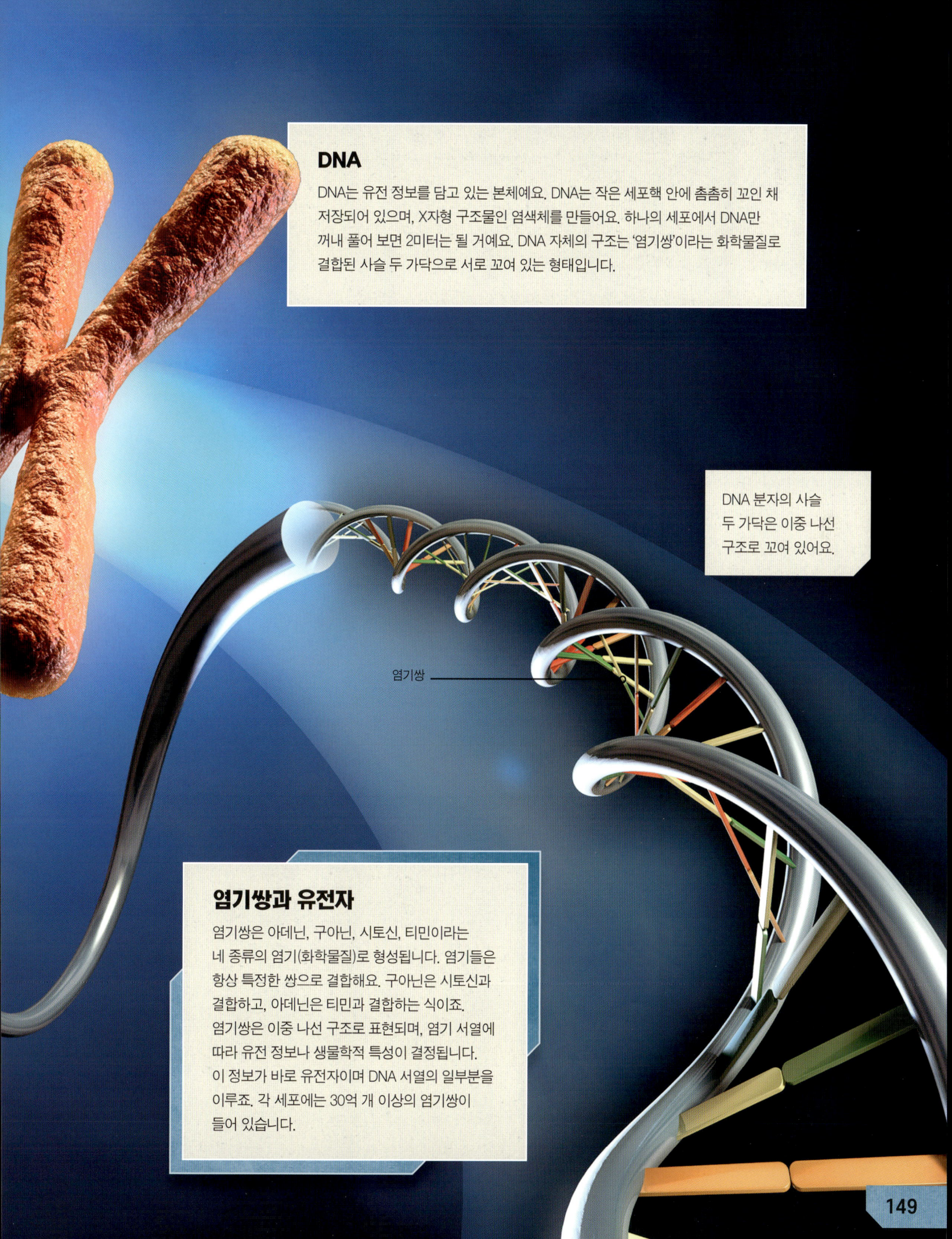

DNA

DNA는 유전 정보를 담고 있는 본체예요. DNA는 작은 세포핵 안에 촘촘히 꼬인 채 저장되어 있으며, X자형 구조물인 염색체를 만들어요. 하나의 세포에서 DNA만 꺼내 풀어 보면 2미터는 될 거예요. DNA 자체의 구조는 '염기쌍'이라는 화학물질로 결합된 사슬 두 가닥으로 서로 꼬여 있는 형태입니다.

DNA 분자의 사슬 두 가닥은 이중 나선 구조로 꼬여 있어요.

염기쌍

염기쌍과 유전자

염기쌍은 아데닌, 구아닌, 시토신, 티민이라는 네 종류의 염기(화학물질)로 형성됩니다. 염기들은 항상 특정한 쌍으로 결합해요. 구아닌은 시토신과 결합하고, 아데닌은 티민과 결합하는 식이죠. 염기쌍은 이중 나선 구조로 표현되며, 염기 서열에 따라 유전 정보나 생물학적 특성이 결정됩니다. 이 정보가 바로 유전자이며 DNA 서열의 일부분을 이루죠. 각 세포에는 30억 개 이상의 염기쌍이 들어 있습니다.

신비한 유전

유전은 어머니와 아버지가 지닌 특성이 자식에게 전해지는 현상이에요. 우리는 부모의 유전적 정보를 모두 얻기 때문에 일부 신체적 특징과 행동 방식, 성격, 체질 등 형질을 물려받아요.

생식세포

남성과 여성의 생식세포에는 각각 23개의 염색체가 있습니다. 두 생식세포가 수정되면서 한데 합쳐져 총 46개의 염색체가 되죠. 모든 세포마다 46개씩 있어요. 이 염색체에는 두 부모로부터 반반씩 물려받은 형질을 결정하는 유전자가 들어 있습니다.

우성 혹은 열성

유전자는 두 부모로부터 하나씩 물려받은 한 쌍의 대립 유전자로 구성되지만 둘 중 하나가 영향력이 더 커요. 영향력이 큰 쪽은 '우성 유전자', 반대쪽은 '열성 유전자'라고 해요. 우성 유전자에 의해 결정된 형질이 나타납니다.

부모 중 한 사람이 열성 유전자인 파란 눈동자를 가졌고 다른 사람이 우성 유전자인 갈색 눈동자를 가졌다면 아이는 갈색 눈동자를 갖게 됩니다.

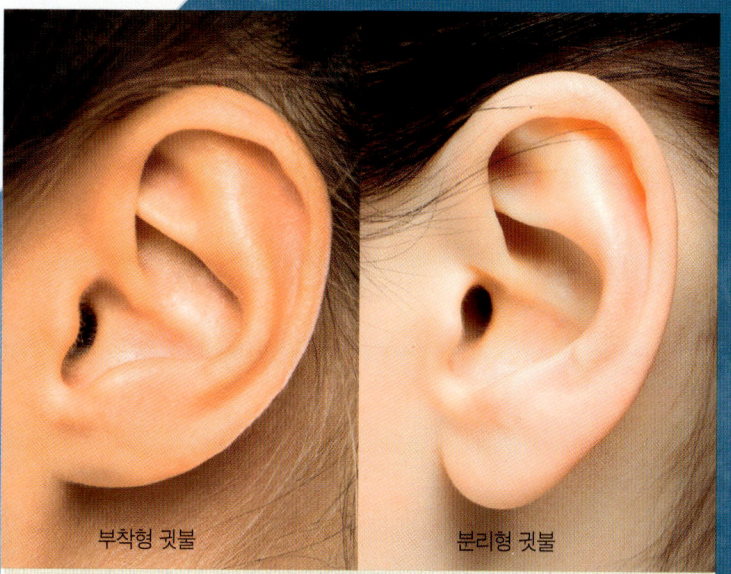

부착형 귓불   분리형 귓불

얼굴 옆면에 붙어 있는 부착형 귓불과 얼굴 옆면과 분리되어 늘어진 분리형 귓불이 있어요. 귓불의 모양도 유전되는 형질이랍니다.

유전되는 형질

부모로부터 유전되는 형질 중에서 대다수는 명확하게 드러나요. 눈동자의 색, 머리카락의 색과 모양, 피부색, 혈액형, 주근깨 등이 그러하죠. 그런데 명확히 눈에 보이지 않는 형질들도 있어요. 귓불이 얼굴 옆면에 붙어 있는 모양, 밝은 빛 앞에서 재채기하는 증상, 손바닥에서 땀이 많이 나는 증상, 수면에 어려움을 겪는 불면증 등도 유전되는 형질이에요. 또 혈우병처럼 유전적인 요인으로 걸릴 수 있는 질환들도 있습니다.

자녀는 부모로부터 신체적 특징과 행동적 특징을 물려받아요.

용어 풀이

감각신경: 감각 기관에서 보낸 신호를 척수와 뇌로 전달하는 신경.

감염: 몸속에 세균이나 바이러스 같은 병원체가 침입해서 증식하는 것. 감염은 몸에 해로운 영향을 끼칠 수 있고 최악의 경우에는 사망할 수도 있다.

겉질: 뇌나 콩팥 등 장기에서 겉과 속의 구조가 구별될 때 겉을 이루는 층.

계통: 뼈와 조직의 집합체로서 특정 기능을 수행하기 위해 일정한 체계에 따라 함께 일한다. 골격계, 신경계, 내분비계 등이 있다.

고유 수용성 감각: 신체의 위치와 움직임을 파악하여 중추신경계로 전달하는 감각.

골수: 뼈의 중심부에 있는 부드러운 조직. 혈구를 생성하는 골수를 적색골수, 지방으로 거의 채워진 골수를 황색골수라고 한다.

골절: 뼈가 부분적으로, 또는 완전히 부러지는 것.

관절: 두 개 이상의 뼈가 맞닿은 부분.

귓속뼈: 귓속에 있는 작은 뼈들. 가운데귀에서 속귀로 음파를 증폭시켜 전달한다.

글리세롤: 지방의 성분 중 하나로, 무색투명하고 단맛과 끈기가 있다.

글루카곤: 이자의 랑게르한스섬에 있는 알파 세포에서 분비되는 호르몬. 인슐린과 반대로 혈당을 늘리는 기능을 한다.

기관: 서로 다른 조직들이 모여 만들어진 개별적인 신체 부위. 저마다 특정한 역할을 맡고 있다. 뇌, 위장, 피부 등이 여기에 해당한다.

길항 작용: 생물체의 어떤 현상에 대해 서로 반대되는 요인들이 작용하여 서로의 효과를 억제하고 항상성을 유지하는 것.

낭: 조직 중에서 조그만 주머니나 샘을 가리키는 말로 털이 자라나는 모낭, 난자를 내보내는 난포 등이 있다.

내분비계: 호르몬을 분비하는 샘과 기관으로 이뤄진 신체 계통.

네프론: 신장(콩팥)을 구성하는 가장 작은 기능적 단위. 수많은 네프론이 모여 신장을 이룬다.

뇌척수액: 뇌와 척수 주위를 둘러싼 액으로, 뇌와 척수를 보호하는 쿠션 역할을 한다.

뉴런: 신경세포를 가리키는 명칭.

단백질: 여러 아미노산으로 이루어진 물질. 건강한 식단을 구성하기 위해 꼭 필요한 요소이다. 몸속에서 새로운 세포를 만들고 손상된 세포를 치유하는 등의 중요한 과정에 많이 쓰인다.

대뇌: 뇌의 최상위 부분으로, 두 개의 반구로 이루어져 있다. 사람의 뇌에서 가장 많은 부분을 차지한다.

대변: 필요 없는 음식 찌꺼기로 만들어지는 고형 노폐물로, 항문을 통해 몸 밖으로 내보낸다.

동맥: 심장에서 나온 혈액을 운반하는 혈관의 한 종류. 동맥의 벽은 두꺼운 근육층으로 이루어져 있어서 혈액의 압력을 견딜 수 있다.

DNA(데옥시리보핵산): 긴 사슬 모양의 화학물질로, 유기체의 유전 정보가 저장되어 있다.

랑게르한스섬: 이자에 있는 내분비 세포 덩어리. 서로 길항 작용을 하는 글루카곤과 인슐린의 분비를 통해 우리 몸의 혈당을 정상 수준으로 유지하는 데 기여한다.

렘(REM): 급속 안구 운동(Rapid Eye Movement)의 줄임말로, 수면의 단계 중 하나다. 안구가 빠르게 움직이는 현상이 일어나며 이때 꿈을 꾸는 경우가 많다.

림프계: 면역계의 일부로, 림프라는 체액을 운반하는 림프관과 림프절 등으로 구성된 신체 계통.

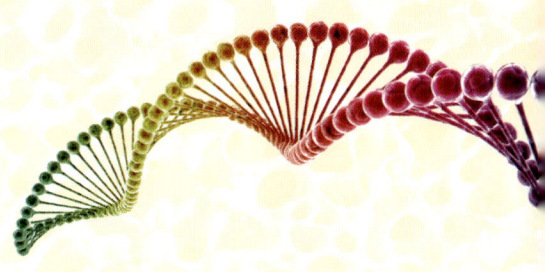

ㅁ

말이집: 신경세포를 감싸고 있는 절연층으로, 빠르고 효율적으로 신호를 보낼 수 있도록 돕는다.

멜라닌: 털이나 피부의 색을 결정하는 흑갈색 혹은 검은색 색소. 햇볕을 쬐면 멜라닌이 생성되어 피부가 검게 그을리게 된다.

면역계: 질병을 일으키는 요소로부터 신체를 보호하기 위해 방어하고 대응하는 신체 계통. 신체 외부에서 방어하는 피부, 점막 등과 신체 내부에서 병원체를 무력화하는 각종 세포와 체액 등을 포함한다.

모세혈관: 아주 가느다란 혈관 또는 림프관으로, 벽이 보통 한 층의 세포로만 되어 있다.

무기질: 몸을 건강하게 유지하는 데 핵심적인 역할을 하는 독특한 물질로, 균형 잡힌 식단의 필수 요소다. 예컨대 칼슘은 튼튼한 골격을 유지하는 데 중요한 물질이다.

미즙: 일부 소화된 음식물, 산, 기타 화학물질이 섞여 만들어진 액. 위에서 나와 작은창자로 흡수된다.

민무늬근: 내장 기관에서 주로 볼 수 있는 근육 조직. 보통 마음대로 통제할 수 없는 불수의근이다.

ㅂ

바이러스: 전염성 병원체로, 스스로 복제하려면 살아 있는 유기체의 세포가 필요하다.

반사: 신체가 자극에 반응하는 것으로, 의도된 결정 없이 무의식적으로 일어난다.

배란: 월경 주기의 단계 중 하나로 난자가 난소에서 배출되는 일.

배반포: 수정 후 약 5~6일째 둥근 공 모양으로 만들어지는 세포 덩어리. 그 안의 세포들은 배아로 자라나게 된다.

백신: 항체의 생성을 촉진하고 질병에 면역이 생기도록 만드는 물질.

병원체: 세균이나 바이러스처럼 질병의 원인이 되는 본체.

비타민: 몸의 특정한 기능에 중요한 역할을 하는 물질. 예컨대 비타민 D는 칼슘 흡수를 도와서 튼튼한 뼈를 만들도록 돕는다.

뼈대근: 뼈에 연결된 근육 조직으로 몸의 움직임을 돕는다.

ㅅ

사정: 음경에서 정액이 배출되는 현상.

사춘기: 성호르몬의 분비가 활발해지고 성적으로 성숙하는 시기.

샘: 화학물질을 분비하는 신체 부위. 예컨대 피부의 땀샘은 체온을 낮춰 주는 땀을 생산한다.

생식계: 자손을 생산하는 '생식'을 목적으로 하는 신체 계통. 남성의 생식 기관은 정자, 정소, 사정관, 요도, 음경 등으로 이루어져 있고, 여성의 생식 기관은 난자, 난소, 자궁, 질, 외음부 등으로 이루어져 있다.

세포: 유기체를 이루는 가장 작은 기능적 단위.

세포호흡: 모든 생물체가 에너지를 방출하는 과정. 보통 산소와 포도당을 결합하여 이산화탄소, 물, 에너지를 생성한다.

소뇌: 대뇌의 뒤쪽에 위치하는 뇌의 한 부분. 근육의 움직임을 관장한다.

소화: 음식물을 작은 물질로 분해하여 몸에 흡수되도록 만드는 일.

소화계: 음식물을 분해하고 흡수하여 에너지와 영양분을 체내에 공급하도록 돕는 신체 계통. 위장관부터 위, 소장, 대장 등 소화 기관을 포함한다.

수정: 남성의 생식세포 정자와 여성의 생식세포 난자의 융합.

수혈: 한 사람의 혈액을 다른 사람의 혈관에 주입하는 것.

숫구멍: 신생아의 두개골 사이에 난 공간으로, 성장하면서 점차 닫힌다.

순환계: 혈액이나 림프액 등 체액을 운반하며 생명 활동에 필요한 산소와 영양소를 체내에 공급하고 이산화탄소나 노폐물을 몸 밖으로 배출하도록 하는 신체 계통.

시냅스: 두 신경세포 사이의 연결 지점.

식세포 작용: 백혈구가 병원체를 잡아먹는 과정.

신경계: 외부의 자극을 받아들이고 반응을 일으키는 활동과 관련된 신체

용어 풀이

계통. 신경세포(뉴런), 중추 신경계, 말초 신경계 등이 여기에 포함된다.

심장근: 심장에만 존재하는 근육 조직의 하나.

쓸개즙: 소화를 돕는 액. 간에서 만들어져 쓸개에 저장된다.

ㅇ

아드레날린: 신장 옆 부신이라는 장기에서 분비되는 호르몬. 스트레스를 받는 상황에서 분비되어 신체 능력과 집중력을 강화시킨다. 과도한 알레르기 반응(아나필락시스) 시에 진정제로 투여되기도 한다.

알레르기 반응: 알레르기 반응을 일으키는 항원 알레르겐에 대한 민감성. 신체 면역계의 과민 반응을 유발한다. 예를 들어 건초열을 앓는 사람은 꽃가루에 알레르기 반응을 보인다. 꽃가루에 노출되면 눈이 간지럽고 콧물이 흐르고 재채기가 날 수 있다.

엑스레이: 고에너지 영역의 광선으로, 부드러운 신체 부위는 투과하고 뼈와 같은 단단한 부위는 투과하지 못한다. 신체 내부의 영상을 얻는 데 쓰인다.

연골: 탄력 있는 결합 조직의 하나. 기관(숨관)이나 바깥귀(외이) 같은 구조물을 지탱하거나 관절의 뼈 표면을 덮고 있다.

연동운동: 장에서 음식물을 밀어내기 위해 근육이 물결 모양으로 수축하고 이완하는 것.

염색체: 세포의 핵에 든 DNA라는 긴 사슬 모양의 분자가 실타래처럼 꼬여서 만들어진 구조물로, 유전 정보가 저장되어 있다.

영양소: 몸을 건강하게 유지하는 데 중요한 역할을 하는 음식 속 물질. 에너지나 몸이 성장하고 회복하도록 돕는 물질을 공급한다.

예방접종: 주로 백신을 투여해 감염으로부터 면역성이 생기게 만드는 것.

운동신경: 뇌나 척수에서 신체 부위로 신호를 전달하는 신경.

월경: 임신이 가능할 만큼 성숙한 여성의 자궁에서 혈액과 함께 자궁내막이 떨어져 나오는 것. 월경 주기에 따라 보통 한 달에 한 번 일어난다.

유전자: 고유한 특징을 나타내는 유전 정보가 담긴 DNA 분자의 일부.

윤활관절: 엉덩이나 발꿈치 등에 있는 관절. 각 뼈의 끝부분이 주머니로 둘러싸여 있고 그 안에 윤활액이 차 있어서 뼈가 원활히 움직이도록 돕는다.

융모: 손가락 모양의 아주 작은 구조물로, 창자와 같은 신체 부위의 표면적을 넓힌다.

인공기관: 신체 부위를 인공적으로 대체하는 것으로, 인공 다리나 인공 심장 등이 있다.

인슐린: 이자의 랑게르한스섬에 있는 베타 세포에서 분비되는 호르몬. 글루카곤과는 반대로 체내의 혈당을 내리는 기능을 하며, 신체의 대사 조절에 관여한다.

ㅈ

자율신경계: 우리가 대체로 잘 인식하지 못하는 호흡이나 심장박동과 같은 신체 기능을 제어하는 신경계.

정맥: 다시 심장으로 향하는 혈액이 지나는 혈관. 혈관 내에 판막이 있어서 압력 낮은 혈액이 잘못한 방향으로 흐르지 않도록 막는다.

조임근: 고리 모양의 근육 조직으로, 항문, 위의 출입구 등이 있으며 기관의 입구나 통로를 조절한다.

조직: 유사한 형태의 세포들이 하나의 단위로서 함께 일하는 집합체.

지방: 글리세롤과 지방산이 결합한 영양소의 한 종류. 기름과 버터에 들어 있다.

지방산: 지방의 한 성분.

진피: 표피 아래에 있는 피부층으로, 혈관, 땀샘, 모낭, 신경 말단이 포함되어 있다.

ㅊ

축삭: 신경세포를 구성하는 한 부분. 신경세포의 세포체로부터 신호를 받아 다른 신경세포로 전달한다.

치밀뼈: 신체 전체의 뼈에서 바깥층을 이루는 밀도 높은 조직. '겉질뼈'라고도 한다.

ㅋ

케라틴: 단단한 성질의 단백질. 털, 손발톱, 바깥층의 피부 세포를 이룬다.

코르티솔: 부신에서 생성되는 호르몬으로, 급성 스트레스에 대항해 신체에 필요한 에너지를 공급해 주는 역할을 한다.

ㅌ

탄수화물: 탄소, 수소, 산소로 구성된 영양소의 하나. 설탕, 녹말, 셀룰로스 등이 있다.

투석: 콩팥의 기능을 대체하는 투석 기계에 혈액을 통과시켜 노폐물을 제거하는 일.

ㅍ

표피: 피부층의 맨 바깥층.

피부계: 몸의 바깥층을 구성하는 신체 계통으로, 피부, 털, 손발톱 등이 있다.

피지샘: 피부에 있는 작은 샘으로, 피부와 모발을 탄력 있게 유지해주는 기름 물질인 피지를 만든다.

ㅎ

항원: 신체의 면역 반응을 일으키는 외부 물질.

항체: 혈액 속에 존재하는 항체는 특정한 항원을 발견하면 달라붙는다. 그러면 면역계가 이 항원을 알아채고 공격해서 파괴한다.

해면뼈: 작은 구멍이 많이 나 있고 적색골수로 채워진 뼈조직. 뼈를 가벼우면서도 튼튼하게 만들어준다.

허파꽈리: 폐의 기도 끝에 달린 공기 주머니. 허파꽈리를 통해 산소가 들어와 혈액으로 퍼지고, 혈액 속 이산화탄소는 몸 밖으로 나간다.

혈관 수축: 어떤 신체 부위로 향하는 혈액의 흐름을 바꾸기 위해 혈관을 좁히는 것.

혈관 확장: 어떤 신체 부위로 더 많은 혈액이 흐를 수 있도록 혈관을 넓히는 것.

혈소판: 혈액 안의 작은 세포 조각으로, 혈액을 응고시키는 중요한 역할을 한다.

혈장: 혈액을 구성하는 담황색 액체.

호르몬: 몸에서 분비되어 특정한 신체 부위의 작용을 조절하는 특수한 화학물질.

효소: 음식물의 소화와 같은 화학적 반응의 속도를 높이는 화학물질.

히스타민: 외부의 자극으로부터 신체를 보호하기 위해 분비되는 화학물질. 히스타민이 분비되면 혈관 확장, 발열, 부어오름, 통증 등을 일으킨다. 심한 경우 알레르기 반응을 유발한다.

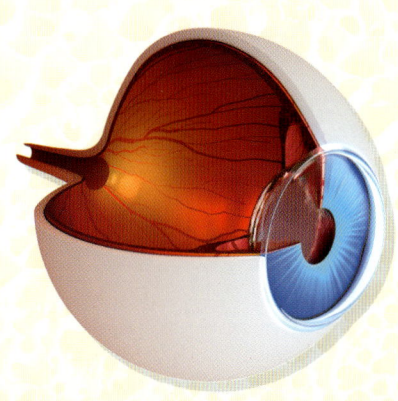

찾아보기

ㄱ

가로막 ·················· 52~53, 68~69
가슴샘 ························ 107, 121
가지돌기 ·························· 76~77
간 ············ 45, 51~53, 109~110, 113
간세포 ································· 53
감각 ··· 72, 75, 77~79, 82, 92~105, 134
갑상샘 ································ 106
겉질 ··· 64, 79, 88, 93, 97, 98, 100, 103
고름 ························· 12~13, 122, 130
고유 수용성 감각 ····················· 105
고환 ························ 106, 136~137
곧은창자 ······················ 45, 54, 55
골다공증(뼈엉성증) ···················· 21
골수 ································ 18~19
골절 ································ 24~25
관절 ····· 22, 26~29, 105, 114, 134, 147
구역반사(구개반사) ····················· 83
구토 ························· 54, 117, 126
궁둥신경 ······························· 75
귀 ·················· 8, 15, 22, 75, 96~97,
                    104, 121, 142, 147
귓불 ······························ 96, 151
귓속뼈 ····························· 15, 96
균형 ······························ 104~105
근육 ················ 6, 8~11, 15~17, 27,
30~39, 42~43, 45~46, 48~49, 51, 61~63,
68~70, 75, 79, 82~85, 98, 104~105, 109,
    112~113, 117~118, 128, 134, 143, 147
근육섬유 ························ 30~31, 33
글루카곤 ·························· 110~111
기관(숨관) ························ 48, 66~67
기억 ······· 75, 78~79, 88~90, 125, 147
기체교환 ························· 59, 67, 69
기침 ·································· 116~117
길항작용 ······························ 35
꿈 ··································· 86~87

ㄴ

나팔관 ················ 137~139, 140~142
난소 ························ 106, 137~139
난자 ························ 136~141, 148
내분비계 ··············· 72, 106~107, 110
네프론 ····························· 64~65
노화 ···················· 21, 134, 146~147
뇌 ············· 7, 17, 23, 73~75, 78~82, 86,
    88~93, 96~101, 103~107, 112, 143, 145
뇌줄기 ································· 78
뇌척수액 ······························ 81
뇌하수체 ············ 93, 107, 112~113, 144
눈 ················ 37, 83, 86, 92~93, 95,
           109, 117, 132~133, 147, 150
눈물 ······························ 117, 127

ㄷ

단백질 ·········· 10~11, 21, 40, 43~44, 48,
        51, 53, 58, 109, 113, 118, 120, 131
달팽이관 ························ 96~97, 104
당뇨병 ································ 87, 111
대뇌 ································· 78~79, 84
대동맥 ······························· 56~57, 63
대변 ·································· 45, 52, 54~55
동맥 ·························· 56~57, 60~61, 63~64
땀 ··································· 11, 33, 85, 109
DNA(디옥시리보핵산) ··· 129, 148~149

ㄹ

랑게르한스섬 ······················ 110~111
림프계 ···················· 114, 120~122, 124
림프샘 ························ 120~122, 124

ㅁ

막창자(맹장) ························· 54
말이집 ··························· 76, 81
말초 신경계 ··························· 75
맛봉오리(미뢰) ·················· 46, 98~99
맥박 ··································· 63
머리뼈 ······················ 14, 17, 23, 26
멍 ··································· 119
멜라닌 ····························· 10, 12
면역계 ···················· 114, 124~126, 130
모세혈관 ············ 33, 51, 57, 60~61, 67
목뿔뼈 ································· 26
무기질 ······················ 21, 40, 42, 55
무릎 ························ 27~28, 33, 83
미각 ······························· 98~99
미즙 ··························· 49~51, 55
민무늬근 ······························ 30

ㅂ

바이러스 ·············· 114, 122, 124, 131
반사 ······························ 82~83, 103
발 ············ 14, 16, 32, 34, 56, 75, 83, 91
발가락 ·················· 8, 11, 14, 16~17, 28,
                        132, 142~143
발톱 ······························ 8, 10~11
방광 ························· 65, 85, 147
방어 ······················ 114, 116, 124, 141
배꼽 ··································· 142
백신 ······························· 128~131
백질 ··································· 81
백혈구 ············· 13, 20, 59, 114, 120~124
병원체 ··························· 120~125
봉합 ··································· 26
부갑상샘 ······························ 106
부신 ······························· 106, 108

비타민	40, 43, 55
뼈	8, 14~25, 39, 112~113, 147
뼈대(골격)	14~15
뼈대근(골격근)	8, 30~34, 36, 82
뼈모세포(골모세포)	20
뼈세포(골세포)	18, 20, 22, 25
뼈잔기둥(골소주)	21
뼈파괴세포(파골세포)	20

ㅅ

사춘기	113, 134, 136~137, 144~145
산소	40, 57, 59~60, 63, 66~67, 69~71, 79, 85, 109, 143
상아질	47
상처	56, 59, 103, 114, 116, 118~119, 122, 130
색맹	95
샘창자(십이지장)	50, 52~53
생식계	136
생식 기관	106, 136~138
생식세포	134, 136~137, 140, 150
생애 주기	134
섬모	67, 100, 137, 139
성격	90~91, 148, 150
성대	69
성인기	113, 134, 146
성장호르몬	112~113
성호르몬	106, 107, 113, 134, 145
세균	7, 10, 12~13, 47~48, 54~55, 114, 116~117, 122, 124, 131
세반고리관	104
세포	6~8, 40, 70
세포 호흡	70~71
소뇌	78~79, 88
소름	11, 85
소변	64~65, 85

소화계	40, 44~55, 109
손	10, 14, 16, 29, 39, 90~91, 126, 133, 143
손가락	8, 11, 15, 16~17, 28~29, 36~37, 39, 103
손톱	8, 10~11
솔방울샘	106
수면	86~87, 106, 109, 147, 151
수분	43
수정	140~141
수혈	56
순환계	56~57, 62, 147
숫구멍(천문)	23
시각	92~95
시각세포	92~93
시냅스	76~78, 89
시상하부	107, 112
식단	15, 21, 27, 40, 42~43, 147
식도	45, 48, 117
식이섬유	43, 147
신경계	72, 74~76, 84~85
신경세포(뉴런)	31, 73~78, 80~81
신진대사	106
심장	7, 40, 42, 56~57, 60~64, 66~67, 71, 85, 120~121, 129, 133, 142
심장근	31
심장마비	63, 87
심장박동	78, 85, 109
쌍둥이	141
쓸개	45, 50, 52~53
쓸개즙	45, 52~53

ㅇ

아기	14, 23~24, 58, 83, 85, 87, 134, 143~144
아나필락시스	127

아드레날린	108~109, 127
아킬레스힘줄(아킬레스건)	39
알레르기	126~127
얼굴근육	36
에너지	19, 33, 42~43, 70, 79, 106, 109~110, 113
엑스레이	15, 24~25
여드름	13
연골	8, 22~23, 25, 27~28, 43, 66
연동운동	48, 55
열	85, 117
염색체	148~150
영양소	42~45, 51~52, 57, 60, 63, 79, 85, 109
예방접종	130~131
왜소증과 거인증	113
원뿔세포	95
월경 주기	137~139
위	30, 45, 48~49, 67
위액	48~50
유선	144
유아동기	23, 113, 145
유전	148~151
융모	51
음모	12, 145
의학	128~129
이	47, 147
이산화탄소	40, 57, 59, 66~67, 69~70
이자(췌장)	45, 50, 52~53, 106, 110
인공 기관	132~133
인대	37~39
인슐린	110~111
임신	137, 139, 142~143
입	45~47

157

찾아보기

입술 ·· 46

ㅈ

자궁 ··· 137, 143
자세 ··· 27, 32
자율신경계 ································· 84~85
작은창자(소장) ············· 45, 49~51, 54
잔섬유 ·· 31, 34
장기이식 ··· 133
적혈구 ··· 6, 19, 42, 52, 58~59, 118, 122
점액 ······························ 67, 100, 117, 127
정맥 ································· 56~57, 61, 64
정액 ··· 140
정자 ···················· 106, 136~137, 140~141
재채기 ······························· 116~117, 151
중추신경계 ······································· 75
지능 ··· 90
지라 ··· 121
지방 ······································ 43~44, 48, 63
지방산 ································· 44, 51, 111
진피 ··· 10, 102
질병 ························· 114, 124, 128~131, 147

ㅊ

척수 ······························· 73~75, 78, 80~82
척추뼈 ······························· 14, 17, 27, 81
천식 ································· 68, 108, 127
천연두 ····································· 130~131
청력 ······························ 96~97, 134, 147
체온 조절 ···················· 11, 33, 43, 53, 84
촉각 ··· 102~103
추간판 ··· 27, 81

축삭 ······································· 74, 76~77
치밀뼈 ·· 18
침 ····································· 44~46, 84

ㅋ

케라틴 ··································· 8, 10~11
코 ················· 22, 40, 66, 68, 101, 117,
126~127, 130~131
코르티솔 ·· 109
콜라겐 ··· 43
콩팥(신장) ························· 56, 64~65, 108
큰창자(대장) ································ 45, 54~55

ㅌ

탄생 ··· 143
탄수화물 ·························· 42, 44, 51~52
태반 ··· 143
태아 ······························ 22~23, 135, 142~143
탯줄 ··· 143
털 ··································· 8, 10~13, 145, 147
통증 ······························ 79, 82, 99, 102~103
투석 ··· 65

ㅍ

판막 ·· 61~63
편도체 ··· 88
포도당 ··············· 44, 51, 53, 65, 70, 109~111
표피 ··· 10
피부 ·························· 7~8, 10~12, 14~15,
36~38, 102, 116, 147

피부계 ··· 8
피지 ·································· 12~13, 116

ㅎ

하품 ··· 83
항문 ·· 45, 54
항체 ······························ 122, 124~126, 130
해마 ··· 88
해면뼈 ·· 18, 21
허파 ······················· 40, 57, 59~62, 66~70, 85
허파꽈리 ······································ 66~67
혀 ······························ 26, 46, 48, 98~99
혈관 ········· 11, 18, 23, 25, 40, 43, 47, 56,
58~67, 79, 84, 109, 118~119, 122,
124, 142, 147
혈당 ·································· 72, 108~111
혈소판 ······························ 19, 58~59, 118
혈압 ··············· 86~87, 106~107, 109, 147
혈액 ············ 11, 40, 52~53, 55~67,
72, 79, 81, 85, 106, 109~112,
118~124, 128, 139, 143
혈액형 ································· 56, 59, 151
혈우병 ··· 119
혈장 ··· 58
혈전 ·· 25, 118
호르몬 ······························ 52~53, 138~139
호흡 ·························· 40, 59, 66~67, 70~71,
78, 83, 85, 127
회백질 ··· 81
효소 ··················· 44~46, 48~49, 51~52, 109
후각 ··· 99~101
후두 ·· 66, 69
후두덮개 ································ 48, 66, 98
히스타민 ······································ 126~127
힘줄 ·· 17, 37~39

158

이미지 출처

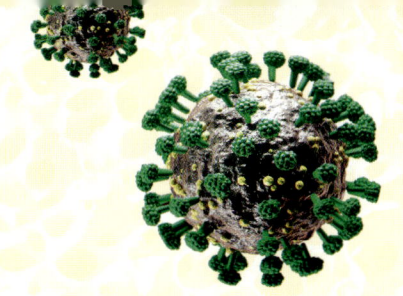

이 책에 이미지를 실을 수 있도록 기꺼이 허락해주신 분들께 감사드립니다. 각 페이지의 이미지 출처는 다음과 같습니다.

Alamy:
129쪽 상단 중앙 - IanDagnall Computing / Alamy Stock Photo

Shutterstock.com:
3쪽 - SciePro, 4-5쪽 - SciePro, 6쪽 상단 - vipman, 6쪽 중앙 좌측, 6쪽 하단 - MattLphotography, 6쪽 중앙 - Designua, 7쪽 중앙 - metamorworks, 7쪽 상단 - SciePro, 7쪽 상단 우측, 7쪽 중앙 - sciencepics, 8-9쪽 Alex Kravtsov, 10-11쪽 Motionblur Studios, 10쪽 하단 좌측 - Rido, 11쪽 중앙 상단 - Creative Cat Studio, 11쪽 중앙 하단 - Tyler Olson, 11쪽 하단 좌측, 11쪽 하단 우측 - Sakurra, 12-13쪽 Kateryna Kon, 12쪽 좌측 - Albert Kho, 13쪽 상단 우측 - lonesomebunny, 13쪽 하단 좌측 - GraphicsRF.com, 14-15쪽 - Kjpargeter, 14쪽 중앙 좌측 - Magic mine, 15쪽 중앙 우측, 15쪽 하단 우측 Tatjana Baibakova, 16쪽, 17쪽 중앙 좌측, 17쪽 하단 우측 - SciePro, 17쪽 상단 중앙, 17쪽 하단 좌측 - sciencepics, 17쪽 상단 우측 - Veronika Surovtseva, 18쪽 중앙 좌측 - Choksawatdikorn, 18쪽 하단 중앙 - Bborriss.67, 19쪽 상단 - sciencepics, 19쪽 하단 우측 - vetpathologist, 20-21쪽 Kateryna Kon, 20쪽 하단 - studiovin, 21쪽 - beranicle, 22쪽 중앙 좌측 - Vladimir Gjorgiev, 22쪽 우측 - SciePro, 23쪽 상단 - VectorMine, 23쪽 하단 - Liliya Butenko, 24쪽 - SciePro, 24쪽 하단 - Alexander_P, 25쪽 상단 - nat20, 25쪽 하단 우측 - solomonphotos, 26쪽 중앙 좌측 - SciePro, 26쪽 하단 좌측 - ilusmedical, 26-27쪽 Lionel Alvergnas, 27쪽 상단 우측 - MattLphotography, 27쪽 중앙 우측 - New Africa, 28쪽 좌측 - Blamb, 28-29쪽 모두 - VectorMine, 30-31쪽 상단 - sciencepics, 30-31쪽 하단 - BlueRingMedia, 31쪽 하단 우측 - Aldona Griskeviciene, 32-33쪽 TreesTons, 32쪽 중앙 좌측 - Pixel-Shot, 33쪽 상단 우측 - 2shrimpS, 33쪽 하단 우측 - LightField Studios, 34쪽 상단 - Designua, 34쪽 하단 - udaix, 35쪽 모두 - stihii, 36-37쪽 - Derya Cakirsoy, 36쪽 하단 좌측 - Tom Wang, 37쪽 상단 우측 - Akarat Phasura, 37쪽 중앙 우측 - ILYA AKINSHIN, 37쪽 하단 우측 - Sahara Prince, 38-39쪽 Hans Christiansson, 38쪽 하단 좌측 - ChooChin, 39쪽 중앙 우측 - BioMedical, 39쪽 하단 중앙 - SciePro, 40-41쪽 - YanLev, 42-43쪽 - beats1, 43쪽 상단 우측 - Aliona Manakova, 44쪽 중앙 우측 - gritsalak karalak, 45쪽 - Liya Graphics, 46쪽 - Teguh Mujiono, 47쪽 상단 - Elen Bushe, 47쪽 하단 좌측 - Siberian Art, 45쪽 중앙 우측 - kurhan, 48-49쪽 SciePro, 48쪽 중앙 좌측, 48쪽 하단 좌측 - Alila Medical Media, 49쪽 중앙 우측 - sciencepics, 50-51쪽 - Rost9, 50쪽 - Liya Graphics, 51쪽 중앙 우측 - Andrea Danti, 52쪽 하단 좌측 - eranicle, 52-53쪽 - Tefi, 53쪽 상단 - Nathan Devery, 54-55쪽 - Kateryna Kon, 54쪽 중앙 - Maxx-Studio, 55쪽 하단 좌측 - New Africa, 56쪽 중앙 좌측 - Schira, 56-57쪽 - metamorworks, 57쪽 - VectorMine, 58-59쪽 - vipman, 60-61쪽 상단, 60-61쪽 중앙, 60쪽 하단 - sciencepics, 62-63쪽 goa novi, 62쪽 하단 좌측 - sciencepics, 63쪽 상단 - Macrovector, 63쪽 중앙 좌측 - JY FotoStock, 63쪽 하단 우측 - studiovin, 64쪽, 65쪽 상단, 65쪽 중앙 - sciencepics, 65쪽 하단 - Khajornkiat Limsagul, 66-67쪽, 66-67쪽 상단 SciePro, 66쪽 하단 좌측 - Alila Medical Media, 67쪽 중앙 좌측 - first vector trend, 67쪽 하단 우측 - piccreative, 68-69쪽 하단 - Alila Medical Media, 69쪽 상단 좌측 - Monkey Business Images, 69쪽 상단 우측 모두 - Digitalpainto, 70-71쪽 - UfaBizPhoto, 70쪽 중앙 좌측 - firatturgut, 70쪽 중앙 - Orange Deer studio, 70쪽 중앙 우측 - DKN0049 and Peter Hermes Furian, 70쪽 하단 - Cast Of Thousands, 72-73쪽 MattLphotography, 74쪽 우측 - SciePro, 74쪽 하단 좌측 - picmedical, 75쪽 상단 좌측 - Systemoff, 75쪽 하단 우측 - Jacob Lund, 76-77쪽 MattLphotography, 76쪽 하단 우측 - Tefi, 77쪽 하단 우측 - KateStudio, 78-79쪽, 79쪽 상단 우측 - SciePro, 78쪽 하단 좌측 - sciencepics, 79쪽 하단 우측 - grayjay, 80쪽 - SciePro, 81쪽 상단 - Alex Mit, 81쪽 하단 - Diana Creativa, 82쪽 ducu59us, 83쪽 상단 좌측 - Polina MB, 83쪽 상단 우측 - AnnaVel, 83 중앙 - Krystyna Taran, 83쪽 하단 좌측 - fizkes, 83쪽 하단 우측 - DariaPotapova, 84쪽 - Magic3D, 85쪽 상단 중앙 - Daria Lixovetckay, 85쪽 상단 우측 - Boyloso, 85쪽 중앙 좌측 - Rawpixel.com, 85쪽 하단 - Nolte Lourens, 86-87쪽 - fizkes, 87쪽 하단 우측 - SFIO CRACHO, 88-89쪽 - Jacob Lund, 88쪽 하단 좌측 - SciePro, 89쪽 상단 우측 - KateStudio, 89쪽 하단 - Ground Picture, 90쪽 중앙 좌측 - Yaraslau Mikheyeu, 90쪽 상단 우측 - Rose Carson, 90쪽 중앙 - Botond Horvath, 90쪽 하단 좌측 - Dragon Images, 90쪽 하단 우측 - Gorodenkoff, 91쪽 - PhawKStudio, 92-93쪽 - Alex Mit, 93쪽 상단 - VectorMine, 93쪽 하단 - BearFotos, 94쪽 상단 우측 - Alhovik, 94쪽 중앙 좌측 - pio3, 94-95쪽 하단 - Ha-Yes Design, 95쪽 상단 - LuckyBall, 95쪽 중앙 우측 - Perepadia Y, 96-97쪽 -

Nemes Laszlo, 96쪽 - sciencepics, 97쪽 상단 - trgrowth, 97쪽 중앙 - Kateryna Kon, 97쪽 하단 우측 - Howard Pimborough, 98-99쪽 - Nemes Laszlo, 98쪽 하단 좌측 - Designua, 98쪽 하단 우측 - Andrea Danti, 99쪽 상단 첫 번째 - Dionisvera, 99쪽 상단 두 번째 - Roman Samokhin, 99쪽 상단 세 번째 - nortongo, 99쪽 상단 네 번째 - Photoongraphy, 99쪽 상단 다섯 번째 - Tanya Sid, 99쪽 하단 우측 - Rigelp, 100-101쪽 Axel_Kock, 101쪽 하단 우측 - Eric Isselee, 102쪽 - Macrovector, 103쪽 상단 우측 - Aigars Reinholds, 103쪽 중앙 좌측 - Andrii Spy_k, 103쪽 하단 - medicalstocks, 104-105쪽 RFarrarons, 104쪽 중앙 - maxcreatnz, 105쪽 상단 - Igor Samoiliuk, 105쪽 중앙 우측 - DarioZg, 106쪽 - Nerthuz, 107쪽 - Alila Medical Media, 108-109쪽 - Kateryna Kon, 109쪽 상단 중앙 - sciencepics, 109쪽 상단 우측 - Liya Graphics, 109쪽 중앙 좌측 - TreesTons, 109쪽 중앙 - JY FotoStock, 109쪽 중앙 우측 - Alila Medical Media, 109쪽 하단 좌측 - Alex Mit, 109쪽 하단 중앙 - Creative Cat Studio, 109쪽 하단 우측 - Tefi, 110-111쪽 - MattLphotography, 110쪽 중앙 - Sakurra, 110쪽 하단 - Andrea Danti, 111쪽 하단 우측 - Andrey_Popov, 112쪽 - SciePro, 113쪽 상단- swissmacky, 114-115쪽 - Corona Borealis Studio, 116-117쪽 - Gustavo Tabosa, 116쪽 하단 좌측 - Juan Gaertner, 117쪽 중앙 우측 - Sorapop Udomsri, 117쪽 하단 좌측 - Marcos Mesa Sam Wordley, 118-119쪽 - somersault1824, 119쪽 상단 우측 - Alexander Sobol, 120쪽 우측 - Hank Grebe, 120쪽 하단 좌측 - Aldona Griskeviciene, 121쪽 상단 좌측 - Lightspring, 121쪽 상단 우측 - Inna Kharlamova, 121쪽 중앙 - Designua, 122쪽 중앙 모두 - Puwadol Jaturawutthichai, 122-123쪽 - Luca9257, 124-125쪽 - Corona Borealis Studio, 124쪽 하단 우측 - Kateryna Kon, 126-127쪽 - sruilk, 126쪽 하단 우측 - Kateryna Kon, 127쪽 상단 우측 - ajlatan, 127쪽 중앙 - BigTunaOnline, 127쪽 하단 좌측 - Pixel-Shot, 127쪽 하단 우측 - Rob Byron, 128쪽 하단 좌측 - Zwiebackesser, 128쪽 하단 좌측 - J J Osuna Caballero, 129쪽 상단 우측 - nobeastsofierce, 129쪽 하단 좌측 - Everett Collection, 129쪽 하단 우측 - Jezper, 130-131쪽 Prostock-studio, 130쪽 하단 좌측 - Everett Collection, 132-133쪽 - sportpoint, 132쪽 중앙 좌측 - Max4e Photo, 133쪽 중앙 우측 - ChaNaWiT, 134-135쪽 - SciePro, 136쪽 중앙, 137쪽 중앙 - Macrovector, 136쪽 하단 - Cinemanikor, 137쪽 하단 - SciePro, 138-139쪽 - KateStudio, 138쪽 하단 좌측 - pr_camera, 139쪽 하단 우측 - Alina Kruk, 140-141쪽 - koya979, 141쪽 중앙 우측 - Designua, 141쪽 하단 - Shen max, 142쪽 중앙 좌측 - Christoph Burgstedt, 142-143쪽 모두 - SciePro, 143쪽 하단 - Mongaman, 144쪽 중앙 우측 - sirtravelalot, 144쪽 중앙 좌측 - Kingspirit Image Room, 144쪽 하단 우측 - Tsuyna, 145쪽 좌측 - KK Tan, 145쪽 우측 - Dean Drobot, 146-147쪽 - LightField Studios, 148-149 - Andrea Danti, 148쪽 중앙 좌측 - Dr. Norbert Lange, 148쪽 하단 첫 번째 - Pixfiction, 148쪽 하단 두 번째 - Happy Author, 148쪽 하단 세 번째 - Eric Isselee, 148쪽 하단 네 번째 - Djomas, 150-151쪽 - Rido, 150쪽 하단 우측 - Serg Zastavkin, 151쪽 상단 중앙 - BLACKDAY, 151쪽 상단 우측 - Tatjana Romanova

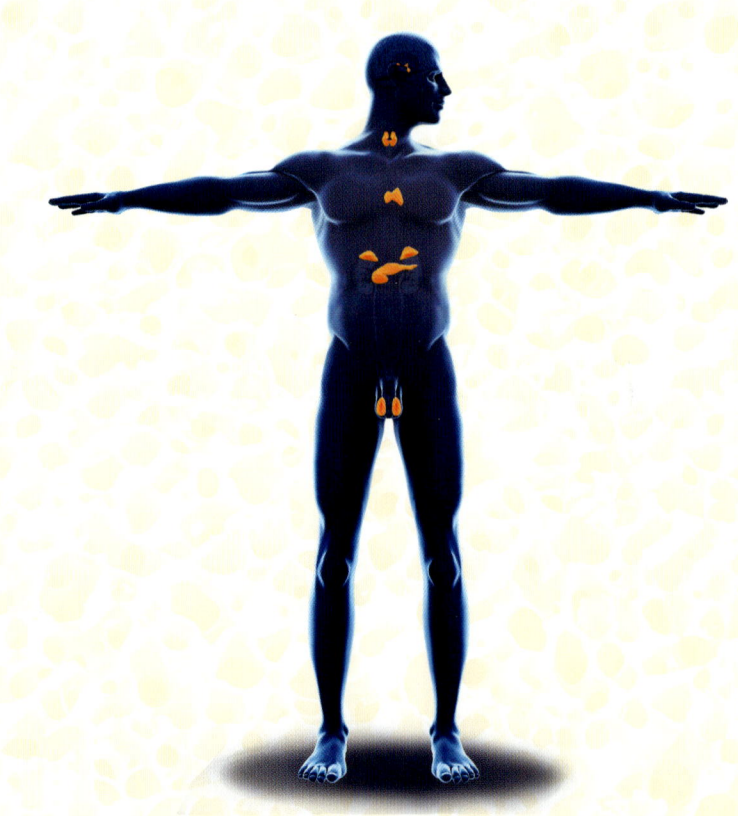